Das Beiderwandkleid

Roman

Waldtraut Lewin

www.175er-verlag.de/kleid

D a n k s a g u n g e n

Ich widme dieses Buch
den tapferen Überlebenskünstlern
einer Familie.

Der **175er Verlag**
hat dieses Manuskript
nach über zwanzig Jahren
vergeblichen Suchens
angenommen.

Für dieses Vertrauen möchte ich mich bedanken
und wünsche dem Verlag
der dieses Jahr 25 Jahre jung wird
und mir gute Fortune.

Waldtraut Lewin
Berlin, den 12.03.2015

Waldtraut Lewin

Das Beiderwandkleid

Roman

mit
22 Illustrationen
von
Lauri Elexsen

175er Verlag

Bibliographische Information der Deutschen Nationalbibliothek (Leipzig/Frankfurt, ff. DNB): Die DNB verzeichnet diese Publikation in der Deutschen Nationalbibliographie; detaillierte bibliographische Daten sind im Internet unter http://www.d-nb.de abrufbar.

Waldtraut Lewin
Das Beiderwandkleid
Roman

mit 22 Illustrationen
von Lauri Elexsen

Tag der Veröffentlichung:
1. Auflage BUCHversion am 12.03.2015

Verlagsleitung: *Rosa von Zehnle – Hartha-Stadt*
Lek- & Korrektorat: *Burghard Heiland – Überlingen*
Abbildungen & Grafiken: *Lauri Elexsen – Karvia (Finnland)*
Umschlagsidee & Buchsatz: *Rosa von Zehnle – Hartha-Stadt*

Druck: Best-Preis-Printing ug. & Co KG – *Seefeld*
Vertrieb: VLB, Grosso, Handel, Weltnetzseiten, Medien VVG ...
Kostenfreier Versand (DR)**:** www.medien-vvg.de

ISBN 978-3-932429-09-5
E-BOOK 978-3-932429-10-1

www.175er-verlag.de
175er Verlag

Bemerkung zur „Rächtschreibung" im Buch:
Bücher, Texte und Weltnetzseiten des
175er Verlag und seiner Partner erscheinen
in alter, aber dafür – vernünftiger – deutscher
Rechtschreibung, wie sie bis 1996 galt.
Und das so lange, bis der DUDEN
nicht mehr Empfehlungen gibt,
sondern seiner eigentlichen „Pflicht" nachkommt,
klare, deutliche und „amtliche" Vorgaben
für eine einheitliche Rechtschreibung definiert
und für ALLE gültig erklärt.

Weitere Infos:
www.jfsz.de/rechtschreibung.php

Zum 25-jährigen Bestehen seines 175er Verlag schenkte sich Verlagsinhaber Rosa von Zehnle zum 55. Geburtstag das 66. Buch von Waldtraut Lewin, welches er wiederum der Autorin zu ihrem 77. Geburtstag versprach und auf der Leipziger Frühjahrsbuchmesse 2015 präsentierte.

HERZlichen Dank Waldtraut Lewin!

Tuschezeichnung: Lauri Elexsen (Finnland)

Inhaltsübersicht

Erster Teil I . . 13

Erster Teil II . . 217

Erster Teil III . . 345

25, 55, 66, 77, (3)88 . . 365
Nachwort von Rosa von Zehnle

Literaturauswahl . . . 385
66 Werke von Waldtraut Lewin

Abbildungen von Lauri Elexsen

10, 12, 36, 42, 48, 54, 74, 84, 98, 104, 118,
132, 152, 188, 200, 216, 232, 330, 344

dazu die Grafiken: goldener Schutzumschlag
und Buchvakantseiten vorn und hinten

Erster Teil

I

I – 1

Mit Dir will ich reden, Dich will ich herausfordern, auch wenn ich weiß, daß Du siegen wirst. Du siegst immer.

Ich weiß, Du kommst nur, wenn man Dich nicht ruft. Aber manchmal weiß ich, daß Du da bist. Ich spüre die Kälte. Den Schauer, der einem die Eingeweide zusammenzieht. Etwas Fremdes ist im Raum. Etwas außer mir und außerhalb jedes lebendigen Wesens.

Ich lernte Dich kennen. Tod. Tod um mich her.

So. Nun habe ich Dich bei Namen genannt.

Ich habe Dich gesehen. Im Auge des Hundes wohntest Du, das sich mit einem grauen Schleier überzog, als man ihm die erlösende Spritze gab. Der nicht mehr hörte, daß ich ihm zuflüsterte, ich sei bei ihm. Nicht mehr. Nie mehr.

Im erkaltenden Hals des alten Mannes hattest Du Dich eingegraben und mich grausam geneckt, denn als ich nach seiner Schlagader faßte, glaubte ich es pulsieren zu spüren, und als ich mein Ohr auf seine Brust drückte, war mir, als höre ich seinen Herzschlag. Dabei war es nur mein eigener Puls, den ich vernahm, und das Rauschen meines eigenen Blutes. Du hattest ihn schon längst in Deinen Fängen, als ich noch hoffte.

Und getrennt durch die finale Glasscheibe, nahm ich Abschied von der Frau, die ich am meisten liebte. Du Monster hattest ihr bereits Gewalt angetan und sie nach Deinem Gusto zugerichtet. Hattest ihr den Mund aufgerissen zu einer klaffenden Höhle und hattest an ihren schönen Pianistinnenhänden im Nachhinein lange weiße Krallen wachsen lassen, als sie selbst es nicht mehr verhindern konnte. Das war nach Deinem Geschmack.

Unersättlicher, hat man Dich nicht genügend gefüttert, gerade vor kurzer Zeit, vor einem Atemzug der Ewigkeit, als sie sich alle gegenseitig umbrachten, Dir opferten auf ungeheure Weise?

Ich will nicht. Keiner will es.

Nicht einmal die Berge, die vor mir sind. Die Sonne scheint darauf. Abendsonne. So scharf und klar diese Berge, als wenn man die Augen des Adlers hätte. Jede einzelne Pflanze ist zu sehen, wie sie sich auf dem Hang festkrallt und dem Licht gierige Lippen zuwendet. Jeder rötliche Stein, schwebend zwischen Absturz und Verharren.

Sie alle wollen ewig da sein, obwohl es dafür keinerlei Versprechen gibt. Keine Zusage.

Und ich empfinde anders als die Pflanze, als der Stein?

Wie kann etwas weg sein, auf einmal? Wie kann ich verschwinden?

Der Teddy, den ich von der Brücke ins Wasser werfe. Als ich zurückkomme, ist er fort. Warum hat er nicht ausgeharrt, nicht gewartet auf mich? Warum ist nicht wenigstens der Teddy – ewig?

Ich rede zu DIR, DU Monster. Und DU wirst mir schon noch antworten müssen, wenn ich DICH anrufe.

Denn diesem Unsinn des Vergehens setze ich meinen Trotz entgegen.

Indem ich bewahre, was DU verschluckst, verschlingst, zerkaust und mit Erde überdeckst.

DU sollst nicht alles kriegen.

Jetzt, wo ich DICH durchschaue.

Freilich: Als ich IHM das erste Mal begegnete, erkannte ich IHN nicht.

Dann aber lernte ich IHN kennen. Im Feuer. Aber ich verleugnete IHN. Noch. Noch ging alles gut.

Das hölzerne Treppengeländer brannte lichterloh. Es knackte und knisterte wie die Scheite im Ofen, bevor sie sich wandeln und zu Asche werden.

Ich wollte nach oben, genau wie mein Haar. Meine Zöpfe flogen auf, der Sog riß sie mit.

„Du kannst da nicht hin!“, schrie der Großvater. „Es brennt! Alles verbrennt!“

Aber das glaubte ich nicht.

Dritter Stock rechts war die eichene Tür mit dem Messingschild und der glänzenden Klappe für die

Briefe. Dort war ich gerettet. Immer war ich dort gerettet. Drinnen.

Mochte das Geländer brennen. Das da oben, das da drinnen war unversehrt.

Ich wurde nach draußen gezerrt.

Vorher waren wir im Keller gewesen. Wir taumelten hinaus, ich an der Hand des Großvaters, fort aus den Schreien und Gebeten, fort aus dem Staub und der Dunkelheit – denn nach den Glühbirnen waren auch die trüben kleinen Lichter in ihren Metallringen erloschen; ich wußte nicht, daß es daran lag, daß sie nicht mehr atmen konnten.

Der Keller war schlimm. Jetzt waren wir im Paradies der Flammen. Es war sehr heiß, aber man ließ mich nicht nach oben, ins Unversehrte, ins Bekannte, ins Sichere.

Für eine Nacht war es viel zu hell. Scheiben knallten berstend. Menschen brüllten.

ER war allgegenwärtig, aber ich kannte und erkannte IHN nicht.

Wie windig es war! Dem Großvater wurde der Hut vom Kopf geweht, er versuchte nicht, ihn zurückzuholen. Fest, fest hielt er meine Hand, damit ich nicht nach oben konnte zur Wohnung.

Die Großmutter rang nach Luft; ihr Herz! Das kannte ich schon.

Wo war die Mutter? Abhanden gekommen, vielleicht von diesem Wind, dem Feuersturm, fortgeweht.

Ja, sie fand sich wieder an.

Er gewann keine Gewalt über uns diesmal.

Wir gingen und gingen.

Da waren die Gärten, auch in ihnen waren die Brände. Eine Laube – oder war es ein kleines Haus? – brannte wie ein Freudenfeuer. Menschen tanzten rundum und schrieen, aber nicht vor Freude. Ich wußte nicht, daß Menschen so heulen können, wie das Vieh. Wenn Er zuschlägt.

Der Großvater ging zu ihnen, sagte Worte, die ich nicht verstand. Sie nickten und heulten weiter, rangen die Hände. Sie machten mir Angst. Auch, wenn ich nichts verstand.

Daß der Großvater uns alle gerettet hatte, sagten sie mir später.

Wie denn, gerettet?

Er hatte darauf bestanden, die vielfach verschlossene Stahltür zu öffnen, die uns, die im Keller, in der Höhle, von den freien Flammen schied.

Sonst wären wir alle erstickt und verschmort.

Das hörte sich schrecklich an, aber was sollte das sein? Du warst im Verborgenen, Freund.

(Freund? Freundin? Er, sie, es? Ach, weiter.)

Wir waren irgendwo, wo ich nicht sein wollte.

Nachts träumte ich.

Ich ging an der ersten und zweiten Etage an geschwärzten Höhlen vorbei. Kein Geländer. Verkohlte Streben.

Dann aber: Dritter Stock rechts. Die eichene Tür, das Messingschild, jene glänzende Klappe für die Briefe.

Es war da. Unzerstörbar. Natürlich war es da.

Hier war ich geborgen. Ich brauchte nur die Hand auf die Klinke zu legen, und die Pforte tat sich auf.

Meine Räume, meine Stimmen, meine Lichter.

Das Bett, in dem ich mich verstecken konnte. Die Decke bis zur Nasenspitze, der Kissenzipfel, an dem ich saugte.

Der Schwalbenschrei von draußen aus der Abendröte.

Die Sonnenstäubchen im Lichtstrahl.

Der Gesang.

Da konnte ich noch nicht wissen, daß ich einen Weg gefunden hatte – nein, nicht DICH zu besiegen. Das kann niemand. Aber DIR Paroli zu bieten. Ich weiß, man scherzt nicht mit DIR. Aber man kann DIR etwas aus den Händen winden. Indem man gegen das Vergessen angeht.

Erinnern ist Leben.

WENN DU MEINST, so sagst DU. ICH HABE NOCH ZU TUN. ENTSCHULDIGE MICH.

Und ich wußte noch gar nicht, daß ich bereits in einen Dialog mit DIR getreten war. Sage ich. Und versuche, mich nicht zu fürchten. DU hast mir also zugehört.

WEIL DU GESAGT HAST; MAN SCHERZT NICHT MIR. UND DU TUST ES GERADE:

Wer könnte das wohl?

VERSUCHT HABEN ES SCHON VIELE. MEIST AUF SEHR ERNSTHAFTE WEISE.

DU hältst mich für unernst?

IM MOMENT FÜR UNEHRERBIETIG

Ja, ich habe DICH schon mal einen Sauhund genannt.

DAGEGEN IST NICHTS EINZUWENDEN.

Aber? Was dann?

LEBE WOHL.

Was für ein merkwürdiger Gruß. Von diesem da. –

Sie fuhren dorthin. Schon öfters. Ich bekam es heraus.

Ich hatte es immer gewußt, daß es nicht fort war. Aber sie wollten mich nicht mitnehmen. Ich schrie so sehr, daß ich Fieber bekam. Schließlich mußten sie doch mit mir reisen. Mit der Bahn. Es war ganz natürlich, dorthin zu gelangen, keine Zaubersprüche waren nötig, keine Beschwörungen. Man stieg in den Zug, als wenn man die Sommerfrische fahren wollte. Auf der harten Bank des Abteils schlief ich ein, beglückt, beruhigt.

Die Straßen der Stadt freilich gab es nicht mehr. Wo vordem Häuser gewesen waren, hatte nun jemand Berge aus Steinbrocken aufgeschichtet. Hin und wieder gab es dazwischen ein Haus. Die Doppelstränge der Straßenbahngleise zogen sich dazwischen hin, wie Schlittenspuren im Schnee. Sie waren Wegweiser, sonst hätte man sich verlaufen.

Es war gut, daß sie mich bei den Händen genommen hatten, rechts der Großvater, warm, fest, links die Mutter, kühl und leicht wie ein Seidenblatt. Nur ihre Fingerkuppen waren rau; ich wußte, das kam vom Gitarrespielen. So gingen wir auf den Gleisen entlang immer tiefer in die Trümmerwelt hinein. Ich schloß die Augen und ließ mich führen.

Es war wie in den Nächten. Erst das Dunkel. Dann die Ankunft.

Wir standen davor.

Da war die Fassade. Die Toreinfahrt mit den Metallschienen für die Wagenräder, wenn jemand sein Fahrzeug auf den Hof bringen wollte. Der Hausflur, getäfelt mit meergrünen Kacheln, geziert mit Lilien, Blume und Blatt.

Und da die Treppe aus Stein. Kein Geländer, verkohlte Streben.

Angekommen.

Sie hatten mich losgelassen, waren beschäftigt. Ich machte mich auf.

Meine Mutter holte mich im zweiten Stock ein, auf dem Treppenabsatz ohne Geländer. Vor den leeren Höhlen der feuergeschwärzten rußigen Eingänge.

Sie weinte. Ich konnte mich nicht erinnern, sie zuvor jemals weinen gesehen zu haben.

Ich ging mit ihr zurück.

Hinaufzulaufen, war ein Leichtes gewesen. Zurück fürchtete ich mich, ging neben der Mutter an der Wand, stützte mich mit der freien Hand ab an der rissigen Mauer, bekam schmutzige, rußige Finger.

(Seitdem gehe ich keine Treppe ohne Geländer mehr, keinen Gebirgspfad, wo ich nicht Halt an einer Wand finde.)

An der Gartenmauer hatte früher der Fliederbusch gestanden, dessen Duft abends in unser Fenster strömte, wenn die Schwalben am rötlichen Abendhimmel jagten und vor Glück schrieen. Jetzt hatten sie dort ein hoher Schuttberg aufgetürmt. Nichts mehr mit Flieder.

Meine Mutter kletterte mit mir auf diesen Schuttberg; man knickte um zwischen den scharfkantigen Steinen.

„Sieh hin. Da oben ist nichts mehr."

Wir hockten beide da, sie hatte den Arm um mich gelegt, ihr Körper bebte vor Schluchzen.

Ich legte den Kopf in den Nacken und sah nach oben.

Aber ich sah nicht, was ich sehen sollte.

Da war kein Dach mehr, nein. Da war kein vierter Stock mehr.

Aber den dritten Stock, den gab es.

Da war das Fenster des Berliner Zimmers. Es stand offen. Da das Küchenfenster. Gleich würde die Großmutter ihren Kopf herausstrecken und nach mir rufen, nicht, um mich wirklich zu holen. Nur um sicher zu gehen, daß ich gehorsam war und den Hof nicht verlassen hatte.

Warum sollte ich nicht hinaufgehen, jetzt wieder?

Aber meine Mutter weinte.

Den Tränen meiner Mutter verdanke ich, daß der dritte Stock rechts unversehrt blieb.

Ich war nicht oben. Ich habe das Nichts nicht gesehen.

Was taten sie dort, warum gingen sie dorthin?

Ich wollte nicht wieder mitgenommen werden. Fragte nicht nach.

Zufällig hörte ich ihre Gespräche; sie redeten in meiner Gegenwart mit fremden Leuten, als sei ich nicht vorhanden, ich war so weit entfernt von ihnen, wohnte so weit unter ihrer Größe, vielleicht vergaßen sie mich manchmal wirklich.

Sie hatten, so hörte ich, sich durchgewühlt bis zu jener Stahltür, die mein Großvater damals gegen den ausdrücklichen Befehl eines Mannes, den sie Blockwart nannten, geöffnet hatte, sonst wären alle „erstickt und verschmort“.

Erstickt und verschmort hörte ich immer wieder. Es war eine Art Motto, eine Devise, die auf einen Schild gemalt wurde.

Wer hatte diese Tür dann aber wieder verschlossen, nachdem sie alle draußen waren? Davon sprach keiner. Aber daß sie verschlossen war, das war eine Tatsache, sonst hätten sie sich die Arbeit nicht machen müssen: Zunächst mit Spitzhacken und Schaufeln die Trümmerbrocken beiseite räumen; mit abgerissenen Nägeln und zerschundenen Fingerknöcheln, die blassen Gesichter von Staub gepudert, kaum, daß sie die verkrümmten Rücken gerade zu richten vermochten danach.

Sie gruben den Weg frei durch den Schutt zum Eingang, die Trümmerberge ragten auf, größer als sie selbst.

Dann fanden sie die Stahltür. Die Verschlüsse von der Hitze verschweißt.

Wie es ihnen gelang, sie zu öffnen, erfuhr ich nicht. Ich hörte nur, daß sie einen Tag warten mußten, bis sie hinein konnten. Die Hitze.

Erstickt und verschmort.

Dann gingen sie mit ihren Taschenlampen und holten aus den Kellerräumen, was überdauert hatte. Die

Dinge, die sie vorher dort hingebracht und geborgen hatten für einen Fall wie diesen: Kochtöpfe, Besteck, verbeulte Blechbüchsen mit Lebensmitteln, die nun zum zweiten Mal gegart waren. Sogar Glas und Porzellan war unzerbrochen da, und das Werkzeug des Großvaters, Lötkolben, Zangen und Pinzetten, auch das Gerät, mit dem man Radioröhren auf ihre Tauglichkeit prüfen konnte.

Sie hatten nichts. Sie brauchten alles.

Und was für ein Glück sie doch hatten, soviel vorzufinden.

Glück?

Das, was sie fanden, war mir gleichgültig. Der Verlust des dritten Stocks rechts war für mich schlimmer als alles – da ich ja noch nicht wußte, wie wirkliche Verluste aussahen. Und wie groß ihr „Glück" wirklich war, davon ahnte ich damals nichts. Damals nicht und viele lange Jahre nichts.

Wie dem auch sei.

DU hattest damals Millionen und Abermillionen Hände voll zu tun. Da konnte es wohl schon einmal passieren, daß einer durchschlüpfte. Wenn der große Dreschflegel heruntersaust, da bleiben manchmal ein paar Ähren verschont auf der Tenne.

DU VERWECHSELST ETWAS. ICH BIN NUR FÜR DAS ERGEBNIS ZUSTÄNDIG, NICHT FÜR DIE UMSTÄNDE, DIE ES BEWIRKEN.

Das ist also allein unser Ding?

JA. ALLEIN EUER DING.

Worüber soll ich wohl streiten mit einer Naturgewalt? Mit DER Naturgewalt? –

I – 2

Sehr viel später bin ich wieder dorthin gefahren. Zweimal.

Beim ersten Mal ging ich zwischen neuen Häusern entlang, und die Bahnen fuhren; ob sie die Gleise, die damals unser Wegweiser waren, inzwischen erneuert hatten oder ob die neuen Räder in den alten Schienen liefen, wußte ich nicht.

Die Straßennamen waren unverändert, es gab hier keine Erinnerung an finstere Mächte zu tilgen, nichts Anrüchiges war daran, nach anderen Orten oder fremden Ländern zu heißen. Ohne diese Namen hätte ich mich wohl nicht zurechtgefunden.

Aber dann. Da war die Fassade. Aus den Fenstern im dritten Stock wuchsen Bäume, ich glaube, es waren Birken. Das Tor war mit gekreuzten Balken vernagelt. Es heißt, so hatten sie in Pestzeiten die Häuser verschlossen, in denen die Seuche gewütet hatte. Und mit roter Farbe schrieben sie an die Tür: „Herr, erbarme dich unser."

Hier hingen am Torrahmen noch die verbogenen Klingelleisten mit den Namensschildern. Wenn man genau hinsah, ließ sich das unsere lesen.

Als niemand in der Nähe war, kratzte ich unseren Namen mit dem Daumennagel fort.

Ich trat zurück und sah mich um. Das große Versicherungsgebäude aus dunkelrotem Klinker zur Linken war unversehrt.

Rechts von unserem Haus stand das schmale Haus der Fleischerei. Ich erinnerte mich, wie sehr es mich gegraust hatte, das Geheul der großen Metzgerhunde aus ihrem Zwinger zu hören. (Tat ihnen jemand etwas an, oder waren sie nur unglücklich, eingesperrt zu sein, statt zu laufen, zu jagen und jemandem die Kehle durchzubeißen?)

Auch dieses Haus war noch da.

Warum?

Sie sagten mir, die Bewohner seien in jener Nacht nicht in ihren Keller gekrochen. Sie hatten oben auf dem Dach gestanden und die Brandsätze gelöscht oder sie durch eine Dachluke nach draußen geworfen, bevor sie explodierten.

Ihr Haus wurde gerettet.

Wir waren in den Keller gerannt mit fliegenden Zöpfen und wehenden Rockschößen, in der Hand, was uns gerade unterkam: Ein Radiogerät. Eine Tasche mit Papieren – vor allem dem „Arischen Nachweis". Die Noten der Beethovenschen Klaviersonaten und der Lieder von Schumann.

Ein geflochtener Korb mit Spielzeug, Buntstiften und Papier.

Unser Haus verbrannte.

Als ich das nächste Mal kam, war nichts mehr da.

Ich stand vor einer Rasenfläche. Dort, wo einst der Hinterhof mit dem Fliederbusch gewesen war und dann die turmhohen Schuttberge, hatten sie Garagen aus Wellblech aufgestellt, eine neben der anderen.

Meine Zuflucht war fort. Fort für immer.

(Damals begriff ich nicht, daß es gleichgültig war, ob man es anfassen konnte.)

Ich begann sehr schlecht zu träumen. Kletterte über verwinkelte Stiegen, zwängte meinen Oberkörper durch Dachluken, die so eng waren, daß ich fast stecken blieb, balancierte schweißgebadet vor Furcht über Balken, hing verkeilt zwischen schrägen Wänden und kam nicht zum ersehnten Raum, den ich doch schon sehen konnte.

Denn meine Zuflucht war ausgebrannt.

Dann, Jahre später, verließ ich einen anderen Ort. Einen Ort, ein Wesen. Einen Menschen, den ich glaubte, zu lieben.

Und in der Traurigkeit des Abschieds war es plötzlich wieder gegenwärtig, das, wovon ich glaubte, es für immer verloren zu haben.

Ich brauchte nicht Nacht, nicht Schlaf.

Der Hausflur mit den Schienen und den meergrünen Kacheln, die Treppe, deren Geländer verbrannt war. Die Trümmerberge auf dem Hof, auf deren einem ich mit meiner Mutter hockte, den Kopf im Nacken und hinaufsah. Und oben der dritte Stock. Unzerstörbar die Tür, zu der ich nicht mehr gelangt war. Unzerstörbar das, was dahinter war und für immer meins. Die Räume, die Stimmen, das Licht.

Alles ist da. Das Tor, hinter dem sich die Wege dehnen, vor und zurück.

Und der Schlüssel dazu.

Oh Tod, wo ist DEIN Stachel? Oh Grab, wo DEINE Siegesmacht?

Ich weiß, daß DICH das gleichgültig läßt. Denn schließlich wirst DU siegen. Aber solange da Leben ist, sollst DU DEINE dunklen Schwingen nicht über mich und die Meinen breiten.

ICH HABE KEINE DUNKLEN SCHWINGEN. ICH HABE KEINE GESTALT. ICH BIN EINE ERFINDUNG VON EUCH.

Aber DU sprichst doch mit mir. Jetzt.

WEIL DU MICH GERUFEN HAST.

Aber auch DU hast eine Herrin. Die Zeit.

JA. SPIEL NUR MIT IHR.

I – 3

Corelli klingt wie Koralle, aber zärtlich und wie Klaviermusik, wie etwas Perlendes, obwohl der richtige Corelli wohl Geige spielte, Arcangelo, aber den Vornamen vergaß sie, es ging nur um den Klang. Niemand außer ihr wußte, daß sie so hieß, sie hatte den Namen als Geschenk empfangen und sogleich angenommen, aus dem Radio (es hatte viele Knöpfe, ein grünes magisches Auge und hieß Super); sie tanzte im Zimmer nach Musik, noch, als alle dachten, sie werde sich vielleicht nie wieder bewegen können. Es war keine Tücke von ihr, niemand hatte ihr gesagt, daß sie darauf warteten, ob sie wieder gehen könne nach dieser Krankheit; es war einfach sehr süß, so zu liegen, sich mit Orangensaft tränken zu lassen, getragen und gefahren zu werden, es gefiel ihr. Eines Tages, die Sonne warf die Bahn ins Zimmer, auf der der Staub tanzte, stand sie auf und ging zu dem dunklen Büfett, um anzuzeigen, wie sie gewachsen sei („So groß bin ich schon!"); Franziska brach in Tränen aus, Kind, du kannst ja gehen! Erst da erfuhr sie, daß sie daran gezweifelt hatten.

An die Krankheit hatte sie keine Erinnerung außer von etwas Heißem und Großem, das manchmal über sie kam; ein Wesen war zuviel im Zimmer, und ihre Hände wuchsen gewaltig.

Einmal nachts brannte die Stehlampe, daneben stand auf dem Tisch eine Babyflasche mit dem Orangensaft (sie trank auch Milch aus dieser Flasche bis in ihr zehntes Lebensjahr, es war bequem. Nahrung im allgemeinen war ihr gleichgültig oder verhaßt, da sie fast nie Hunger hatte); Franziska saß auf dem Sofa und las, ihre Haare mit Zuckerwasser zu den nächtlichen Zöpfchen geflochten, die sie am Tag löste, damit das Haar kraus wirkte. Sie trug die Brille und die Schürze, somit war alles gut. (Corelli verfiel in Panik, wenn Franziska an ihr Bett trat im Nachthemd und unbebrillt.) Das Licht hatte die Farbe des Orangensaftes.

Als sie wieder erwachte, war es Frühling, ihr Leib fühlte sich leicht an, und sie empfing die Taufe auf den Namen Corelli aus dem Radio. Der Name hatte den Klang, im übrigen nichts mit ihr zu tun, sie hatte kein Bewußtsein ihrer selbst, nur das von der Welt. Ihr Wissen führte zurück bis in die Regionen jener Zimmer, in denen nun andere wohnten; die Vorhänge waren von mattem Lavendelblau, Blumen an der Tapete, abends sang Hermine „Hündchen hat den Mann gebissen hat des Bettlers rockzerrissen"; der Korb hatte weiße Vorhänge. Man errechnete ihr später, daß sie da noch kein Jahr alt war. Dann, der rötliche Abendhimmel, durchdringend süß wie die Schreie der jagenden Vögel und der Name Corelli.

Ihr Wissen von sich selbst beschränkte sich auf Gefühle peinigender Unlust, Eingezwängt-Sein in etwas, Jacken, die unterm Arm kneifen, endloses Stillstehen bei der Anprobe, das Haar mit Kämmen eingerollt, der Kopf schmerzt dumpf. Essen, Hinunterschluckenmüssen. Kälte, die in die Nase zwickt, Halsschmerzen. Manchmal schrie sie und schlug um sich. Meist war sie geduldig, sie war sich selbst egal. Es war nur, daß sie nichts von sich weggeben wollte. Ihre abgeschnittenen Fingernägel wurden aufgehoben und in einer Zigarrenkiste aufbewahrt, weil sie es wollte; irgendwann hatte sie das vergessen.

Erst nach der Krankheit lernte sie die Lust kennen, atmen, schlafen, Wärme spüren. Tanzen. Sich zwischen den Beinen streicheln. All das geschah ohne die andern. Sie war zweimal, mit den anderen und, wie eine Wurzel, unbewußt, für sich.

Sie kam nicht darauf, sich mitzuteilen, so war es ihr selbstverständlich, daß niemand ihren wahren Namen wußte. Man nannte sie Friedchen, die Leute draußen dachten, von Elfriede, sie hieß aber Friederike Rosine, abgekürzt zu Friedesinchen, wie man sie drinnen rief. Der Name war aus einem Roman. Hermine und Franziska hatten schnell gemerkt, wie die Leute die Köpfe schüttelten, und waren ausgewichen, nach ihrer Art, auf das Unverbindliche.

Nach der Krankheit fuhr man sie im Wagen aus, die Fremden lachten oder hielten mitleidige Reden. Sie fand Gefahrenwerden schön, warum sollte sie laufen, sie war viel zu müde, wenn sie die Augen schloß, ging die Fahrt rückwärts, dann kam das Gefühl wie von der Krankheit, aber angenehm. Sie ließ sich fahren bis zu dem Sommer, nach dem man sie, dann doch, zur Schule schickte. Damals las sie schon, kannte die Uhr, rechnete und zählte. Am liebsten malte und zeichnete sie, man konnte dabei im Bett sitzen, auch darüber einschlafen. Am liebsten, überhaupt, stand sie nur zu den Mahlzeiten auf, für die Viertelkartoffel, das winzige Stück Fleisch, den Löffel Bohnen, zu denen man sie überredete, manchmal mochte sie einen warmen Pudding, aus dem Topf gekratzt, es ging ihr dabei mehr um die Farbe und das Muster, das ihr Löffel auf dem Topfboden hinterließ. Sie war (später sah sie's auf Fotos) auf eine rührende Weise häßlich, Arme und Beine wie Stöcke, ein dürrer Hals, die riesige Nase über dem weichen Mund, Unmengen Haar zu einer der gängigen Frisuren aufgekämmt und dann gezöpft, die Augen nach innen gekehrt. Nachts lutschte sie am Kissenzipfel. Sie schwamm im Fruchtwasser, umgeben von der schützenden Hülle des Uterus, bis das Haus dann brannte.

Die hohen Räume waren nie ganz hell. Meist waren an zwei der vier Fenster die Jalousien herabgelassen, im Winter, um die Wärme drinnen zu halten, im Sommer, um die Hitze auszusperren. Über alles liebte Corelli jene Sonnenstrahlen, die durch die Ritzen einfielen und in denen der Staub tanzte. Oft sah sie hinein, wenn sie dachten, sie schliefe schon. Für die Nacht gab es Verdunkelungsrollos aus schwarzem Papier.

Die Zimmer standen gedrängt voller Möbel aus jenen Teilen der Wohnung, die man hatte abgeben müssen, wie den Raum mit den lavendelblauen Vorhängen. Die anderen Mieter (ein Cellist des Städtischen Theaters und seine Frau; er übte niemals zu Haus) mußten, um in ihren Bereich zu gelangen, das sogenannte Berliner Zimmer durchqueren, so hatte die Familie die Möbel dort derart aufgestellt, daß die Rücken der Schränke, Spinde und Kommoden die Begrenzung eines Gangs an der Rückseite des Zimmers bildeten, einen Korridor, den die anderen passierten.

In der unbeheizbaren Möbelburg mit Blick in die verdüsterten nordwestlichen Gärten hauste und schlief Hermine, wenn sie allein sein wollte. Aber auch wenn sie sich in diese Höhle aus Mahagoni, Eiche matt und Kirschbaum zurückzog, war sie in Corellis Welt anwesend. Ihre Porträts hingen in den übrigen Räumen. Für Corelli bestand Hermine von Anfang an aus zwei Personen. Die eine war die Schöne der Bilder, in Pelz und Perlen, eine Rose in der Hand, stets erhobenen Kopfes, aus leicht gesenkten Lidern hochmütig auf den Beschauer herabsehend, die üppigen Lippen ohne die Spur eines Lächelns. Die andere war die alltägliche, mit dem streng gescheitelten Haar, den klappernden Holzsandaletten, dem Frauenschaftsabzeichen am Kleid. Nur wenn sie sang, schienen die beiden zu verschmelzen.

Aber auch Hubert und Franziska sahen von der Wand herab, wenn auch versteckt und verkleidet. Hubert stand als Gefolgsmann hinter König Heinrich dem Vogler, seine schmalen dunklen Augen, die lange Oberlippe, die große Nase waren unverkennbar trotz der Kappe, die er da trug. Franziska ging auf einer Straße im Hochsommer spazieren, statt der Brille ein Lorgnon vor den Augen, Puder auf den hohen Backenknochen, das blonde Haar gekraust wie immer, die Taille in glänzenden Atlas gezwängt.

Da man sich drinnen nicht mit den Verwandtschaftsbezeichnungen, sondern mit den Vornamen anredete, war sich Corelli lange nicht klar über die Familienverhältnisse. Draußen wurde sie angehalten, zu Hubert Vati, dem Großvater, zu Franziska Mutti, der Großmutter, und zu Hermine, der Mutter, Mama zu sagen, aber das bedeutete nichts. Draußen war sowieso alles anders. Draußen sagte man „Heillitler“ statt „Guten Morgen“. Erst in der Schule erfuhr sie, daß Hermine ihre Mutter, Hubert und Franziska hingegen ihre Großeltern seien. Nach Vätern fragte man dazumal nicht viel, die waren alle im Felde.

Hermine war auf eine nicht zu benennende Weise abgesondert, in ihrem Zimmer, in ihren Bildern, in ihrer Musik, sie war erhöht und verachtet, Prinzessin und Magd.

Manchmal am Sonntag, wenn man Mittagschlaf hielt, lag sie auf dem Diwan in der guten Stube und nahm Corelli zu sich unter die Decke. Das Kind fand es sehr warm, Hermine roch nach dem Eau de Cologne, das sie sich ins Waschwasser tat (während Franziska immer nach Kamille und Birkenhaarwasser duftete). Sobald die Mutter eingeschlafen war, kroch Corelli vorsichtig, um sie nicht zu wecken, aus der Umarmung heraus, ging zum Tisch und begann zu malen. Sehr gern malte sie all die Bilder ab, mit denen die Wände der Zimmer förmlich gepflastert waren, alle leuchtend farbig und in vergoldeten Rahmen; außer den Porträts von Hermine gab es große Blumensträuße, schimmernde Landschaften, Historien- und Märchenbilder. Überm türkisch gemusterten Diwan hing ein Triptychon von der „Gänsemagd", das sie besonders gern zur Vorlage nahm, es wunderte sie nicht, daß die schwarzhaarige böse Kammerfrau die Züge Hermines trug, sie zeichnete sie wieder und wieder ab (alle erklärten, sie sei hochbegabt, was sie nicht verstand, sie zeigte doch nur, was schon da war).

In der Nische neben dem Ofen hing ein Bild, das ganz anders war, es hatte einen schwarzen Rahmen und war verglast, auch das Gesicht des Mannes mit dem Bart und dem gescheitelten Haar war farblos, sie wußte, daß man ihn meinte, draußen, wenn man „Heillitler" sagte. Im Büfett ganz hinten lagen drei Flaschen Rheinwein, die trinken wir, wenn Frieden ist, sagte Hubert.

Es kam niemals Besuch. Manchmal allerdings empfing Hubert Geschäftsfreunde in der guten Stube. Man hörte dann die lauten und groben Männerstimmen hinter der weißlackierten Flügeltür, und durch die Ritzen drang Zigarrenrauch. Immer, wenn Fremde in der

Wohnung waren, überkam Corelli ein durchdringendes Unlustgefühl, eine Mischung von Langeweile, Wut und verzweifelter Heimatlosigkeit. Sie lief dann in die Küche, Franziskas bevorzugtes Revier, zumindest Franziska mußte unveränderbar sein, sie durfte ihr nicht anders entgegenkommen, nicht ohne Brille, ohne Schürze, verhext und unvertraut.

Während Corelli den Kopf in ihre immer nach Wäschestärke und Spülwasser riechende Schürze drückte, erzählte sie; Märchen, vom Hündchen und vom Kätzchen, und von früher. Von früher mochte Corelli am liebsten hören.

Zu den Märchen, die sie langweilten, erfand sie anderes hinzu, ein Eichhörnchen mit einem Horn auf dem Kopf, das es einziehen oder ausfahren konnte im Zorn, ein dreibeiniges Geschöpf namens Batzel, das einen Goldreif um den Hals trug und feurige Kohlen fraß, und ein wildes Waldtier namens Nimrod, das sich keinem zeigte, so sehr man auch suchte. Wenn sie erzählte, war es ihr gleichgültig, ob Franziska ihr zuhörte, wenn sie nur da war.

Wenn Huberts Geschäftsfreunde fort waren, kam er in die Küche, stinkend nach Rauch, und schickte Corelli hinaus, um in den Emaille-Ausguß zu pissen. (Da die Toilette im abvermieteten Teil der Wohnung lag, hatte sich die Familie daran gewöhnt, Eimer und Nachttöpfe zu benutzen, um möglichst wenig nach hinten gehen zu müssen. Und weil die Kohlen nie mehr ausreichten, die hohen Räume zu erwärmen, hauste man meist nur in Küche und Schlafzimmer, in der guten Stube verstimmte sich das Klavier in der Kälte, winters mochte Hermine nicht singen.)

Hubert beredete alsdann mit Franziska die kleinen Geschäfte und Vorteile oder Nachteile, die er ausgehandelt hatte, saß rauchend am Küchentisch, Corelli auf dem Schoß. Sie hörte nicht zu, es genügte, die Stimmen um sich zu haben und die Körper. Huberts Hände waren behaart, kraftvoll und immer warm, sogar im eisigsten Winter konnte er Corellis im Muff halb erstarrte Finger mit seinen bloßen Händen wärmen.

Vor den Küchenfenstern hingen Gardinen aus Leinen, so sah man niemals hinaus, wie auch aus dem Fenster des Berliner Zimmers, vor dessen rötlichem Abendhimmelausschnitt die schreienden Schwalben vorbeijagten wie Boten aus einer anderen Welt. Aber an Sommernachmittagen zog sich Corelli einen Stuhl an das unverhängte Schlafzimmerfenster in die Sonne, kniete drauf und schaute.

Die runden Kuppen der Lindenbäume säumten die breiten Gehwege. Die Gesichter der Autos waren verschieden, manche lachten, manche sahen aus zornigen Augen in die Welt, andere fletschten die Zähne, wieder andere, die, die schon mit Holzvergaser arbeiteten, hatten einen Buckel. Die Kinder fuhren Tretroller oder trieben hölzerne Reifen mit einem Stöckchen; beides wünschte sich Corelli aus tiefster Seele auch zu tun.

Wahrscheinlich hätten sie es ihr nicht versagt, wenn sie den Wunsch jemals ausgesprochen hätte, was sie nicht tat – andererseits, sie war zaghaft und ungeschickt; auf den Schlitten mit den eisernen Kufen setzte sie sich nie wieder, seit sie einmal damit umgekippt war.

Vorsichtig bewegte sie ihr Dreirad auf dem Kiesweg des Gartens hin und her, bevor sie krank wurde.

Der Garten war die Welt.

Endlos wie ein Feld dehnte sich das Erdbeerbeet, riesig war das Rondell mit den drei Fichten, nicht zu ersteigen der Apfelbaum. Hinter der Laube gab es die Wildnis, Quecken und Kompost, und vorn am Zaun blühte im Schatten die lockenhäuptige Akelei zwischen Dill und Rosmarin.

Es gab eine Fliederlaube, in der man Kuchen aß, und den Steingarten, ein unwegsames Gebirge, gefährlich zu erklettern. (Als sie den Garten später wiedersah, war er zusammengeschrumpft wie ein Luftballon, von dem man das Band gelöst hatte; nur die Fichten, riesenhaft aufgeschossen, füllten den Blick, wehende Baumkronen an mannhaften Stämmen.)

Von dort führte der Weg zwischen anderen Schrebergärten hin ins vollends Unwegsame, man trat vor das Tor aus Maschendraht in eisernem Rahmen und war weit fort. Ein riesenhafter Hahn äugte unter Brennnesseln, Corelli sah ihn klopfenden Herzens an, ob er vielleicht unter dem Zaun durchkommen könne, er blickte zurück, einäugig, kollernd. Das mittägliche Legegeschrei der Hühner erregte das Kind fast zu Tränen.

Wie fremd war das alles! Rostig rot standen die buschigen Fuchsschwänze vor dem stumpfen Schwarz des Schotterwegs. Manchmal kam ein schmutziges Mädchen, um mit ihr zu spielen, Hermine sagte: Straßenkinder; aber Corelli erschien sie schön mit ihrem verschmierten Kleid, den dunklen Augen, den Ohrringen. Das Kind fragte sie Sachen, die sie nicht verstand, und lachte mit zurückgelegtem Kopf. Corelli lief mit, erhitzt, fiebrig, außer sich. Irgendwann stieg das Mädchen über einen fremden Zaun, brach alle Tulpen ab und warf sie auf den Komposthaufen, lachte dazu ihr Lachen. Corelli rannte in ihren Garten zurück, vor Schreck konnte sie kaum reden.

Noch bevor sie die Krankheit bekam, verliebte sie sich glühend in einen Mann mit weißen Haaren und schwarzen Augenbrauen, der mit sehr tiefer Stimme sprach. Sie nannte ihn Mozart, weil ihr Hermine gesagt hatte, Mozart habe eine weiße Perücke gehabt und einen Galarock mit goldnen Knöpfen, so habe er als Kind vor der Kaiserin gespielt. Den Rock (sie verstand darunter einen blauen Faltenrock, wie sie ihn gern gehabt hätte) dachte sie sich dazu.

Wenn sie Mozart auf der Treppe oder auf der Straße begegnete, grüßte sie ihn mit versagender Stimme und wurde rot. In ihrer Magengrube ging eine Sonne auf, und ihr Licht übergoß ihr Leib und Glieder mit brennender Hitze. Am Abend im Bett legte sie die Hand zwischen ihre Beine, um sich zu streicheln, und die apfelsinensüße Sonne verbreitete sich in Strömen durch ihren Körper, dabei sah sie Mozart im blauen Galafaltenrock die Treppe herunterkommen, er sprach mit tiefer Stimme, sie war wie mit Feuer übergossen, alles endete in Feuer.

Einmal schenkte er ihr einen kleinen Honigkuchen, der verziert war mit Streifen aus weißem Zuckerguß. Ihr blieb die Sprache weg, als sie sich bedanken wollte. Den Honigkuchen versteckte sie unter der Matratze, sie hätte ihn keinesfalls gegessen, auch nicht, wenn sie überhaupt Kuchen gemocht hätte.

Irgendwann beim Saubermachen fand Franziska das vertrocknete, zerkrümelte Quadrat und warf es weg, Corelli schrie, sie schrie sich atemlos, bis ihr Franziska einen

L.E.

Klaps gab; da sie nie geschlagen wurde, war das etwas Unerhörtes, er vermischte sich mit der Enttäuschung über die verlorene Reliquie und der Süße des inneren Sonnenaufgangs zu einem explosiven Gefühl gierigen Zorns und schmachvollen Genusses; sie schlief sofort ein.

Nach der Krankheit hatte sie den Mann vergessen, Mozart mit dem weißen Haar und den schwarzen Augenbrauen, er war nicht mehr da, es hieß, sie hätten ihn doch noch eingezogen; Corelli hörte das als „eingesogen", irgendein großer, bärtiger Mund hatte sich geöffnet und Mozart schlürfend verschluckt wie der Strudel den Becher in dem Gedicht, das Franziska ihr mit vielen anderen aufsagte: „Verschlungen schon hat ihn der schwarze Schlund"; sie lagen bei Stromsperre miteinander unter der Bettdecke, sich zu wärmen.

Zu der Zeit, als man sie mehr fuhr oder trug, als daß sie lief, sah sie in der Straßenbahn auf der langen hölzernen Bank gegenüber das Mädchen mit dem spitzen Gesicht und den Ohrringen aus blauem Stein. Sie wußte, daß das Mädchen häßlich war; vielleicht fühlte sie sich an ihr eignes Spiegelbild erinnert, sie starrte verliebt hin auf das käsigbleiche Dreieck mit den Ohrringen. Kurz bevor sie aussteigen mußten, ging sie zu der Fremden, ergriff ihre Hand und sagte laut: „Ich mag Sie. Sie sind schön."

Die Leute im Wagen lachten, die junge Frau, die sich verhöhnt fühlte, entriß ihr heftig die Finger, Hermine zerrte sie zum Ausstieg.

„Was ist in dich gefahren? Warum hast du das gemacht? Unser schüchternes Friedchen! Dabei war die nun wirklich nicht ..."

Corelli schwieg, es stimmte, man durfte das Geheime nicht vorweisen, man mußte es bei sich behalten.

Sie war brav. Wenn man sie fragte, ob ihr etwas gefalle, sagte sie Ja, auch wenn es ihr gleichgültig war. Wenn man ihr verbot, sich selbst zu berühren, tat sie es, wenn niemand zusah. Was man ihr abverlangte, leistete sie. Achtete sorgfältig darauf, daß sich die Welten, ihre und die der anderen, nicht vermischten. Manchmal erschrak sie tödlich, weil „etwas herausgekommen war"; wie, daß sie für sich allein tanzte oder mit Leuten sprach, die gar nicht im Zimmer waren. Daß die anderen darüber lächelten, war Zufall, sie hätten auch schelten oder verbieten können. Ihr Reich gehörte verborgen.

Es war schon die Zeit, als sie zur Schule ging, als sie jene Leute entdeckte.

Im grimmigen Winter, in dem sie nur zitternd, gezwungen, an Huberts warmer Hand das Haus verließ („Das Kind braucht frische Luft!"), sah sie die Frauen in unförmigen Stiefeln und wattierten Jacken, die Köpfe bis zu den Augenbrauen in Tücher gehüllt, nur Nase, Mund und Augen sahen hervor. Corelli wünschte sich sehnlich solche dicken, wärmenden Tücher, um nicht mehr zu frieren. Indes, die Frauen sprachen unverständlich, sie standen für sich, ein Knäuel, andere machten einen Bogen.

„Das sind Russenweiber", sagte Hubert, „die müssen hier arbeiten."

Er zog sie fort, sie sah nicht zurück.

Abends saß Hermine wie immer an ihrem .Bett, um zu singen, sie hielt ihre Hand dabei. Hermine sang meist sehr lange, und Corelli spürte, daß ihr nicht so sehr darum zu tun war, ihr Kind in den Schlaf zu bringen, sondern daß sie sich dabei auf einer Bahn entfernte, die in genauso geheime Landstriche führte wie jene, in denen Corelli wohnte; sie lief nebenher von Station zu Station, wunderseltsam war es, teilzuhaben und es zu vermischen. Eingeschlafen auf der Lauer, nahet sich ein Spinnlein weiß, aus der Heimat hinter den Blitzen rot, heran, heran, was wiegen kann. Manchmal, wenn Hermine dachte, das Kind schliefe schon, schwang sie sich wild auf, „Ritorna vincitor", oder „Non piu di fiori vaghe catene", Zauberformeln, die sich erst ein Jahrzehnt später erhellten. Corelli behielt sie gut.

Den Abend wollte sie keinen Gesang, sondern von Russenweibern erfahren. Hermine war erschrocken und ging Hubert fragen, was geschehen sei. Dann erzählte sie.

Was Corelli dann zu wissen glaubte, vermischte sich, und es war nicht klar, wer da seine Bahn davongezogen war. Es trugen aber die besiegten Untermenschen, die hungernd und frierend durch ihr eiskaltes Land irrten und, hierher gebracht, froh waren, durch Arbeit zu überleben, deutliche Züge des dunkeläugigen Straßenkinds, das die Tulpen abbrach; in ihren Ohrringen und Tüchern waren sie schön und schrecklich, sie hießen Azucena die Zigeunerin und trugen das Kind fort, es für ewig zu behalten als ihren Raub, wie lebte es sich wohl bei ihnen? Man fürchtete und liebte sie, sie hießen auch Ortrud die Friesin, die das Kettchen um das zum Schwan verzauberte Kind band, es wiederzuerkennen, als machten um diese Stund / die alten Götter die Rund. Schließlich sang Hermine doch noch: ... der kennt euch nicht, ihr himmlischen Mächte.

Am nächsten Tag machte Corelli eins ihrer geheimen Spiele öffentlich. In Schals gewickelt, ging sie vor die Wohnungstür, klingelte und erklärte Franziska, sie sei ein hungerndes Russenweib, das bei ihr arbeiten wolle. Franziska zog sie heftig am Arm in den Flur. Sie rüttelte sie.

„Bist du verrückt geworden, Friedesinchen?“

Sie begriff, wie sehr sie drinnen und draußen verwechselt hatte. Heftig weinend hing sie an Franziskas Schürzenband.

Sagt es keinem, nur dem Weisen, sang Hermine abends. Hatte sie die Sängerin verraten durch ihr Spiel? Sie träumte von Türmen, die sich über sie beugten. Russenweib spielte sie künftig nur in der guten Stube.

Wenn Leute anders waren, roch sie es wohl.

Sie war mit Hermine im Eckladen und saß auf der Bank, während angestanden wurde mit den Lebensmittelkarten in der Hand, sie baumelte mit den Beinen und sah vor sich hin, weit weg in Gedanken, bemerkte die Hand nicht, die ihr übern gläsernen Ladentisch hinweg einen Bonbon hinhielt (Friedchen träumt mal wieder. – Bedanke dich. – Ach, lassen Sie doch!) Um sie waren alle Geräusche gewohnt, dann plötzlich änderten sie sich, sie wurden schriller inmitten einer alles umgebenden Stille, da waren schlurfende Schritte; Corelli glitt von der Bank und war draußen, sie wußte nicht, wie.

Es waren keine Russenweiber.

Andere Leute, sie gingen zusammengedrängt auf dem Fahrweg, sie trugen, mitten im Sommer, schwere Mäntel, ihre Füße schleppten sie nach. Andre gingen daneben mit schnellen und lauten Tritten. Niemand sah hin, alle bis auf Corelli guckten weg. Sie sah mit angstvoller Verzückung die dunklen Augen, Straßenkinderaugen, Azucena-Augen,

Russenweiberaugen, Hermines Augen, die sich mit ihren trafen. Auf den dicken Mänteln brannte in leuchtendem Gelb ein Zeichen, Corelli hielt es für eine Blume.

Plötzlich war Hermine hinter ihr, sie hörte den heftigen Atem, und ohne hinsehen zu müssen, wußte sie, daß Hermines Gesicht jetzt wie diese Gesichter aussah, sie wollte etwas sagen, aber die Hand der Mutter legte sich mit so ausschließlicher Wildheit über ihr Gesicht, als wolle sie sie für alle Zeiten stumm und blind machen.

Sie wurde wieder in den Laden geführt und wie eine Puppe auf die Bank gesetzt, den Bonbon hielt sie in der Hand, Hermine trat zurück in die Schlange.

Es war immer noch ganz still. Man sah sich nicht an. Nichts sehen, nichts hören, nichts sagen. Sie versteckte den Bonbon in der Banknische, so brauchte sie ihn nicht zu essen.

Am Abend zeichnete sie ein Bild von der Wand ab, wie oft; Hermine, ihr Blick träumerisch aus halbgeschlossenen Lidern auf den Betrachter gerichtet, sie bekleidete sie mit einem langen dunklen Mantel, gab ihr ein gelbes Zeichen auf die Brust. Als Franziska unverhofft hereinkam, versuchte sie das Blatt zu verstecken, aber es war zu spät; diesmal war sie nicht verwundert, daß Franziska das Blatt zerriß und sie ohrfeigte. Sie hatte wieder Geheimes nach außen gebracht.

Franziska weinte. Sie brauchte Tropfen für ihr Herz. Niemand kümmerte sich um Corelli. Sie hatte eine Puppe, die man Franziska genannt hatte, die lag in der Ecke, sie spielte ungern mit Puppen. Nun schlug sie sie und steckte sie tief unten in den Schrank.

Als sie im Garten, auf dem mit schwarzem Schotter bedeckten Gang, das Kind mit den Ohrringen wieder

L.E

traf, umarmte und küßte sie es, obwohl sie vor Ekel fast verging, denn dem Mädchen lief die Nase. Es lachte sie aus und nahm ihr das Umhängetäschchen weg.

Daß die Schule vom ersten Tag an furchtbar würde, hatte sie vermutet, als sie zur Anmeldung an Huberts Hand durch die nach Kreide und Tinte stinkenden Gänge, über die verlassenen Steinstufen mit den schmiedeeisernen Geländern gegangen war.

Eine Hölle von Lärm und Fremdheit, so empfing sie bereits am ersten Tag der Schulhof mit den tobenden und schreienden Kindern. Sie stand in den Ecken; wenn sie Glück hatte, beachtete man sie nicht. Der Krankheit wegen (noch vor einem Vierteljahr wurde sie gefahren) zog ihr die Familie auch im Sommer Leibchen und lange Wollstrümpfe an, unter den Hängerkleidern mit Puffärmeln trug sie Babyjacken mit Bündchen um die Handgelenke; als die anderen es entdeckt hatten, johlten sie vor Hohn.

Bemüht, nicht aufzufallen, saß sie verkrampft vor Entsetzen im Unterricht; wenn die Lehrerin schrie, die anderen Kinder ohrfeigte oder mit dem Stock auf die Finger schlug, kämpfte sie mit Mühe die Tränen nieder. Alle Aufgaben erledigte sie ohne Anstrengung, aber meist machte sie einen kleinen Fehler hinein, damit es nur eine Zwei wurde und keine Streber-Eins.

Sie war das artigste Kind der Klasse. Zu Hause befragt, wie es gewesen sei, sagte sie stets: gut; ihr kam niemals der Gedanke, ihre Ängste mitzuteilen, das war draußen und auf andere Art von drinnen getrennt wie das Geheime.

Sie wachte jetzt oft nachts auf, meist war die Tür zum anderen Zimmer einen Spalt weit offen, Licht kam herein; Hubert und Franziska saßen über Zahlen und Papieren, Hermine war selten dabei. Man hatte Corelli gesagt, es ginge um „das Geschäft“. Auch früher, wenn sie wach wurde, hatten sie wohl schon so gesessen, aber jetzt wurde Hubert oft laut, es fielen immer die gleichen Worte, die sie nicht behielt, Franziska schluchzte.

Der Weg von der Wohnung zum Garten (es waren in Wirklichkeit keine zehn Minuten) kam Corelli jedes Mal vor wie ein großer Ausflug. Man überquerte Straßen, kam unter einer Eisenbahnbrücke durch (sie rannte immer ganz schnell, weil sie fürchtete, ein Zug könne darüber fahren, während sie unten war), ging an einer wundersamen Gärtnerei vorüber, wo unter roten und violetten Blumen eine von Zwergen behütete Sonnenuhr stand. Dann kamen Lauben und dann das Feld.

Eines Tages befand sich über diesem Feld schwebend ein merkwürdiger länglicher Ball von stumpfem Grau, der von stählernen Trossen gehalten wurde. Einen Fesselballon nannte ihn Hubert, er habe etwas mit Fliegeralarm zu tun, mit Vernebelung. Corelli wußte, was Alarm war, hin und wieder war sie mit der Familie in den Keller gegangen; manchmal brummte es tief und fern – eine seltsame Übung von draußen, unverständlich. Die Sirene war ihr verhaßt.

Irgendwann war ein Haus in einem weit entfernten Stadtviertel von einer Sprengbombe zerstört worden, alles pilgerte hin, die Ruine zu sehen, auch Corelli wurde von Franziska hingefahren. An einer Wand· hing ein grüner Küchenherd, zersplitterte Balken ragten aus den Gesteinsbrocken. „Rattenbisse“, Löcher im Putz der umliegenden Häuser, wirkten unordentlich und verkommen.

Den Tag gingen sie mittags vom Garten nach Hause, es war also wohl Sonntag; die Sirene ging los, ein seltsamer Nebel begann die Luft zu füllen, sie und Hubert mußten laufen, er rang nach Atem.

„Der Fesselballon!“, keuchte er. Was waren das für Fesseln?

Zu Haus lag ein Brief. Hubert ächzte, die Hand am Herzen, Corelli mußte in die Küche, sie liefen und schlugen mit den Türen, der Arzt kam erst bei Entwarnung. Der Fesselballon und der Brief hatten in das Drinnen eingegriffen.

Verstört saß Corelli auf der Fußbank und wartete auf Franziska, es wurde dämmrig, durch die Wand hindurch hörte sie Hubert stöhnen. Franziska schälte abwesend Kartoffeln, ohne Licht zu machen, trotzdem sah das Kind die Tränen. „Es gibt ein Mittel für das Herz, Nitrangin.“, sagte sie, „es hilft schon. Du schläfst heute bei Hermine.“

Hubert, warme Hände, tiefe Stimme, Kraft wie ein Brunnen, hatte nichts zu tun mit dem, der da stöhnte. Es gab einen Sprung. Corelli wäre nicht zu ihm hineingegangen, und wenn sie der Rauch aller Fesselballons erstickt hätte. Sie schlief in Hermines Möbelburg, die Decke über die Ohren gezogen, lutschte am Kissenzipfel. Drei Tage später ging Hubert wieder ins Geschäft, aber sie wich ihm aus, es brauchte eine Weile, bis er für sie der gleiche wurde wie vorher. Voller Furcht und Scham sah sie die zerknitterten und zerknüllten Laken des Krankenbettes. Franziska klebte ein neues Stück Tapete über die Stelle, wo Hubert während des Anfalls die alte mit den Nägeln von der Wand gefetzt hatte. Von nun an roch er immer nach der Medizin, jeden Tag. Man gewöhnte sich daran.

Hubert brauchte Erholung.

Das Gute, das die Schule an sich hatte, war, daß Corelli nicht mit in die „Sommerfrische“ fahren mußte. Sie hatte beängstigende Erinnerungen. Im vorigen Jahr waren da ein dicker Müllermeister und seine Frau gewesen, beide hatten das Kind ins Herz geschlossen und wollten den dünnen Spatz herausfüttern. Corelli wurde an ihren Tisch gerufen, sie sollte dort Milch trinken und dicke Wurstscheiben essen. In des Müllers gewaltigem Schnauzbart hingen Butterstückchen und Brotkrümel. Krampfhaft gegen den Brechreiz ankämpfend, die Lippen fest zugedrückt, versuchte sie, ihren Blick nur auf die silberne Uhrkette über dem gewölbten Bauch zu richten, nicht auf diesen grauenhaften Bart. Sie konnte nichts nehmen, die guten Leute waren beleidigt. Hubert und Franziska mußten es dann so einrichten, daß sie erst in den Speisesaal des Hotels gingen, wenn ihn das Müllerehepaar schon verlassen hatte. Corelli lief sonst, die Hände vor den Mund gepreßt, wieder aufs Zimmer und verweigerte die Nahrung für den Rest des Tages.

Einmal wollte Hubert sie morgens in die Küche der Pension schicken, um heißes Wasser zum Rasieren für ihn zu holen. Sie traute sich nicht, jemanden anzusprechen, drückte sich zehn Minuten in einer Ecke herum, lief dann weinend aufs Zimmer zurück.

Der Bach, den man auf dem Steg überqueren mußte, war ihr wie ein reißender Fluß; die Kuhherde, die durch den Ort zog, schien sie zu verfolgen. Zu Hause war weit fort, Sommerfrische war schrecklich.

Dies Jahr blieb sie bei Hermine. Wenn sie mittags aus der Schule kam, konnte sie mit eignem Schlüssel die Tür öffnen, sie war sehr stolz darauf.

Hermine kam ein wenig später von ihrer Arbeit. Sie kochte nicht, machte nur Schnitten und vielleicht ein weiches Ei, dazu gab es „Fanta", eine Brause, deren Geschmack Corelli begeisterte. Während Hermine bei herabgelassenen Jalousien auf dem Diwan Mittagsruhe hielt, machte Corelli Hausaufgaben, zeichnete oder nahm sich heimlich ein Buch aus dem großen Schrank, um zu lesen, was sie noch nicht verstand; Worte waren Geheimnisse wie alles andre auch.

Ohne Hubert und Franziska war Hermine mehr die der Bilder als sonst. Sie saß stundenlang am Klavier, spielte Sonaten und begleitete sich selbst während des Singens. Abends sahen sie gemeinsam den Schwalbenjagden am rötlichen Himmel zu, oder Hermine nähte aus bunten Flicken Puppenkleider für jene Franziska, die Corelli in die Ecken steckte und mißhandelte. Manchmal griff Hermine etwas von ihren eigenen Sachen, die hinten im Kleiderschrank hingen, zog sich an und ging ins Kino (Hubert hatte das den Frauen als „unseriöses Vergnügen" untersagt).

Am Tag, als wieder ein Brief kam, regnete es. In ihrem von Nässe glänzenden Wachstuchmantel, das turbanähnliche Tuch noch um den Kopf, saß Hermine am Küchentisch, sie kaute an der Lippe, riß schließlich das Kuvert mit dem schwarzen Aufdruck so hastig entzwei, daß die Fetzen flogen. Diesmal war es ein guter Brief.

Corelli hatte Angst, als Hermine aufsprang, sie auf den Arm hob und mit ihr durch die Küche tanzte, sie hatte dabei die Augen voll Tränen.

„Friedesinchen", sagte sie und küßte das Kind. „Jetzt müßten wir eigentlich eine Flasche Rheinwein trinken." – „Ist denn Frieden?" fragte das Mädchen und strebte

vom Arm der Mutter. – „Für Hubert. Für uns. Sie sind tot, die Blutsauger. Jetzt wird Hubert gesund."

Corelli mußte über „Blutsauger" lachen, und Hermine lachte mit ihr.

„Eine Bombe hat sie erschlagen, zerrissen, zerfetzt."

Sie ging zum Klavier, begann einen Walzer zu spielen: „Tanz, meine Kleine."

Corelli stand stocksteif, Hermines Wildheit bestürzte sie; sie fragte, warum es lustig sei, wenn jemand zerfetzt werde. Hermine drehte sich auf dem Klavierhocker um, nahm sie zwischen die Knie.

„Sie bekamen Geld von Hubert", sagt sie flüsternd, sie sprach wie zu einer Erwachsenen. „Immer wieder. Hubert hatte einen Schein unterschrieben. Sie hatten uns – sie hatten uns etwas verkauft."

„Was denn?" – „Ein Papier." – „Und das war so teuer?" – „Ja, das war so teuer. Sie sind tot, wir sind frei. Niemand kann etwas nachweisen. Das Haus ist fort, die Bücher verbrannt auch das Papier. Alles fort. Komm, wir gehen ins Geschäft und rufen Hubert im Urlaub an."

Sie war immer noch in den regennassen Sachen, gab Corelli das Cape; draußen nieselte es. Sie gingen aber nicht den kurzen Gang an der windumwehten Katharinenkirche vorbei, der „zugigen Kathrine", nicht durch die verwinkelten Gassen, sondern machten trotz des üblen Wetters den Umweg durch die Hauptstraße.

Vor einem Laden mit großen Glasschaufenstern blieben sie stehen.

„Das war früher Huberts Geschäft", sagte Hermine, „das erste Haus am Platz. Darüber in der Beletage, da wohnten wir, da feierten wir die Feste. Die Maler kamen, und ich sang. Und wenn ich in meiner Loge im Stadttheater saß, mein Wolfspelz hing über der Balustrade, dann drehte sich der Tenor zu mir hin und meinte mich mit, „wie schön ist die Prinzessin Salome heute Nacht'."

Sie lachte. Corelli war verwirrt, als die Mutter versicherte, das käme nun alles wieder. Nichts von dem, was sie da erzählte, schien dem Kind erstrebenswerter als daß alles so bliebe, wie es war, Garten, Stimmen, Abendschwalben, der Lichtstreifen im verdunkelten Zimmer.

Sie bogen in die winzige Gasse ein, wo Huberts Laden jetzt war, finster, langgestreckt wie ein Handtuch, kleine Leute kauften Bastlerbedarf. Hermine grüßte den Verkäufer, ging mit der Tochter nach hinten in das sogenannte Büro, einen engen, fensterlosen Raum unter einem Lichtschacht, stinkend nach dem Klo, das gleich nebenan war. Sie telefonierte die Pension im Gebirge an, bekam Franziska an den Apparat.

„Herr Dr. Dehler, der große Ahnenforscher, ist tot", sagte Hermine, unnatürlich skandierend, in die Muschel, „mitsamt seinem Neffen. Bombenangriff. Das ganze Haus ist verbrannt."

Corelli schlüpfte hinaus in den Laden, der Gestank im Büro erregte ihr Brechreiz.

„Na, Friedchen", fragte der Verkäufer, „hat dein Fräulein Mutter was Wichtiges zu reden?"

Die Kunden lachten.

„Herr Dr. Dehler ist tot", erwiderte Corelli ernst. Sofort machten die Leute strenge Gesichter.

„Herzliches Beileid“, murmelte der Verkäufer.

„Es ist nicht so sehr traurig für uns“, entgegnete das Kind höflich. Die Leute wechselten Blicke.

Hermine ging mit Corelli in ein Cafe, man saß an runden Marmortischen, das Kind bekam ein Eis, das sie stehen ließ (immer hatte sie sich glühend gewünscht, auf dem Jahrmarkt Eis aus einer Waffelspitze zu schlecken, wie die anderen Kinder, aber das tat man nicht und war ungesund; dies hier schmeckte ihr nicht); Hermine kaufte Torte, wozu sie Fett- und Zuckermarken abgeben mußte, und aß ebenfalls nur zwei Bissen, sie meinte, es schmecke wie Sägespäne.

Der Regen hatte aufgehört, sie gingen nach Haus; das Kind war müde und ließ sich von der Mutter mehr tragen als führen. Zu Haus, in der Möbelburg des Berliner Zimmers, wurde Corelli aufs Bett gesetzt, Hermine riß die beiden Türen des Kleiderschranks auf und führte vor, was sie noch hatte; einiges kannte man von den Gemälden.

Am meisten gefiel Corelli das Kleid aus rotgrün changierender Seide mit dem Kragen aus Spachtelspitzen, aber auch das enge Zimtfarbene, zusammengesetzt aus Georgette und geflochtenen Tüllstreifen, und das Blaßlila mit der Silberkante.

„Aber wo ist die Perlenkette, die du auf dem Bild trägst?“ fragte sie.

Hermine lachte. „Wo auch meine Brillanten sind und die fünf Armreifen aus massivem Gold. Bei Herrn Dr. Dehler und seinem Neffen.“ – „Wollte er das tragen?“ – „Nein. Vorbei, vorbei.“

Sie schlüpfte wieder in ihr dunkelblaues Tageskleid, schloß den Kragen mit dem Frauenschaftsabzeichen, einem dreieckigen Schild.

„Was sind die gelben Blumen, die manche anstecken?" fragte Corelli unvermittelt. Hermine rührte keine Wimper, sie antwortete sofort, ohne die Stimme zu heben. „Sterne", sagte sie, „nicht Blumen. Judensterne."

Sie stach sich in den Finger beim Schließen des Abzeichens und ließ Wasser über den blutenden Daumen laufen: Wenn das meine Mutter wüßt', das Herz im Leibe würd' ihr zerspringen, da rannen davon im Fluß die drei Blutstropfen. Denen fragte Corelli nicht nach, das ging nicht, die böse Kammerfrau gewann Gewalt.

Hubert roch weiter nach der Medizin, trotz des Briefes, und manchmal mußte Corelli bei Hermine schlafen, der Kranke, ein Fremder, stöhnte hinter der Wand. Der Lichtschein drang ins Zimmer, und sie rechneten und stritten wie vorher. Dann kämmte sich Hermine das Haar zu einer Frisur hoch, die „Entwarnung" hieß, und erzählte von Herrn Lambs, einem Apotheker, den sie kennen gelernt hatte, der viele schöne Apfelsorten in seinem Garten züchtete. Friedesinchen solle einmal mitkommen, da könne sie alle Äpfel probieren. „Ich will sie nicht probieren, ich will nur an ihnen riechen", sagte Corelli und dachte an Schneewittchen. Aber Herr Lambs wurde von einer Bombe getroffen wie Herr Dr. Dehler und sein Neffe, und Hermine machte sich wieder einen Haarknoten im Nacken, da ging das Frisieren schneller.

Fliegerangriff war nun jeden Tag. Das große Radiogerät Super mit dem grünen magischen Auge stand mit einer Decke umwickelt und verschnürt im Korridor, damit man es mit in den Keller nehmen konnte. Hubert hörte aus einem kleinen Volksempfänger, Goebbel'schen genannt, jene langen, heiser-hysterischen Reden, die Corelli an Hundegebell erinnerten, oder aber, wenn ein dumpfer Paukenschlag ertönte, kroch Hubert mitsamt dem Gerät unter die Bettdecke.

Sie heizten nur noch das Schlafzimmer und den Küchenherd. Hermine hatte keine Lust zu singen, so saß Franziska, das Haar in Zuckerwasserzöpfchen, an Corellis Bett und sang andere Lieder als Hermine, sie gingen: „Es steht ein' Lind' im tiefen Tal“; „Ich hatt' einen roten Husaren lieb“, „Befiehl du deine Wege“; Habe ich mich auch vergangen, will ich doch gleich bei dir sein.

Die Lieder waren kleiner, traulicher als die von Hermine, Corelli behielt sie gleich.

Auch in der Nacht ertönte die Sirene nun mehrmals. Es hatte keinen Sinn, sich auszuziehen, wenn man zu Bett ging.

Im Trainingsanzug kroch man unter die Decke, Taschenlampe und kleinen Koffer griffbereit neben sich. Die Müdigkeit wurde so stark, daß man meist erst bei Vollalarm erwachte. Viele im Haus blieben auch einfach oben. Zuerst lief noch der Blockwart von Tür zu Tür, um die Säumigen in den Keller zu holen, dann wurde auch das gelassen.

Manchmal erwachte die Familie erst von den Erschütterungen naher oder fernerer Einschläge, die Scheiben klirrten. Es hatte dann keinen Zweck mehr, nach unten zu gehen, die Türen des Luftschutzkellers wurden von innen verschlossen nach dem Vollalarm.

Sie rückten auf der Bettkante aneinander, fröstelnd in den kalten Dünsten ihrer Körper, die Lichtfinger der Flak durchbrachen die schwarzen Papierrollos vor den Fenstern und strichen hin und her über die von Gemälden überquellenden Wände, Feuer ferner Detonationen erhellte flüchtig die grauen Gesichter, in denen Corelli keine Ähnlichkeit mehr entdeckte mit den Edlen, Damen und Schönen der Bilder. Franziska drückte das Kind an sich und murmelte die Gebete, die sie in der Schule gelernt hatte; Hubert und Hermine achteten nicht darauf, ihre Augen waren weit geöffnet und schienen nichts zu sehn.

Das Drinnen war zur Höhle geworden.

I – 4

Die Mutter.

Die Lust.

Sie durften es nicht. So vieles, was sie nicht durften.

Die Mutter durfte mir kein Getränk aus Leitungswasser und Quittengelee mischen; so köstlich hatte vorher noch nie etwas geschmeckt. Aber Leitungswasser war verboten, außer es war abgekocht und fade.

Wir brachen das Verbot, wir beiden.

Es war ein heißer Tag, woher waren wir gekommen? Aus dem Garten? Wo anders her?

Wir lagen nach dem lustvollen Trinken gemeinsam auf dem Diwan mit dem rausamtenen Überzug.

„Sag es ihnen nicht!“, flüsterte sie mir ins Ohr. Das war ich gewohnt. Geheimnisse. Davon gab es viele, und sie waren nicht zu verstehen. Man fragte nicht nach. Sonst wäre es ja kein Geheimnis gewesen.

Die Liebe zu ihr, zu Mami, Ihrer Mutter. Schmerzlich, mitleidend.

Denn sie alle waren zwar die Familie, aber die Mutter war außerhalb. Der Großvater und die Großmutter brauchten diese junge Frau nicht. Nie wurde sie umarmt und geküßt, obgleich sie, die Großeltern, es doch so liebten, zu küssen. Die weichen Lippen der Großmutter, der Stachelschnurrbart des Großvaters auf meinen Wangen, meiner Stirn, meinem Mund wie ein Siegel.

Ich nahm es an, daß es so sein mußte, und küßte die Mutter auch nicht. Schmiegte mich nur an sie, das war etwas anderes.

Wenn es in die Sommerfrische ging, dann fuhren die Großeltern mit mir, oder ich mit der Mutter. Nie alle gemeinsam.

Oder das Kochen. Fast immer kochte die Großmutter. Manchmal, an Sonntagen, auch der Großvater, wenn es darum ging, einen Braten zu machen; es gab nichts auf der Welt, was er nicht konnte, so glaubte ich.

Manchmal gab es Tage, da kochte die Mutter.

Es war dem Großvater nie recht, was auf den Tisch kam.

Einmal nannte er die Kartoffeln, die sie zu Mittag gekocht hatte, Schokoladenkartoffeln, weil sie braune Stellen hatten, Flecken, als seien sie aussätzig.

Die Mutter sah mich hilfeflehend an, aber ich aß ohnehin Kartoffeln nur mit Widerwillen; ich wußte, wie sehr ich die Mutter verletzen würde, wenn ich den Teller mit ihrem Essen jetzt auch wegschob. Und doch tat ich es, sogar mit einem einverständlichen, einem Komplizengrinsen zum Großvater.

Ihre Lippen zuckten, sie sprang auf und lief davon, schloß sich in der Toilette ein.

In mir war drinnen alles wund. Ich war eine Verräterin.

Der Großvater tat, als sei nichts geschehen, entfernte die „Aussatzflecken" und aß weiter.

Die Großmutter mischte sich nie ein.

Und das. Ich durfte es nicht. Das schon gar nicht.

Aber warum nicht? Es gab nichts, was schöner war. Nichts, was mehr beglückte.

Als sie mich beim ersten Mal ertappten, wie ich mich hingebungsvoll mit geschlossenen Augen an der Sessellehne rieb, untersagten sie es mir. Sie waren weder böse noch erschrocken, sie drohten mir nichts an, weder, daß es meiner Gesundheit noch daß es meiner Seele schaden könnte. Sie sagten einfach nur: Man tut es nicht.

Vielleicht hätte ich es sogar vergessen, mich auf andere Weise entdeckt. Nun, da es verboten war, wurde es zur Obsession.

Ich hatte mich nie vor dem Alleinsein gefürchtet, war bei mir, bei meinen Gedankenspielen, meinen Kritzeleien, Malen mit blassen Buntstiften auf grauem Papier, meinen Tänzen.

Nun gierte ich förmlich nach dem Alleinsein.

Keuchend vor Erwartung, saß ich im Bett und wartete darauf. Fragte die Großmutter ab, was sie zu tun gedenke in den nächsten Minuten und Stunden. Wäsche aufhängen war eine gute Möglichkeit, das erforderte Zeit und sie mußte dazu die Wohnung verlassen, um auf den Dachboden zu gehen. Einkaufen noch besser. Aber auch gewisse Küchenarbeiten, wie einen Teig kneten oder Gemüse putzen gaben Spielraum.

Mein Körper, der mir gleichgültig gewesen war oder manchmal verhaßt, weil er mir Schmerzen bereitete oder Unbehagen, wurde nun zur Quelle des Glücks.

Es gab nichts mehr, worüber ich mich nicht hinwegtrösten konnte. Zumindest für ein paar Minuten. Sekunden. Zeit verlor ihre Bedeutung.

Erst viel später begriff ich, daß ich etwas besaß, woran DU keinen Anteil hattest.

ABER HEISST ES NICHT DER KLEINE TOD?

Ich habe DICH nicht gerufen.

ABER DU HAST MICH GENANNT. DAS GENÜGT.

Können wir darüber das nächste Mal sprechen? Es geht um die Mutter.

ABER ES HÄNGT ZUSAMMEN.

(Er ist wieder fort.)

Dieser Moment aus Feuer und Vergessen, den man ausdehnen möchte, bis man innerlich zerspringt, gehört er wirklich – ihm? Weil man nicht bei sich ist in diesem Augenblick, nichts sonst hört oder sieht, eben weil sie einen erschlagen können, ohne daß man es wahrnimmt, weil man nicht bei sich ist – gehört man da schon ihm? Aber er ist das Gegenteil von Auslöschen, dieser Moment. er ist das große Zusammenspiel, auf einen Punkt versammelt.

Und vielleicht darin denn doch ihm ähnlich

Und was meint er: Es hängt zusammen? Die Mutter und die Lust?

Vielleicht ja.

Später habe ich sie gefragt. Warum, habe ich gesagt, warst du so – außerhalb? Warum haben sie dich nicht geliebt? Ich konnte es doch spüren.

Aber sie schüttelte den Kopf. Bestritt es. So sei es nie gewesen.

Aber doch. Aber ja.

Das feine Mädchen, die einzige Tochter, die Jungfrau aus Eis. Sie singt, sie spielt die Instrumente, Vaters Liebling, mehr als es Mutter recht ist.

Die Kleider, die Pelze. Die Fächer, mit Spitzen besetzt. Die Tanzstundenkarten, voll beschrieben bis zum Rand. Der halbe Saal bat um einen Walzer mit ihr.

Das ehrbare Fräulein. Gab es Anwärter?

Sicher gab es die. Auch darüber wird geschwiegen. Denn auf einmal waren sie alle fort, die Freunde, die Bekannten. Diejenigen, die das offene Haus genossen und die Gastfreundschaft des Großvaters. Und die auch, die auf eine Mitgift geschielt hatten und auf das schöne Mädchen dazu, das unbescholtene.

Auf einmal standen sie zu Dritt in einem Pranger, an den gestellt zu werden sie sich wütend weigerten.

Alle weigerten sich, niemand gehörte dorthin. Aber sie ... sie nun schon gar nicht, so meinten sie. Denn sie wollten schon lange nicht mehr zu denen gehören, denen dieser Platz seit alters her vorbehalten war. Sie waren – zumindest glaubte das der Großvater und der Vater des Großvaters – ausgetreten aus den Reihen der Vorfahren und eingetreten in andere Dinge. In die evangelische Kirche zum Beispiel. Oder als Freiwilliger in die Armee. Oder, noch später dann, in eine Partei. Deutsch-national. Und dann in noch eine. National-sozialistisch.

Aber dafür waren viele Mühen nötig.

Dafür mußte man erst einmal beweisen, daß es Lügen und falsche Beschuldigungen waren, wenn sie ihnen das Zeichen an die großen Scheiben der Auslage in der

Hauptstraße schmierten und die Passanten aufforderten, nicht mehr bei Leuten wie ihnen einzukaufen; daß die Männer in den Uniformen, die Beine gespreizt, die Daumen forsch ins Koppel gehakt, zu Unrecht vor dem Geschäft Wache standen und die alten Kunden daran hinderten, durch die Tür zu treten.

Man mußte möglichst beweisen, daß man, wenn man nur wollte, selbst so eine Uniform tragen durfte. Wie man es später sogar tat.

Der Großvater blieb nicht untätig. Er hatte noch nie die Hände in den Schoß gelegt, wenn es darum ging, etwas zu verändern, zu erstreben oder etwas aus der Welt zu schaffen.

Er hatte – und das gehörte zu den wenigen Dingen aus der Vergangenheit, über die gesprochen wurde, mit Stolz gesprochen –, er hatte den Schuldenberg seines spielsüchtigen Vaters, der sich vom Futterboden seines bankrotten Fouragegeschäfts in den Tod stürzte, in weniger als fünf Jahren getilgt und dann das andere, das ganz Neue angefangen, den Handel und die Entwicklung mit Geräten, die es zuvor nicht gegeben hatte auf der Welt. Fernsprecher. Rundfunkempfänger. Er war den anderen immer um eine Nasenlänge voraus, zuerst mit dem Fahrrad als Vertreter des Neuen unterwegs zu den reichen Großgrundbesitzern der Gegend, ein schwarzlockiger junger Mann mit glattem Gesicht und schöner tiefer überredender Stimme, dann – ich kannte das Foto – als Mitglied einer ehrenwerten Herrenrunde in Gehrock und Zylinder, im Kreis aufgestellt für den Fotografen; er trug einen Schnurrbart und ein Monokel und war der Kleinste von allen.

Später das Geschäft in bester Lage, die Mitgliedschaft in den Clubs und im Förderverein der Künstler.

Dann kam *das*. Und das mußte er aus der Welt schaffen.

Nur, daß es auffraß, was an Vermögen da war. Daß alles anders wurde danach.

Er konnte es nachweisen nun. Schwarz auf Weiß und bis ins wer weiß wievielte Glied. Er und die Seinen, die gehörten nicht zu den anderen. Sie taten Unrecht, seine Auslagen zu beschmieren und die Käufer fernzuhalten – aber das entfiel ohnehin aus anderen Gründen, denn nach vorübergehender Schließung wurde das große Geschäft mit der teuren Ladenmiete aufgegeben und stattdessen ein winziger langgestreckter Raum in einer Nebengasse gepachtet, mit einem Büro hinterm Vorhang und einem stinkenden Klo hinten zum Lichtschacht raus.

Es kamen auch andere Kunden nun. Bastler, nicht Käufer von Geräten. Welche, die Kleinkram verlangten und Beratung.

Die Mitgliedschaft in den noblen Clubs und Vereinen gaben sie auch aus Geldgründen auf. Jedenfalls behauptete das später die Mutter. Oder wollte man einfach nichts mehr von ihnen wissen, trotz allem?

Sicher, sie waren „rehabilitiert", sie gehörten, wie man nun erfuhr, nicht zu den anderen, trotz ihres verdächtigen Namens und ihres verdächtigen Aussehens (bestimmt hatte man sie immer dafür gehalten). Mied man sie, weil es peinlich war, sie zuvor gemieden zu haben? Wollten sie selbst gemieden werden? Versteckten sie sich?

Daß kein Geld mehr da war, schien sicher das plausibelste Argument. Logisch. Ohne Geld keine rauschenden Feste mehr. Ohne Geld keine begehrenswerte Tochter mehr, keine „gute Partie". Man zuckte die Achseln und blieb fern. Das Geld, das sie für das Papier ausgaben. Wieder und wieder.

Aber vielleicht war es ihnen auch Recht so. Vielleicht wollten sie lieber stillhalten und versteckt sein, wie Tiere im Bau, hingeduckt, regungslos. Aus Angst? Aus Scham?

Und dann machte die Tochter alles zunichte.

Sie erzählte es mir später, viel später. So, wie sie mir das von dem teuer erkauften „Nachweis“ erzählt hatte, stockend.

„War es Liebe?“, fragte ich. (Warum stellte ich so eine törichte, romantische Frage? Weil ich ein Kind der Liebe sein wollte, kein Kind der Schande?)

Sie sah vor sich hin. Es wäre doch ein Leichtes gewesen, zu antworten: „Ja, Kind, ich habe ihn geliebt.“ Aber das tat sie nicht.

Sie fuhr mit der Zunge zwischen Zähnen und Lippen entlang, wie sie es tat, wenn sie sich auf den Einsatz vorbereitete, um ein Lied, eine Arie zu singen. Dann sagte sie nachdenklich und ohne mich anzusehen: „Es war das Gefühl.“

Ich verstand sie sofort.

Die Lust. Der unsterbliche Augenblick der Lust, für den man alles aufgibt. Jeder Art von Vorsicht. Jede Rücksichtnahme auf einen Zustand oder auf die anderen. Und schließlich sich selbst.

Die Umstände waren, es läßt sich nicht anders sagen, schäbig. Als ob das dabei eine Rolle spielen würde.

Ich rekapitulierte irgendwann alles, was sie mir nach und nach preisgab, beschämt, wo man sich nicht zu schämen brauchte, peinlich berührt von der eigenen Kühnheit.

Ein Handlungsreisender, einer, der eine Frau hatte, die sich nicht um gefälschte Dokumente bemühen mußte und der deshalb geschützt war (er ging dann doch ins Ausland, mit ihr, noch vor meiner Geburt).

Ein einziges Foto hatte die Mutter, irgendwo ganz tief vergraben zwischen alten Jahreskalendern und abgelaufenen Versicherungspolicen, ein Paßbild. Hatte sie es aufgehoben, um es mir irgendwann zu zeigen?

Er war bullig, blond, mit dicken Brauen über spöttisch blickenden Augen, die Lippen üppig, gierig. Sein Aussehen, das in keiner Weise in das Bild paßte, das man sich von den anderen machte, erlaubte ihm, seinem Beruf nachzugehen. Man hielt ihn für einen „echten Deutschen."

Aus dessen Samen also war ich hervorgegangen.

Er war austauschbar, war derjenige, der da war zum Zeitpunkt, weiter nichts.

Ich wurde gezeugt auf dem Ladentisch des winzigen, nach Lötfett und Metall riechenden Geschäfts in der Mittagspause; meine Mutter erzählte mir mit abgewandtem Gesicht, daß sich hinterher herausstellte: Nicht einmal die Ladentür war abgeschlossen.

Das, wessen sie sich schämte, fand ich rühmenswert: Das Unbedingte der Lust.

Die Großeltern waren vernichtet. Die Schutzhülle, die sie um sich errichtet hatten, das vorsichtig erzeugte

Gebäude aus Schweigen und Verstecken: Die Tochter hatte es zerbrochen wie ein ungeduldiges Küken, das ein Ei aufpickt.

Sie gerieten in Panik.

Der wachsende Bauch würde alle Aufmerksamkeit auf sich ziehen. Sie würden ins Gerede kommen. Und ins Gerede kommen war schon so gut wie verloren zu sein.

Alles würde wieder aufgewühlt werden. Ihre Herkunft. Ihre breitgetretene Rehabilitierung und ihr plötzliches Abtauchen ins Kleine und Kleinliche danach. Gerüchte, Gewisper.

Derjenige, der ihnen um einen teuren Preis ihr Überleben verkauft hatte, würde kommen und mehr fordern, wenn er schweigen sollte. Aber mehr war nicht da.

Sie waren ins Mark getroffen. Sie hatten Angst.

Es hätte verschiedene Wege gegeben.

Zum einen: Zu beseitigen, was im Bauch der Tochter war. Meine Mutter hätte es gern gewollt. Sie hat es mir erzählt, ohne Verlegenheit, was alles sie unternahm: Die heißen Bäder, vorher eine Flasche Rotwein intus. Das Springen vom Schrank, eine Schreibmaschine in den Händen, um die Wucht des Aufpralls zu erhöhen. Eine Stricknadel einführen. Es blutet, Hoffnung! Aber die Blutung hört wieder auf.

„Du hast zu fest gesessen!“, sagt sie zu mir und lächelt mich verliebt und zärtlich an.

ER hatte damals kein Interesse an mir.

Sie war schlank bis zum fünften Monat, trug Kleider mit eng geschnürter Taille. Als sie es den Eltern offenbarte, war es dafür schon zu spät, auch hatten sie das Geld ja anderweitig verbraucht.

Der Großvater trat die Flucht nach vorn an. Das tat er immer, wenn es darauf ankam. Sie, die Mutter, verstört und voller gefühlter Schuld, wagte nicht, zu widersprechen.

Mitglied der Partei war er schon geworden. Nun ging er einen Schritt weiter, zog die braune Uniform an. Pistole am Koppel, strammer Gruß. Keiner konnte es wagen, an seiner Integrität zu zweifeln.

Zum Glück wußte er, wofür man ihn brauchte, und zu nichts anderem. Er zog die Strippen bei den Massenveranstaltungen, sorgte dafür, daß die Mikrophone auf den leisesten Hauch reagierten, die Lautsprecher in jeder Ecke des Saals oder des Platzes klar und deutlich vernehmbar waren, kein Pfeifen oder Knattern, alles wie Samt und Seide. Volksgenosse, Sie machen Ihre Sache gut.

Hätte er etwas anderes auch gut gemacht, auf einen Befehl hin? Keine Ahnung.

Jedenfalls, die Sache mit der Tochter hatte nun eine andere Dimension. Wer, wenn nicht ebenfalls ein Volksgenosse, sollte sie geschwängert haben – einer, der seine triftigen Gründe hatte, es zu verschweigen?

Irgendwo in den Bergen gab es ein Haus für solche Fälle.

Dort sollte wertvolles, arisches Leben zur Gesundung des Volkscharakters zur Welt kommen, auch wenn die Umstände nicht dem allgemeinen Gefühl von Sittlichkeit und Familie entsprachen. Dort entbanden die Liebchen und Huren der großen Bonzen.

Unter den blauäugigen Blondschöpfen, den arischen Milchkühen, ging die Mutter einher, braun wie eine Pharaonentochter, Samtaugen, Haare so dunkel wie die Nacht. Volksgenossin.

Und dort wurde ich geboren, das Kind der Verleugnerin und des verantwortungslosen Lumich, umgeben von den Bälgern der Partei. Vielleicht wollte ich deshalb nicht ans Tageslicht kommen und plagte meine Mutter fast zwei Tage lang mit Scheinwehen und Krämpfen, bis die Herren Doktoren die Geduld verloren und zur Zange griffen.

Noch bis zu meinem zweiten Lebensjahr sollten sich die Spuren des Instruments an meinen Schläfen zeigen: zwei eigensinnige Haarwirbel, Siegel des Triumphes über mein Nein zur Welt.

I – 5

Warum?

„Warum seid ihr nicht fortgegangen?“ frage ich sie. Ich sitze zu ihren Füßen und sie kämmt mein Haar.

Mein Haar ist der Fluch, wie er Unschuldigen manchmal aufgedrückt wird. Es kann sich zu nichts entscheiden. Vorn ist es strohartig und kraus, hinten glatt, und wenn es lang wächst, lockig.

„Die Prinzessin hat dreierlei Haar auf dem Kopf“, zitiert meine Mutter das Märchen, und obwohl ich weiß, daß ich weder goldenes noch silbernes noch sternfarbenes Haar trage, schmeichelt es mir und ich ertrage die Qual leichter, die es bereitet, diese widerspenstige Masse zu bändigen – Zöpfe müssen es sein!

Wie gesagt, ich sitze auf der Fußbank.

Aber wieso denn? Als ich diese Frage stelle, bin ich doch kein kleines Kind mehr, das sich kämmen läßt. Habe ich da nicht längst meine Zöpfe zum Friseur getragen und niemanden danach gefragt, ob ich es darf?

Wie auch immer, in meiner Erinnerung sitze ich zu ihren Füßen und sie zieht den Kamm so schmerzhaft durch die verwirrten Strähnen, daß ich aufschreie.

Sie antwortet zunächst nicht.

Dann sagt sie, während sie genau in der Mitte meines Kopfes den Scheitel zieht und die beiden Haarbuschen voneinander scheidet: „Aber wohin denn?“ Und fügt leise hinzu: „Und warum?“

Da mag ich nicht mehr fragen.

I – 6

Am Tag, nachdem der Feuersturm das Drinnen weggefegt hatte, keine Höhle zum Verstecken mehr da war, umgab sie die Kälte. Die Kälte und die Helligkeit.

Hermine hatten sie wiedergefunden, sie hatte unterm Bogen der Eisenbahnbrücke auf sie gewartet; angeblich war das so verabredet gewesen. Trotzdem machte es Corelli ein dumpfes Schuldgefühl, das sie gar nicht nach ihr gefragt hatte. Aber an der Hand Huberts war sie zu sehr geborgen gewesen, um sich vorzustellen, anderen könnte etwas zugestoßen sein.

Sie husteten schrecklich, alle ringsum mußten husten, als würde ihnen der Teufel einen rußigen Besen in den Hals gesteckt haben. Das nennt man Rauchvergiftung.

Zum Übernachten gingen sie in die Laube, die Laube stand noch.

Sie froren und waren stumm.

Corelli kam es vor, als seien ihre Augenlider durchscheinend und dünn geworden von wütendem Glanz der Feuer, sodaß der Schlaf, den sie zitternd unter den dünnen Decken in Hermines Armen suchte, hell war wie Tageslicht.

Am nächsten Morgen zogen sie fort.

Nein, nicht nach Haus. Nach Haus war abgebrannt.

Maikäfer flieg. Pommerland ist abgebrannt.

Nach all der Hitze war es sehr kalt.

Sie hatten Corellis alten Kinderwagen in der Laube abgestellt, den, mit dem man sie nach der Krankheit durch die Straßen gefahren hatte. Welch ein Glück! Nun konnten sie ihn beladen mit dem wenigen, was sie gerettet hatten.

Der Tag strahlte vor Sonne und Kälte.

Sie gingen zu Fuß, denn keine Bahn fuhr mehr; sie wollten an den Ort, wo Huberts Schwester wohnte. Das war keine Sommerfrische aber auch ein Platz für Ferien; man fuhr sonst hin, um zu Gast zu sein; hinterm Haus ein Sandkasten. Es gab immer das gleiche Essen, wenn man zu Besuch kam: Die Kraftbrühe, an der man sich die Lippen verbrühen konnte. Dann Hühnerfrikassee mit Zunge, Spargel oder Blumenkohl und Fleischklößchen. Hinterher Zitronenkuchen.

Das erwartete Corelli auch jetzt. Nur war sie noch nie zu Fuß dorthin gelangt.

Hermine schob den Kinderwagen. Franziskas Herz hatte keine Lust auf so einen Weg in der Kälte. Irgendwann saß sie in dem Wagen, schamvoll eingehüllt in Decken und unter Bettzeug, aber immerhin, sie mußte nicht laufen. Corelli faßte den Wagen seitlich an, taumelte mit. Vor Müdigkeit sah sie nicht alles. Nur das Besondere. Dinge wie aus anderen Welten.

Da trieben Leute aneinander vorbei, eingehüllt in Mäntel, Tücher und Decken, manche zogen Leiterwagen oder schoben Karren und andere Gefährte vor sich her, turmhoch beladen mit Koffern oder Bündeln. Sie alle hielten die Köpfe gesengt und sahen einander nicht an. Sie gingen in jede Richtung.

Da war ein flaches Gefährt mit zwei Rädern, Decken hingen an den Seiten herab. Ein Mann in zerschlissener Uniformjacke, eine dreckige Binde wie einen Turban um den Kopf geschlungen, hatte sich an die Deichsel gespannt. Auf dem Fuhrwerk lag ein Stapel alter Kleider, und obenauf saß ein Knabe mit gespreizten Beinen, an den Füßen nichts als Strümpfe, im übrigen angetan mit bunten seidenen Kleidern, purpurrot und gelb und grün, sein Haar, gelb und flaumig wie die Federn eines Kükens, flammte im kalten Sonnenlicht.

Wer war *er*? Wer begegnete ihr da in welcher Gestalt?

Er hatte den Kopf zurückgeworfen. Sang er? Und was waren seine Lieder?

Sie hatte den Kinderwagen losgelassen, war stehengeblieben, starrte.

Da kamen sie schon angerannt, eifrige Frauen, das gestärkte Häubchen auf dem Haupt, die Binde am Arm, die ihnen erlaubte, zu helfen (warum durften andere das nicht?); sie zogen ihn herunter, schrieen, schrieen den Mann in dem Soldatenrock an: „Er erfriert!“

Der wandte ihnen nicht einmal den Kopf zu. Vielleicht konnte er sie nicht hören.

Das Kind verschwand hinter den Rücken der Frauen, die sich mit ihm abgaben.

In Corelli war ein starker Widerwille gegen das, was sie taten, es war ihr, als würden sie etwas zerstören. Sie stand noch immer an der gleichen Stelle wie angewurzelt, aber dann kam Hubert und ergriff ihre Hand, zog sie fort. „Komm, Friedchen!“

„Hast du ihn gesehen?“, fragte sie, aber er verstand ihre Frage nicht oder war zu müde, zu antworten.

Sie schlurften weiter auf der Landstraße, kamen durch Dörfer; um sie herum noch andere; Corelli begriff, daß sie genauso einen Zug abgaben wie die, denen sie zuvor begegnet waren, daß sie und Hermine und Hubert und Franziska ein Teil von etwas geworden waren, ohne es zu wollen.

Vor einem Haus verteilten Frauen Getränk mit einer Kelle aus großen Kesseln; man mußte sich in die Reihe stellen, um dranzukommen und einen braunen Emailbecher in Empfang nehmen. Auch diese Frauen trugen Armbinden, ohne Armbinden konnte niemand etwas tun.

Das Getränk aus dem Kessel war heiß und bitter, wahrscheinlich ein Kaffeeersatz, Corelli kannte so etwas nicht, sie nahm nur ein paar winzige Schlucke, den Rest gab sie Hermine.

Franziska war aus dem Wagen ausgestiegen, in dem sie zusammengekauert und halb verborgen unter dem Berg von Decken und Daunen gehockt hatte, ihre Lippen waren blau, die Augen eingesunken hinter den Brillengläsern. Der Becher fiel ihr fast aus der Hand, Hubert mußte ihr beim Trinken helfen.

Sie zogen weiter, einmal kamen ihnen Leute entgegen, die etwas von Yieffliegern schrieen, und man solle sich in den Graben werfen. Die unfreiwillige Kolonne, in der sie dahinzogen, zerstreute sich, die meisten sprangen wirklich in den Straßengraben, Frauen kreischten schrill. Corelli begann zu zittern, sie wußte nicht, warum, sie konnte es nicht unterdrücken, auch ihre Zähne schlugen aufeinander.

Hubert suchte mit den Blicken den Himmel ab, da waren keine Flugzeuge zu sehen. Er hockte sich vor sie hin und sagte: „Da ist nichts, meine Kleine. Die Leute bilden sich etwas ein. Hab keine Angst.“

„Aber ich habe keine Angst“, erwiderte sie. „Ich friere doch nur.“

Als sie weitergingen, zu viert mit dem Kinderwagen, kamen auch die anderen wieder aus dem Graben gekrochen, klopften sich den Schmutz ab, zogen ihre Gefährte mühsam auf die Landstraße zurück. Keiner sah den anderen an.

Corelli fühlte ihre Füße nicht mehr. Manchmal geriet sie ins Stolpern, weil sie im Gehen eingeschlafen war.

In einer anderen Ortschaft war etwas, das Hubert eine Auffangstelle für Ausgebombte nannte.

Sie warteten im Vorraum, während er, die Hände voller Papiere, hineinging; alle drei schliefen auf der Stelle ein, die Frauen gegeneinander gelehnt, Corelli den Kopf in Hermines Schoß.

„Nahet sich ein Spinnlein weiß“, sang es in ihrem Kopf, „spricht: sei doch zufrieden.“

Dann wußte sie nichts mehr, außer daß irgendwo ein Zug fuhr und sie die letzten Etappen ihrer Reise weiterbrachte.

Als man sie weckte und zum Aussteigen zwang, weinte sie vor Schmerzen und Ermattung.

Es war Abend geworden, hinter den Häusern der kleinen Ortschaft, wo die Äcker begannen, war der Himmel so rot wie ein Himbeerbonbon.

Sie mußten nicht klingeln. Die Tante, Huberts Schwester, stand schon an der Gartenpforte und hielt Ausschau nach ihnen.

„Wir haben euch schon erwartet“, sagte sie zum Willkomm, säuerlich, die Lippen verzogen. „Die Stadt muß ja gebrannt haben wie Zunder, da war es wohl kaum möglich, daß ausgerechnet ihr davonkommt."

„Sollte es dich nicht freuen, daß wir leben?" fragte Hubert müde.

„Natürlich. Na, es ist besser, ihr werdet bei uns einquartiert als irgendwelche ganz fremden Leute. Das kleine Zimmer habe ich schon freigeräumt."

Corelli begriff, daß es weder Kraftbrühe noch Frikassee von Huhn und Zunge geben würde. Von Zitronenkuchen ganz zu schweigen.

In ihr waren Huberts Worte: Sollte es dich nicht freuen, daß wir leben.

Es hatte also eine andere Möglichkeit gegeben.

Sie war ihr nicht eingefallen zuvor.

I – 7

Das bunte Kind auf dem Wagen, das in der Kälte sang – warst DU das?

WIE KOMMST DU DARAUF?

Meinst DU, ich habe DICH als Gerippe mit einer Sense vor Augen?

ABER DAS BIN ICH AUCH. AUSSERDEM HAST DU MICH GAR NICHT VOR AUGEN.

Was in meinem Kopf ist, das sehe ich. Das schreibe ich auf. So banne ich DICH.

DU SIEHST MICH ALS EIN KIND?

Ich sehe DICH in allen Gestalten. Mal er, mal sie, mal es. Warum nicht als ein buntes Kind inmitten des erst feurigen, dann eisigen Verderbens? Eben als das ganz andere?

ER gibt keine Antwort.

In H. war es nun so ganz anders als vorher, wenn man zu Besuch kam.

Zu viert bezogen sie das winzigste Zimmer, langgestreckt wie ein Schlauch. Die gerettete Habe, das, was sie aus der Laube mitgenommen hatten, stank muffig, sie selbst, ihr Haar und ihre Kleider, ja, selbst ihre Haut wurde den Geruch des Brandes nicht los.

Die Tante Cäcilie rümpfte die Nase, als sie ihnen Bettwäsche herausgab – für drei Erwachsene auf zwei hintereinander aufgestellten schmalen Emailbetten, meinte, man würde sich ja wohl zu behelfen wissen. Und morgen müsse Waschtag sein, damit der Gestank verschwände.

Sie waren so müde, daß sie die alte Gewohnheit beibehielten, sich nicht auszuziehen, wenn sie zu Bett gingen. Es ergab sich, daß Corelli zu Hubert ins Bett kroch; und war es nicht seltsam? Während ihres Entkommens und ihrer Flucht hatte Hubert nicht ein einziges Mal die Schmerzen verspürt, keine Medizin genommen. Er war stark und für sie da. Für alle, aber besonders für sie.

Corelli schmiegte sich an seinen warmen Rücken, spürte die Muskeln. Er furzte leise. Sie schlief beruhigt ein.

Am Morgen erwachte sie von dem Streit.

Die Frauen zankten sich auf dem Flur.

Sie setzte sich auf, horchte mit klopfendem Herzen.

Franziska forderte mit sich überschlagender Stimme ein zweites Zimmer für die Familie.

„Du hast vier Räume, du und Mutterchen! Und wir sind zu viert! Solltest du nicht ein bißchen dankbarer sein, daß es dich nicht erwischt hat?“

Cäcilie erwiderte leise, hohnvoll, aus dem Bauch heraus, was sie sagte, war nicht zu verstehen.

Hermine und Hubert schienen verschwunden zu sein.

Corelli legte sich hin und zog die Decke wieder über die Ohren. Das Bett roch noch nach Hubert, das war trostreich. Sie wühlte sich ein, begann leise zu weinen.

Sie war angekommen im Hauslosen.

I – 8

Mutterchen.

Konnte dies ein Grund sein, warum sie nicht weggegangen waren? Für das, was sie hingaben, um diese falschen Papiere zu bekommen, für die ständigen „Nachbesserungen“, die verlangt wurden, hätten sie auch ins Ausland gehen können – der Großvater hatte ja schnell und vorausschauend reagiert, es wäre nicht zu spät gewesen. Und was für ein Glück, daß der Kreis, der zu versorgen war, im Gegensatz zu vielen Familien der anderen so klein war. Daß sich der Spieler und Hasardeur Urgroßvater offenbar so radikal seiner Verwandtschaft entledigt hatte – oder sie sich seiner?

Was er geehelicht hatte, erst nach zwei Kindern binnen zehn Jahren, das war, was man damals eine Mesalliance nannte. Danach verließen ihn alle, falls es denn jemals welche gegeben hatte – aber es ist unwahrscheinlich, daß er allein auf der Welt war.

Sie alle hatten sich bereits vor vielen Jahren entschieden, nur noch Deutsch zu sein. Zippora, die Mesalliance, mußte man mitnehmen in die andere Welt, das ging ganz schnell, da fragte keiner groß nach, die konnte doch froh sein, geheiratet zu werden, auf einmal war sie eine Sophie.

Mutterchen sprach kein richtiges Deutsch. Der Legende nach kam sie manchmal aus dem Osten, manchmal von der belgischen Grenze.

Aber nun – hätte man Mutterchen mit „verpflanzen“ können? Oder wollen?

Zu der Zeit, als der Großvater alles in die Wege leitete, war seine Mutter noch eine rüstige Achtzigjährige. Hätte man sich um ihre Meinung gekümmert, wenn sie Nein gesagt hätte? Hätte man sie überhaupt gefragt?

„War Mutterchen der Grund, daß wir nicht fortgegangen sind?“, frage ich die Mutter. (Sie ist immer noch dabei, mir das Haar zu scheiteln und zu Zöpfen zu flechten.)

Die Mutter führt den Kamm mit ein paar energischen Zügen durch das gescheitelte Haar und beginnt dann, den einen Strang dreifach aufzuteilen.

(Diese Entschiedenheit, mit meinem Haar zu verfahren, fehlte der Tante ganz und gar, die zwar zänkisch, aber eigentlich feige war. Einmal, später, als ich in den Ferien bei ihr war, hatte sie die Aufgabe, meinen zu einem Dutt aufgesteckten Lockenwust zu frisierten – offenbar war ich, was das anging, noch bis in die Teenagerzeit von anderen abhängig. Sie fuhr so zaghaft mit der Bürste über das Gestrüpp hin, daß nach einer Woche alles verfilzt war und ich endlich, endlich, den ganzen Mumpitz abschneiden durfte.)

„Mutterchen“, sagt die Frau, die mich geboren hat, „war, wenn ich das richtig sehe, allen ziemlich egal.“

Sie kann mit ihrer Singstimme, ihrer üppigen Gesangsstimme, machen, was sie will, und im Augenblick läßt sie ihre Worte auf einem Grad zwischen Belanglosigkeit und Ironie dahinwandern wie Wolken, die über einen Berg schweben.

„Hättet ihr sie zurückgelassen?“, frage ich, während sie im unteren Ende der sich schon wieder kräuselnden und aus der Form geratenden Flechte ein farbloses Band einarbeitet, um das Ding zu fixieren.

„Mädchen!“, erwidert sie. „Versteh doch endlich. Sie wollten nicht weg.“

„Wußten sie von dem, was geschieht?“ Pause. „Wußtest du es?“

Boum!!! Der große Crash. Alles zersplittert, alles fliegt in seinen Einzelteilen durch die Gegend.

Sie schreit. Wenn sie schreit, zerbirst die Welt. Und sie schickt den Kamm gleich noch den anderen Trümmern hinterher, damit keine Stille aufkommt; er landet krachend zwischen den Blumentöpfen auf dem Fensterbrett, in denen sie Balsaminen züchtet, eine altmodische Blumenart, fast ausgestorben.

„Wer sollte das wissen? Wer sollte sich so etwas vorstellen?“ Sie holt Luft. „Du bist mein Kind! Wie kannst du mich so etwas fragen? Was denkst du von mir?“

Ich antworte nicht. Ich weiß, ich hätte diese Frage nicht stellen sollen.

Was für eine Antwort hätte sie mir denn geben können?

Obwohl es die richtige Frage gewesen war.

Corelli hatte keine Angst vor Mutterchen. Sie ekelte sich nur vor ihr. Sie hatte sich schon vor ihr geekelt, bevor sie den ganzen Tag im Bett lag und noch durch den Garten schlurfte auf ausgetretenen Lederpantoffeln, Hüften und Hinterteil so breit wie die eines Rosses, Schultern und Arme stets eingewickelt in ein dunkles gehäkeltes Dreiecktuch. Ihr Gesicht erinnerte Corelli an den alten Indianerhäuptling, der abgebildet war in dem Buch von Lederstrumpf, aus dem ihr Hermine einmal vorgelesen hatte (es war unendlich langweilig gewesen), ihr Mund war schlaff und zahnlos, die Lippen dunkel verfärbt; das Haar dünn wie Spinnwebfäden. Was Corelli aber am meisten abstieß und faszinierte zugleich, das waren ihre Ohren. Wie konnte jemand, der zu ihrer Familie gehörte, solche Ohren haben? Hermines Ohren waren klein rosig wie Muscheln, sie hätte am liebsten ihre Zunge in diese Ohren gesteckt. Und auch Franziska und Hubert hatten Ohren, wie es sich gehörte, modeste, vernünftige Ohren, wie Corellis eigene Ohren auch (sie hatte sie im Spiegel sorgfältig darauf überprüft, den Kopf zur Seite geneigt, das Haar zurückgeschoben).

Mutterchens Ohren waren sie große Lederlappen, grindig, bräunlich am Rand, innen voller Mitesser, die Corelli die quälende Gier erweckten, sie auszudrücken. Sie konnte den Blick nicht abwenden von diesen Ohren.

Und dann fragten sie: „Was starrst du Mutterchen denn so an? Gefällt sie dir?"

Natürlich nickte Corelli.

(Was sollte ihr gefallen an der zu tausend welligen Runzeln zerknitterten weichen Haut? An den hohen Wangenknochen und den dunklen Schlitzen der Indianeraugen?)

Sie hatte nur einen Wunsch: Die Nägel zweier Finger rechts und links neben die schwarzen Punkte in dem ekelhaften Ohr zu plazieren und loszudrücken, bis es spritzte.

Soweit sie sich erinnerte, hatte die alte Frau nie ein Wort an sie gerichtet. Das gefiel ihr.

Nun aber schlurfte die Alte nicht mehr durch den Garten. Durch die Jasminlaube, wo damals, beileibe nicht jetzt, der Kaffee für die Verwandten serviert wurde, die mit dem Abendzug wieder fortfuhren.

Mutterchen hatte sich den Oberschenkelhals gebrochen.

Den Hals gebrochen, da war man doch tot? Offenbar nicht so beim Oberschenkel, das war ein Knochen, ein Bein.

Warum es dann Hals- und Beinbruch hieß, wenn es gar nichts einbrachte, außer daß nun jemand im Bett lag?

Mutterchen lag im Bett. Im besten Zimmer. Sie hatten hinten an dem Bettgestell eine Art Zügel aus roter Kordel befestigt, an dem sie sich hochziehen konnte. Stundenlang saß sie so, den Nacken steif, wie ein lauernder Raubvogel, und sah zu, was geschah. Dazu hatte sie einen Spiegel, einen Spion. Der zeigte ihr, was im Haus vorging. Aber um die Ecke gucken konnte der Spion auch nicht. Wenn man in der Küche war oder im kleinen Zimmer, dann war man sicher vor den Raubvogelblicken.

Wenn ihr etwas fehlte, hatte sie eine kleine Klingel auf ihrem Nachtisch, die mußte sie bloß schütteln und irgendwer kam gerannt.

Die Klingel schepperte genauso wie die Glocke, mit der zu Weihnachten immer die Bescherung eingeläutet wurde. (Seitdem mußte sich Corelli jetzt erst überwinden, zu Weihnachten in das Zimmer mit dem Baum zu gehen. Vielleicht lag da Mutterchen auf dem Gabentisch statt der Geschenke und wollte irgendetwas?)

Das Gute an Mutterchen war: Sie konnte sich nicht vom Fleck bewegen. Aber was den einen freut, ist für den anderen Leid.

Der Streit war wie eine immer wiederkehrende Melodie, man wußte nie, zu welcher Zeit sie gesungen wurde. Corelli versuchte zu flüchten, aufs Klo (halbe Treppe). Hielt sich die Ohren zu, lauschte dennoch.

Franziska, schrill, Tränen in der Stimme. Cäcilie, tief, hohnvoll. „Das wirst du wohl noch schaffen, wenn du sonst schon nichts zustande bringst!“

Corelli zitterte, konnte es nicht aushalten.

Von Hermine erfuhr sie dann, um was es ging.

Cäcilie hatte, nach dem Eintreffen der vom Schicksal geschlagenen Verwandten, die Krankenschwester abbestellt, die ihr sonst half, Mutterchen aus dem Bett zu heben, zu waschen und mit Franzbranntwein gegen das Wundliegen einzureiben, und forderte nun dafür Franziskas Dienste.

„Franziska kann diesen Brocken nicht aus dem Bett heben!“, sagte Hermine und sah irgendwohin. „Sie ist viel zu zart dazu. Hubert wickelt sie in Watte, und nun ...“

„Warum redet Hubert nicht mit Cäcilie und sagt es ihr?“

Die Mutter schüttelte den Kopf. „Wir müssen uns hier nach der Decke strecken, Friedchen. Da können wir uns keinen Streit leisten.“

I – 9

Sich nach der Decke strecken.

Das mußte sie jede Nacht, wenn sie zu viert in den engen Betten lagen, sie nun wieder meist bei Hermine.

Hermine bewegte sich ständig im Schlaf, warf sich herum, stieß sie mit den Füßen, zerrte ihr das Kissen weg. Manchmal knirschte sie mit den Zähnen und murmelte Unverständliches, und ihr Gesicht, wenn Corelli es berührte, war naß; ob Schweiß, Speichel oder Tränen, wollte sie gar nicht wissen.

Aber die meiste Zeit schlief sie ganz für sich ein in dem Bett, ins Vergessen gesungen, wie es sich gehörte, von Franziska. Hubert und Hermine waren irgendwo anders. Was taten sie?

Dann hatte Corelli das Gefühl, eigentlich wohnte sie mit Franziska allein in dem langgestreckten Zimmer. Tagsüber waren sie meistens im Ort unterwegs. Ihre Lebensmittelkarten in der Hand, standen sie in der Schlange, um das abzuholen, was ihnen zustand laut den bedruckten fingernagelgroßen Vierecken, die von der Verkäuferinnen mit blitzenden Scheren vom „Stammabschnitt" abgetrennt wurden; was es gerade gab, Kunsthonig oder Margarine, Kaffeeersatz oder ranziges Leinöl. Manchmal warteten sie beim Fleischer, weil es etwas ohne Marken gab; dazu mußte man ein Gefäß mitbringen, eine Kanne oder ein Kochgeschirr. Das war entweder Wurstbrühe, oder, noch begehrter, Grütze, die mit Blut angerührt wurde.

Corelli hätte diese Grütze ohnehin nicht gegessen. In Cäcilies Küche wusch Franziska die Grütze mit heißem Wasser, wieder und wieder, und goß sie durch das Sieb, bis es kein Blut mehr gab. Am anderen Tag kochte sie daraus ein Gericht mit Trockenobst, das sie irgendwo her bekommen hatte, und einem Zuckerersatz.

Wenn es Abend wurde, saßen sie beide gemeinsam am Fenster, das nach Westen hinausging, und besahen sich die Wolken, die vor dem buntgefärbten Himmel dahinzogen und zeigten sich gegenseitig, welche Gestalten sie sahen: Da, ein Wagen! Ein Gesicht! Ein Tier mit Hörnern! Sieh den Engel da! Er fliegt! Nein, kein Engel! Jetzt wird daraus ein Schaf. Die Flügel schrumpfen. Ach, nun löst es sich auf!

Immer, wenn niemand außer Franziska bei ihr war, fühlte sie sich ihr so verbunden, daß ihr die Anrede Mutti glatt und liebevoll über dir Lippen ging. Corelli lehnte sich an sie, roch ihren Kamillen- und Birkenhaarwassergeruch, und es konnte geschehen, daß sie begann, Franziska zu küssen. Nicht auf die Wange, die kam ihr ledrig vor, schwammig und zäh zugleich, aber an Franziskas Mund fand sie Gefallen. Er kam ihr vor wie ein weiches Tierschnäuzchen. Zuerst gab sie ihr nur „Kinderküsse", feuchte Schmatzer. Aber dann reizte sie die zarte seidige Haut, die sich ihr entgegenwölbte und ihr antwortete, beweglich wie ein Lebewesen. Sie drückte ihren Mund fester darauf, ließ nicht locker, nahm die fremden Lippen zwischen ihre eigenen, drückte zu, beknabberte und beleckte sie.

Dann begann Franziska sich zu sträuben, schob sie lachend und verwirrt von sich weg.

„Kind, wer hat dir denn so etwas beigebracht?"

Sie verstand nicht, warum ihr jemand das beibringen sollte. „Ich probiere es gerade aus!“, erwiderte sie mit runden Augen.

Franziskas Lippen schmeckten ihr gut.

Manchmal wünschte sie, die beiden anderen, die Dunklen, also Hubert und Hermine, würden nicht wiederkommen. Noch immer steckte sich Hermine den dreieckigen Schild, das Frauenschaftsabzeichen, oben an den Mantel. Noch immer trug Hubert manchmal die braune Uniform.

Meist war Corelli schon eingeschlafen, wenn die beiden anderen nach Haus kamen.

I – 10

Der Rest des Winters war furchtbar. Sie wußte nicht, daß man so frieren konnte. Oder verwechselte sie es mit dem nächsten Winter, der, nachdem sie „besiegt“ waren? Das ging durcheinander.

Morgens versuchte sie, so lange wie möglich im Bett zu bleiben, bis Franziska den Ofen angeheizt hatte. Zu Haus hatte es große Kachelöfen gegeben, die morgens noch die Wärme vom Vortag speicherten. Hubert entzündete das neue Feuer an der Glut des alten.

Hier in H. in der Wohnung der Tante waren die Öfen klein und dunkel und am Morgen erkaltet. Franziska mühte sich ächzend, die Hand auf dem Herzen, mit der ungewohnten Arbeit und brauchte lange; Hubert war dann in der Frühe schon aus dem Haus auf der Suche nach einer Beschäftigung.

Corelli zog sich im Bett an, steckte immer wieder Hand oder Fuß unter die Decke.

Am Fenster konnte man jetzt seine Erfindungsgabe wie sonst an den Abendwolken nun an den Eisblumen erproben, aber es machte wenig Spaß, sie veränderten sich ja nicht. So hauchte man Löcher in die glitzernde Schicht und sah hindurch wie die Fische im Teich, die mit ihren Mäulern von unten an die Eisschicht stoßen.

Das Wasser in den Leitungen war eingefroren. Aber ein paar Straßen gab es weiter ein Wunder, einen sogenannten „artesischen Brunnen“. Das war ein Wasser, das direkt aus der Erde kam und jedem Frost trotzte. Alle gingen sie auf diesen Hof, wo der Brunnen floß, wieder standen sie in der Schlange, ihre Eimer in den Händen mit den unförmigen Wollhandschuhen, und warteten darauf, etwas zum Trinken, zum Kochen, zum notdürftigen Waschen zu erhalten. Sie stanken alle. Reinlichkeit war Luxus.

Corelli trug ihren eigenen kleinen Emaileimer, sie war stolz, ihn aus diesem Wunderbrunnen zu füllen, dessen herabrieselnde Wasserkaskaden sich unverzüglich in funkelnde Eiszapfen verwandelten. Unterwegs mußte man sehr vorsichtig sein, daß man nicht etwa ausrutschte und die Kostbarkeit verschüttete, denn die Wege waren glatt.

Hatte man es bis in die Küche geschafft, trug die Oberfläche des Eimers bereits eine dünne Eisschicht.

Immerhin mußte Franziska nun nicht mehr Mutterchen mit umbetten; sie hatte die alte Frau einmal fast fallen lassen, mit Müh und Not hatte Cäcilie sie noch in den Sessel bugsieren können.

„Das hast du mit Absicht getan!“, hatte sie die Schwägerin angezischt. Corelli wußte nicht, ob es mit Absicht geschehen war oder weil Franziska die Kräfte verlassen hatten, es kam für sie auf das Gleiche heraus. Jedenfalls erschien nun jeden Tag eine wortkarge rothaarige Schwester mit breitem Kreuz und verrichtete die Arbeit, und Franziska hatte wieder mehr Zeit, ihr von früher zu erzählen, von den armen Mädchen vor allem, die Corelli später beschäftigen sollten, oder sie sang ihr vor mit ihrer Stimme, bei der man nicht erschrecken mußte wie manchmal bei Hermines Stimme.

Das Essen wurde zubereitet auf einem eisernen Gerät von der Größe einer Hutschachtel, das Kochhexe genannt wurde, warum, verstand Corelli nicht, es war nichts Hexenhaftes daran, höchstens so etwas wie Bosheit, denn es dauerte ewig, bis die Speise heiß wurde, aber dann kochte alles gleich über und erfüllte die Küche mit brenzligem Gestank, sodaß Cäcilie herbeigerauscht kam und mit giftiger Miene das Fenster aufriß, trotz der Kälte.

Der Küchenherd war allein Cäcilie und Mutterchen vorbehalten. Cäcilie war Hauswirtschaftslehrerin an einer Schule und brachte oft ein Netz mit Tüten und Säckchen nach Haus, bei ihr herrschte nie Mangel.

Ihre Vorräte schloß sie im unteren Teil des Küchenschranks ein, den Schlüssel trug sie bei sich.

Als sie fort war und Mutterchen schlief, zog Franziska die oberen Schubladen mit dem Besteck heraus und leuchtete mit der Taschenlampe in den Schrank. Corelli, Kopf an Kopf mit ihr, sah auch hinein. Da standen leinene Säckchen mit Mehl und eine Kruke mit Butter; ein Zuckersack war offen, ein Stapel Zwiebacke auf einem Teller war sicher für Mutterchen vorbereitet.

Franziska sah sie von der Seite an, die Röte war ihr ins Gesicht gestiegen: Sie verriet mit keinem Wort, was sie vor hatte.

Sie nahm aus dem Besteckkasten einen Löffel mit langem Stiel und eine Gebäckzange und drückte dem Kind eine Schüssel in die Hand. „Dicht heran, Friedesinchen! Und halt die Taschenlampe!“

Dann streckte sie mit der Geschicklichkeit eines Taschendiebs Arm und Löffel in die Öffnung und holte vorsichtig eine Schaufel Zucker nach der anderen heraus, die sie in Corellis Schüssel einfüllte. Mit der Zange gelang es ihr, die oberste Schicht von dem Zwiebackteller abzuheben. Schließlich, unsagbar wie, war sie sogar in der Lage, einen großen Löffel voll Butter einzuheimsen.

Das Kind sah mit Entsetzen die Lücken in den Vorräten.

„Aber Mutti, sie wird es doch merken!"

Franziska zuckte verächtlich mit den Achseln. Ihr Katzengesicht mit den runden Brillengläsern strahlte vor Genugtuung.

Gelähmt vor Furcht stand Corelli daneben, wie Franziska auf der „Kochhexe" Butter und Zucker zu einer bräunlichen Mischung röstete – sie nannte es Karamelisieren – und die Pfanne in ihr kleines Zimmer trug. „Komm, das essen wir jetzt zu dem Zwieback!"

Erst glaubte Corelli, keinen Bissen davon genießen zu können. Aber dann – noch immer war sie wählerisch beim Essen, hatte aber inzwischen einen wilden Heißhunger auf Süßes – konnte sie nicht widerstehen. Gemeinsam mit Franziska kaute und schlang sie. Die gebutterten Zuckerkristalle explodierten knirschend in ihrem Mund und ließen sie vor Glück erschauern, der Zwieback krachte aufreizend zwischen ihren Zähnen. Sie mahlte mit Lust, die Augen halb geschlossen, den Mund klebrig verschmiert, Wonneschweiß auf der Oberlippe. Es kam gleich nach dem verbotenen Sichberühren – und war es nicht auch etwas Verbotenes?

Die ganze Wohnung roch nach der Süßigkeit. Was würde geschehen, wenn Cäcilie nach Haus kam, fragte sie sich angstvoll.

L.E.

Aber Cäcilie schien gar nichts zu merken ...

Allerdings, am nächsten Tag waren die unteren Schubladen des Küchenschranks nicht mehr verschlossen, der Schlüssel steckte demonstrativ.

Alles war leer. Cäcilie hatte die Vorräte in ihre Zimmer getragen. –

Im übrigen stritten sie um alles und jedes.

Wer die Diele zu putzen hatte, wieso das Klo verdreckt war, daß die Gartenpforte nicht geschlossen war und eine fremde Katze in den Sandkasten geschissen hatte oder die empfindlichen Topfpflanzen trotz Kälte draußen gestanden hatten – alles gab Anlaß zu hysterischem Zank der Schwägerinnen.

Cäcilies schwarze Augen – die Augen Huberts und Hermines – glitzerten vor Wut, wenn sie mit ihrer tiefen Stimme einen Vorwurf aus der Tiefe ihrer Lungen hochholte und ausspie. Franziska hielt dagegen und kreischte mit brechender Stimme.

Cäcilies „Du .. du ... du !“ mit dem sie meist den Streit abbrach und hinter ihrer Tür verschwand, klang, als wolle sie die andere mit diesen Worten niederknüppeln.

Franziska saß hinterher mit roter Nase in ihrem winzigen Zimmer und starrte aus dem Fenster.

Abends beschwerte sie sich bei Hubert, und der zuckte die Achseln.

„Versuch, mit ihr auszukommen!“

Bei den ersten Malen hatte Corelli ja zugehört, gelähmt vor Entsetzen. Aber auch auf dem Klo und mit zugehaltenen Ohren hörte man noch alles, weil man es ja eigentlich auch hören wollte. Doch nun hatte sie es satt. Es war immer das Gleiche. Sie flüchtete. Zuerst nach draußen, aber da war es noch immer sehr kalt.

Irgendwann entdeckte sie den Dachboden. Die Wendeltreppe nach oben lag voller Staub, lange Zeit war niemand mehr dorthin gegangen. Die Tür war unverschlossen und das leise Quietschen der Angeln, wenn man sie öffnete, erfüllte Corelli jedes Mal mit Vorfreude.

Der Dachboden war die bessere Welt.

Dort standen und lagen riesige Koffer aus dunkelbraunem Leder, die Ecken metallbeschlagen, Tragegriffe an den Seiten. Die verschnörkelten Verschlüsse warteten auf Berührung, sie sprangen klappernd auf und enthüllten ihr leeres Inneres, ausgeschlagen mit goldblonder Seide.

Manche dieser Koffermonstren waren so groß wie Kleiderschränke. Wenn man sie öffnete, konnte man sie betreten, zumindest auf der Seite, die offenbar für Garderobe vorgesehen war. Daneben gab es Reihen von Fächern, manche verschlossen; Schlüssel waren nicht zu entdecken.

Corelli fragte sich, wer wohl einen so riesigen Koffer bewegen und forttragen konnte. Doch gewiß nicht Hubert oder sonst jemand aus ihrer Familie, sie alle waren ja klein und dünn. Überhaupt mußten bestimmt zwei Menschen so einen mächtigen Schrank schleppen, vor allem, wenn er gefüllt war. (Wer wohl? Russenweiber vielleicht, die hier arbeiten wollten?)

Andere wieder hatten nur die Größe von Puppenhäusern oder großen Radioapparaten wie das mit dem Magischen Auge, das in der verlorenen Wohnung gestanden hatte.

Daneben lagen halbmeterhohe Stapel von Heften, jeweils sorgfältig mit gekreuztem Bindfaden verschnürt, gegen den Staub abgedeckt mit einer Schicht Packpapier.

Corelli hob die Schutzhülle ab.

Die Hefte darunter waren gelb und mit schwarzer Aufschrift. Sie hießen „Westermanns gelbe Romanhefte".

Ihr blieb der Atem weg: Das alles war Lesestoff, waren Geschichten.

Sie begriff, daß sie nun, wenn sie nur alles geheim halten würde, nicht mehr auf Cäcilies vergitterten Bücherschrank angewiesen war.

I – 11

Mit diesem Bücherschrank hatte es folgende Bewandtnis:

Er stand in dem Raum, den Cäcilie als die „Gute Stube“ bezeichnete. Die Bücher befanden sich hinter Glas, als seien sie Fische in einem Aquarium – in Corellis verlorener Welt hatten die Bücher Luft gehabt zu atmen, sie standen in einem Regal oder lagen kreuz und quer übereinander, wie sie gerade jemand, der sich wahllos etwas herausgegriffen hatte, schnell wieder hingestellt hatte.

Natürlich waren die gläsernen Türen verschlossen und natürlich hatte Cäcilie den Schlüssel.

Franziska war eine eifrige Leserin, obwohl sie wegen ihrer schlechten Augen außer der Brille noch eine Lupe benutzen mußte, den sogenannten „Gucker“, den sie meist an einer Kette um den Hals trug und bei der Lektüre dann in gemessenem Hin und Her vor der Seite entlang gleiten ließ. Da sie sich nicht getraute, die Schwägerin anzusprechen, wartete sie, bis Hubert ihren Bücherwunsch bei der Schwester ansprach; Cäcilie wußte, daß er von seiner Frau vorgeschoben war, rückte aber mit säuerlicher Miene etwas heraus. Für Corelli, die ebenfalls nach Lesestoff bettelte, gab sie nichts her: „Das sind keine Bücher für Kinder!“

Corelli wußte, daß es Bücher für Kinder gab. Die waren meistens mit ziemlich dummen Bildern versehen, die sie ärgerten, weil sie gar nichts mit den Bildern zu tun hatten, die der Text in ihrem Kopf hervorgerufen hatte. Als es noch das Zuhause gab, hatte sie einmal solche Bilder herausgerissen und den Rest, der inmitten der Schrift eingebettet war, mit großen fahrigen Buntstiftstrichen übermalt.

Man hatte sie dafür gescholten.

Aber solche Bücher suchte sie ja nicht. Sie wollte Geschichten von Helden und Rittern, wie sie ihr manchmal Franziska vorgelesen hatte aus ihrem alten Schulbuch, Balladen hießen die. Wer wagt es „Rittersmann oder Knapp“ oder „Die Königin von Aragon die zählte siebzehn Jahr“.

In Cäcilies Bücherschrank – sie hatte Franziska über die Schulter gespäht, wenn sie sich bediente – standen die Bände im dunkelgrünen Leineneinband, auf dem Deckel ein höchstens fingernagelgroßes Emblem: Das konnte ein winziges Einhorn sein oder eine minikleine Burg, ein Jagdgewehr oder eine Orgel, und immer hatte es mit dem zu tun, wovon das Buch handelte. Der Schriftsteller hieß Ganghofer.

Franziska las gern in diesen Büchern. Corelli aber hatte ein Auge auf Einbände mit einem roten Schiffssegel oder Rittern mir riesigen Topfhelmen, die sich in voller Rüstung schlugen, oder fremdartigen Blüten, verschlungen wie die Ornamente einer Stickerei.

Einmal war Cäcilie nur kurz abberufen worden; sie hatte ihr Zimmer offen gelassen und Corelli sah, daß der Schlüssel im Schloß des Bücher-Aquariums steckte.

Sie betrat den Raum auf Zehenspitzen, warf einen Blick zu Mutterchens Raum, der durch eine Schiebetür von dem anderen Zimmer getrennt war. Sie war halb offen.

Vorsichtig, mit klopfendem Herzen, schaute sie um die Ecke. Die alte Frau schien zu schlafen.

Es war Corelli schrecklich, daß der Schlüssel im Schloß knirschte und die Tür knarrte. Sie griff schnell zu und nahm sich zwei Bände, die ihr vom Buchrücken her am verlockendsten vorkamen.

Sie hatte solche Angst vor der Entdeckung, daß sie den Schrank nicht einmal mehr abschloß.

Natürlich kam alles heraus, der offene Schrank verriet sowieso alles.

Aber sei es, wie es sei. Sie hatte gelesen. Und sie hatte dies Buch zwar nicht verstanden, wie viele Bücher, die sie dann später wieder las, aber einiges war überwältigend.

Die Geschichte spielte in einem Land, wo die Frauen Füße hatten, die so klein waren, daß sie eigentlich nicht laufen konnten, sondern nur ein paar Schritte humpeln. Man nannte solche Füße Goldene Lilien, und irgendwie hatte man sie so gemacht, als diese Frauen noch Kinder waren. Goldene Lilien waren schön. Mädchen mit solchen Füßen wurden an Männer verkauft, weil die Familien der Mädchen sonst nichts zu essen hatten.

Diese Männer waren alt, bärtig und stanken aus dem Mund, und sie zogen den Mädchen ihre Seidenhosen aus, um an ihre rasierten Dinger zwischen den Beinen zu gelangen, die sie Pfirsichknospen nannten und die sie mit ihren Lotosstäben durchbohrten.

Corelli wand sich vor Lust beim Lesen, sie mußte das Buch immer wieder fortlegen, um sich selbst anzufassen, sich an Sessellehnen, Sofakissen, zusammengeknüllten Handtüchern zu reiben, sich zu spüren und ihn ihrem eigenen Feuer zu vergehen. Das mit dem Durchbohren war ihr neu. Sie versuchte es vorsichtig mit dem Finger, aber es war nicht so lustvoll wie das andere, und die Frauen in dem Buch duldeten es ja auch nur „stumm, mit zusammengepreßten Lippen“.

Also verzichtete sie darauf und genoß um so mehr, daß diese schönen Frauen Pein litten. Pein leiden war wie ein paar Klapse auf den Hintern zu bekommen, Scham und Lust wuchsen zusammen.

Sie hoffte sehr, daß diese schönen Frauen mit den kleinen Füßen und den heruntergezogenen Seidenhosen von den häßlichen, aus dem Mund stinkenden Männern auch noch mehr als nur ein paar Klapse auf ihren zarten porzellanweißen nackten Hintern bekamen – der Gedanke machte sie atemlos.

In diesem Buch wurde eine der Frauen schwanger aber der Mann wollte sie nicht mehr haben. Da stand: „Denn die Frucht ihres Leibes hing zwischen ihren verdorrenden Schenkeln wie ein häßlicher Sack.“

Corelli glaubte, der Punkt zwischen ihren Beinen war vor Lust am Explodieren, als sie das las, noch bevor sie sich berührt hatte.

Das war der Moment, als Hubert entdeckte, was für ein Buch sie da in den Fingern hatte.

Sie hatte ihn nicht kommen hören, weggetreten, wie sie war. Er schlug ihr das Buch direkt vor der Nase zu und riß es ihr weg, und sie schrie auf vor Schreck. Ohne sie anzusehen, drehte er sich fort, das Buch unterm Arm, und verließ das Zimmer. Corelli wußte nicht, war er böse auf sie, weil es überhaupt ein Buch aus dem Schrank war oder weil es das Buch war – oder hatte er bemerkt, in welchem Zustand sie sich gerade befunden hatte?

Einen ganzen Tag lang strich sie um ihn herum, warf scheue Blicke, sprach ihn nicht an. Aber er ging nicht darauf ein, und auch sonst sprach sie niemand aus der Familie darauf an und schimpfte mit ihr. –

Nun hatte sie die gelben Hefte auf dem Dachboden, von denen offenbar niemand wußte, und die waren voller Geschichten. Das Prinzip war, daß in jedem Heft jeweils einige Kapitel von drei Romanen erzählt wurden. Wollte man wissen, wie es weiterging, mußte man das nächste Heft zur Hand nehmen.

Die erste Geschichte war ein sogenannter Gesellschaftsroman und handelte meist von tugendhaften, aber armen jungen Frauen, die in den Stand gesetzt wurden, nach einigem Hin und Her reiche und schöne Grafen zu heiraten.

Die zweite war ein Kriminalroman.

Beide interessierten Corelli nicht sonderlich, obwohl sie natürlich auch die las; Geschichten waren nie zu verschmähen.

Der dritte Roman nannte sich „historisch". Er hieß „Um Glaube und Heimat" oder „Zur Raa fuhr auf ein roter Schild" und handelte von Menschen voller Heldenmut und Edelsinn, die sich, ihre Ehre und ihre zarten Frauen gegen schwarze Schurken verteidigen mußten. Sie alle trugen wallende Gewänder und glänzende Waffen, ihr Haar war fast immer lang und lockig und sie redeten in einer Sprache, die gleichsam auf hochgesohlten Schuhen einherging.

Die Geschichten waren Corellis ganzes Glück. Manchmal sprang sie auf, um bestimmte Szenen nachzuspielen und sich in die Posen zu werfen, in denen die Helden agierten – Gesten von getragener Würde oder kämpferischer Dramatik.

Sie las und las.

Freilich waren alle diese Geschichten frei von allem, was ihrem Körper Lust bescheren konnte; diese Figuren waren viel zu edel, sich um ihre Pfirsichknospen oder Lotosstengel zu kümmern, aber das machte nichts.

Sie hatte ja das, was in dem Buch aus dem verglasten Schrank stand, in ihrem Kopf und konnte es jederzeit als Vorlage für ihre Spiele abrufen.

I – 12

Sie konnte sich nicht entsinnen, daß Eis und Schnee geschmolzen waren – aber wie hätte sie sich sonst so lange auf dem kalten Dachboden aufhalten können?

Plötzlich waren Schneeglöckchen im Garten. Corelli lag vor ihnen auf dem Bauch, das Kinn in die Hände gestützt, um sie genau zu betrachten, ihre Feinheit, die zarten Stängel, die doch so unverdrossen porzellanfarbene Blütenkelche trugen, die schmalen, hingebungsvollen Blätter.

Sie wurde gescholten. „Kind, du wirst krank werden, wenn du an der kalten Erde liegst!“

Als sie die Blumen dann malte und ein Lied dazu sang, wurde sie geküßt und gelobt. Wie begabt unser Friedesinchen ist!

Aber was hatte sie schon getan, außer festgehalten, was sie gesehen hatte? Es war schwer, zu wissen, wie man sich richtig verhielt.

Sie malte, sang und schrieb, spielte ihre Spiele, die nicht öffentlich gehörten.

Von weit her, hinter den sieben Bergen, kam manchmal ein dumpfes Grummeln, als gäbe es da ein Gewitter. Die Flugzeuge, die den Himmel bevölkerten, waren so käferklein; wenn man Daumen und Zeigefinger spreizte, konnte man ihnen mit in dieser Spanne Maß nehmen. Eine Sirene hatte Corelli nicht mehr gehört, seit sie in jener Nacht in den Keller gehetzt waren. In H. war es ruhig.

Hubert erzählte mit gedämpfter Stimme, wenn sie annahmen, sie würde schon schlafen.

T. ist gefallen. M. ist gefallen. An der Westfront sind E. und G. schon gefallen.

Corelli begriff, daß es Städte waren. Es gelang ihr nicht, sich vorzustellen, wie gefallene Städte aussehen mochten, immer fielen ihr nur umgekippte Schachfiguren ein.

„Die Zange schließt sich!“ sagte Hubert. Die Zange machte ihr Angst. Wer da wohl zerschnitten oder zerquetscht werden sollte?

Es wurde sehr schnell heiß.

Corelli konnte Sommerröcke anziehen, die ihr voriges Jahr noch bis über die Knie gereicht hatten; nun bedeckten sie gerade die Oberschenkel. Sie mußte keine Babyjacken mehr unterziehen und sie trug Kniestrümpfe – wunderbare Freiheiten.

Sie wäre gern ständig auf dem Dachboden geblieben, aber das duldete Franziska nicht; das Kind muß an die Luft! Sie mußte draußen herumstreifen; da sie sich vor fremden Kindern fürchtete, spielte sie zumeist allein hinter dem Haus; Ballprobe und Seilspringen, Dinge, die sie atemlos machten und ihr das Gefühl gaben, es mit allen und jedem aufnehmen zu können.

Franziska rief sie aus dem Fenster, wenn sie nach oben kommen sollte zum Essen; das machte sie stolz, denn die anderen Kinder wurden genauso gerufen. Irgendwie fühlte sie sich dazugehörig, auch wenn sie einsam war und nur für sich spielte. –

„Der Führer ist tot!“

Hermines Stimme war laut wie die eines Ausrufers, und sie kippte, als sie es sagte. Mitten auf der Diele hatten sie sich versammelt um sie, Hubert und Franziska und sogar Cäcilie, sie standen um Hermine herum und starrten sie an und keiner sagte ein Wort.

Dann fragte Corelli, den Kopf schiefgelegt, in die Stille hinein: „Ist das gut? So wie bei Herrn Doktor Dehler?“

Auf einmal waren alle Augen auf sie gerichtet. Hermine zog sie heftig zu sich heran und legte ihr die Hand auf den Mund.

„Um Gottes willen, Friedesine!“

Die anderen hatten sich weggedreht und waren hinter den verschiedenen Türen verschwunden, und Corelli hörte, wie Cäcilie im Zimmer der bettlägerigen Frau aufgeregt mitteilte, daß er Führer tot sei, und deren Antwort: „Davon kann ich auch nicht wieder laufen!“

Zum ersten Mal war ihr Mutterchen sympathisch.

An diesem Abend warteten sie, bis in den umliegenden Häusern alle Lichter erloschen waren. (Sie hatten erst gar nicht versucht, das Kind zu Bett zu bringen; ob sie es einfach vergessen hatten oder davon ausgingen, daß Corelli ohnehin ihre Tätigkeit belauern würde, war nicht auszumachen.)

Dann schlichen sich zunächst Hermine und Hubert in den Garten. Im Schein einer Taschenlampe, die sie mit einer Art Schutzschild aus Pappe abgedeckt hatten, sodaß sie nicht weit strahlen konnte, begannen sie, die jungen Salatpflanzen, die Cäcilie gerade erst gesetzt hatte, herauszuziehen und auf einem Haufen zu legen.

Corelli sah zu, bebend vor Abendkälte und Aufregung. Sie zerrte an den Ärmeln ihrer Strickjacke und fror.

„Wird Tante Cäcilie nicht böse sein?“ fragte sie ängstlich.

Hubert lachte. „Die wird sich hüten!“ Hermine sah auf. Sie strich sich das Haar mit der schmutzigen Hand aus der Stirn und flüsterte barsch: „Halt den Mund oder geh ins Bett!“

Vater und Tochter huben eine Grube aus in der weichen Erde, lang und breit wie ein Tisch, aber so tief, daß Hubert schließlich darin stehen mußte, um weiterzuarbeiten.

Zwischendurch warfen sie immer wieder ängstliche Blicke zu den Nachbarhäusern, aber da blieb alles dunkel.

Schließlich sagte Hermine mit gedämpfter Stimme, ohne Corelli anzusehen: „Geh zu Franziska und sag, sie kann es bringen.“

Corelli eilte so schnell es ging, nach oben, sie zitterte.

Franziska stand schon bereit. Sie bückte sich über einen Koffer, einer der kleineren vom Dachboden; sie war gerade dabei, die Metallschließen zuzumachen.

„Was ist da drin?“, fragte Corelli mit verzagter Stimme.

Franziska antwortete nicht, nahm den Koffer auf und ging die Treppe hinunter. Das Kind folgte ihr, forderte nun schon schriller. „Sag mir, was da drin ist, Mutti! Was soll in der Erde vergraben werden?“

Als sie an der Grube waren, brach sie in laute Tränen aus. Warum sprach keiner mit ihr? Warum ließ man sie draußen?

„Wenn du versprichst, es keiner Menschenseele zu verraten ...“, sagte Hubert leise.

„Belaste das Mädchen nicht!“, warf Franziska ein, aber Hubert entgegnete: „So bildet sie sich doch sonst etwas ein. Es sind nur Sachen, Friedchen, komm, schau.“

Er öffnete die Verschlüsse und leuchtete mit der Taschenlampe ins Innere des Koffers.

Darin lag, halb eingeschlagen in ein Leinentuch, die braune Uniform Huberts, seine rote Armbinde mit dem zackigen Kreuz auf weißem Grund, sein Lederkoppel und die glänzende Pistolentasche mit der Waffe. Seitlich daneben steckten die kleinen Bücher im leinenen Einband mit dem Adler und dem Hakenkreuz vorn drauf, Huberts und Hermines Parteibücher.

Corelli hob den Kopf, sah von einem zum anderen. Und alle drei führten gleichzeitig ihre Zeigefinger zum Mund und versiegelten ihre Lippen. Sie nickte. Sie hatte verstanden. Ein Geheimnis mehr ...

Alsdann wurde der Koffer verschlossen und in die Grube getan, und die Erde fiel darauf.

Corelli fiel ein Lied ein, das Hermine gesungen hatte, begleitet von rollenden Klavierakkorden: „Die alten bösen Lieder“, hieß es da. Und dann: „Die woll’n wir nun begraben, holt einen großen Sarg.“

Aber was waren die alten bösen Lieder gewesen? Die kannte sie nicht. Vielleicht waren es ja solche, wie sie die Soldaten grölten, wenn sie durch die Straßen marschierten, rau, bellend, zum Stampfen ihrer Schritte; den Text verstand man nicht. Lieder, bei denen sich Corelli immer die Ohren zugehalten hatte, weil sie sich dabei ängstlich fühlte.

Als sie aber nun fertig waren und die Erde wieder an ihrer Stelle lag, da zeigte sich, es war doch nicht so wie vorher. Es ließ sich einfach nicht ganz verbergen, daß da etwas versteckt war, denn es war noch ein Berg bröckliger Erdschollen übrig – gerade so viel, wie nun der Koffer da unten einnahm.

Hubert warf zornig Schaufel für Schaufel ins Gebüsch, und die Frauen begannen, die Salatpflanzen wieder an ihren Ort zu bringen.

Corelli stand daneben, verloren, und trat von einem Fuß auf den anderen, bis sie von Franziska aufgefordert wurde, sich nützlich zu machen und die Taschenlampe zu halten.

„Laß das Kind!“, sagte Hubert energisch. Er hatte den Spaten beiseite gelegt und schloß Corelli in beide Arme, sie spürte, wie er schwitzte und heftig atmete von der Arbeit. Leise wiegte er sie hin und her.

„Hab keine Angst“, sagte er.

Nein, es war keine Angst. Diese Sachen konnten ja nicht von allein zurückkehren. Es war nur das dumpfe Gefühl, daß sie nun da unten ruhten und jemand sie wieder aufwecken könnte.

In den Tagen darauf gab es etwas, das wie ein Spiel für alle aussah.

Sie holten ihre Fotoalben hervor, die von Cäcilie und ihre eigenen, die sie vorher hierher in Sicherheit gebracht hatten. Immer, wenn sie ein Bild entdeckten, wo am Revers von Huberts Anzug oder am Kragen einer Bluse von Hermine, auf der Jacke Franziskas oder der Weste Cäcilies ein Ansteckzeichen zu sehen war, jene kleinen dreieckigen Schilde bei den Frauen oder das kreisrunde Ding mit dem vierbeinigen Kreuz in der Mitte, schwärzten sie es vorsichtig mit Tinte oder bräunlichem Sepiastift, sodaß niemand mehr erkennen konnte, daß es da gewesen war.

Corelli entdeckt die meisten der Dinger, die zu verschwinden hatten.

Übrigens, die Salatpflanzen erholten sich nicht wieder, obwohl Franziska sie am nächsten Tag sorgfältig goß. Sie welkten dahin, lagen schlaff wie häßliche Stoffstücke auf der Erde, vermochten sich nicht mehr zu erheben. Schließlich riß Hubert sie aus und warf sie auf den Komposthaufen hinten im Garten. Auf dem Beet wurden Radieschen ausgesät.

Corelli mußte um diese Salatpflanzen sehr weinen. –

Hermine und Hubert waren nun nicht mehr unterwegs, der Arbeit nachgehen.

Hubert saß viele Stunden vor dem kleinen Radioapparat, dem „Goebbel'schen", so wie er früher vor dem Super mit dem magischen Auge gesessen hatte, verkroch sich fast in das Gerät, hörte Nachrichten von hier und da. Wieder waren welche darunter, da mußte man sich eine Decke über den Kopf hängen, wie, um Blindekuh zu spielen, trotzdem drang das dumpfe Eins-eins-eins-fünf einer Pauke darunter hervor, und wieder wurde Corelli – Zeigefinger auf den Lippen – bedeutet, zu schweigen.

Sie lief umher wie zwischen Geistern, alle gingen lautlos umeinander herum und vermieden, sich anzusehen.

I – 13

Irgendwann in diesen merkwürdigen Tagen verschwand Mutterchen.

Corelli hatte nichts davon gemerkt; man hatte sie zu einem Arzt geschickt, wo sie eine der scheußlichen Impfungen empfangen mußte, die in ein Buch mit der Aufschrift „Impfpaß" eingetragen wurden. Es war sehr voll in dem Wartezimmer. Corelli hatte ein zerfleddertes Buch vom Tisch genommen, irgendein Seefahrerabenteuer, aber sie konnte sich nicht aufs Lesen konzentrieren, weil die Leute so wild durcheinander redeten und vom Frontverlauf und Rußkis und Amis erzählten und wer wohl zuerst das Rennen machen würde hier.

Sie lauschte dem Chaos von Stimmen.

„Na, hoffentlich die Amis! Wenn die Russen als erste einrollen, dann Gnade uns Gott! Da bleibt keine Frau verschont!"

„Sie sollen aber auch Brot verteilen! Und Kindern und Kranken tun sie nichts!"

„Ja, das glaub du nur!"

„Brot! Vielleicht ist es vergiftet!"

„Die Amis, die geben dir sogar Schokolade. Und Zigaretten und Kaugummi. Man muß bloß rangehen und sagen: Heff ju plies Schocklett."

„Du willst den Feind anbetteln?"

„Überhaupt ist das Wehrkraftzersetzung!“

„Wehrkraft! Wo haben wir denn noch eine Wehrkraft!“

„Pßt! Zum An-die-Wand-Stellen reichen die paar Patronen immer noch!“

Corelli schwirrte der Kopf von Frauen, die nicht verschont bleiben, vergiftetem Brot, Patronen und An-die-Wand-Stellen. Am liebsten wäre sie aufgestanden und weggelaufen, nach Hause, wo niemand solche entsetzlichen Dinge erzählte. Krampfhaft starrte sie in ihr Buch, blätterte hin und her darin, versuchte, die Ohren zu verschließen, nichts mehr mitzuhören.

Endlich wurde sie aufgerufen und bekam ihre Spritze, die tat sehr weh, wie es zu erwarten gewesen war.

Es war ein schlechter Tag.

Sie lief fast nach Haus.

Aber auch da, stellte sich heraus, war nichts wie vordem.

An der Innenseite des Gartenzauns lehnte das auseinandergenommene Emailbett, Kopf- und Fußteil und eine fleckige Kastenmatratze.

Alle Türen standen offen. Sie lief nach oben. In der Wohnung war ein merkwürdiger Geruch.

Franziska und Hermine waren gerade dabei, gemeinsam das Sofa, das sie als eine der Schlafstellen in ihrem Zimmerchen gehabt hatten, auf den Platz im Vorderzimmer zu schieben.

Mutterchen war fort, mitsamt ihrem Bett. Der Nachtschrank stand noch da, achtlos in die Ecke geschoben, darauf ihr roter „Zügel“, mit dessen Hilfe sie sich immer in Habachtstellung versetzt hatte.

Franziska hatte eine rote Nase.

„Warum weinst du, Mutti?", fragte sie. Sie selbst verspürte eine große Erleichterung, daß die alte Frau nicht mehr da war.

„Nun ist sie bei den Engeln, Friedesinchen!", sagte Franziska, während sie weiter das Sofa in ihre Position schob.

„Mehr zum Fenster!", warf Hermine ein.

Corelli stellte sich einen Augenblick vor, wie sich die plumpe unbewegliche Person wohl unter den Engeln ausnehmen würde. Dann sagte sie altklug und weil sie meinte, das würde sich gut machen: „Aber wenn sie bei den Engeln ist, dann mußt du doch nicht weinen!"

Hermine brach in Lachen aus und erstickte es schnell mit der Hand. „Jedenfalls muß Mutti jetzt keine Angst mehr haben, daß sie zum Umbetten gebeten wird", sagte sie und zerrte das Sofa noch ein Stück weiter zum Fenster. „Wir beide haben jetzt ein Zimmer für uns, Du und ich!"

„Herzlos!", murmelte Franziska und schneuzte sich.

„Wo sind Hubert und Cäcilie?"

Die seien gegangen, die Formalitäten zu erledigen, erfuhr sie (was auch immer das sein mochte).

„Sie hat nicht gelitten!" erklärte Franziska. „Aber daß es so plötzlich kommen mußte ..."

„Mein Gott", sagte Hermine mit ihrer schönsten Gesangsstimme, „sie war über neunzig und seit Jahren bettlägerig!"

Und was für ein Glück es doch sei, daß man sie so schnell habe abholen können.

Corelli hatte nicht das Gefühl, daß Hermine es sehr schlimm fand, daß Mutterchen nun fort war.

Sie richteten das Zimmer für sich ein, Corelli half.

Die Schiebetür, die zu Cäcilies Raum führte, wurde verschlossen und die Glasscheiben verhängten sie mit Sackleinen, das sie sorgfältig an den Ecken befestigten, damit kein Lichtschein hindurchkam.

Sie holten einen der großen leeren Koffer vom Dachboden und belegten ihn mit Decken und einem bauschigen Unterbett, sodaß Corelli darauf schlafen konnte und sich nicht mehr an Hermine drücken mußte.

Es war hart, aber man gewöhnte sich daran.

Nun hatte sie zwar keinen Abendhimmel mit Wolkentheater mehr, aber dafür konnte sie sich, sobald Hermine im Schlummer lag, ungestört mit sich selbst vergnügen, bis sie vor Erschöpfung einschlief.

Damals hast DU einen großen Bogen um mich gemacht. Hast DEINEN Besuch so gelegt, daß ich nichts von DEINER Anwesenheit spürte. Nur, daß DU etwas weggenommen hattest, das in diesem Moment uns allen entbehrlich vorkam. Das war sehr gnädig.

GNÄDIG? ICH KENNE DAS WORT NICHT.

I – 14

An einem der nächsten Tage kamen Männer, die sich nicht von ihren Armbinden hatten trennen können. Die meisten waren älter. Manche hinkten oder trugen den Arm in der Schlinge. Sie liefen von Haus zu Haus und erklärten, es sei fünf Minuten vor Zwölf, obwohl es früher Vormittag war.

Alles, was immer auf den Beinen stünde, gleich ob Frau und Kind, Knabe oder Greis, hätte sich in zwei Stunden auf dem unteren Platz einzufinden, um eine Barrikade zu bauen. „Wir werden dem Feind keinen Fußbreit kampflos überlassen!“ riefen sie. Und: „Auf zum Volkssturm!“

Corelli gefielen diese Worte, sie klangen nach Heldentum und Ritterschaft, wie sie es aus den Büchern und den Balladen kannte.

„Was ist eine Barrikade?“ fragte sie Hubert.

„Man gräbt die Straße auf, um einem anderen den Weg zu versperren“, entgegnete er mürrisch.

Er ging auf einen der Männer zu; der trug eine Schirmmütze und war stoppelbärtig. Auf dessen forsches „Heil Hitler“ hob er nur grüßend die Hand an die Schläfe. Corelli stand hinterm Türpfosten, sie hielt sich ganz fest und hörte zu.

„Meine Familie fällt aus!“ Huberts Stimme klang abgehackt. „Ich habe eine bettlägerige Mutter“ (er log!),

„eine herzkranke Frau und eine kleine Enkeltochter. Ich selbst ... Gerade deshalb! Sie selbst, Volksgenosse, wollen doch wohl ihre Familie vor den Rohheiten der feindlichen Soldateska verschont sehen!“ blaffte der mit der Schirmmütze.

„Ich war Frontkämpfer im Ersten Weltkrieg!“

„Nun, da wissen Sie ja wohl, worauf es ankommt! In zwei Stunden am unteren Platz! Wer sich weigert, hat die Konsequenzen zu tragen!“

Obwohl sie nicht wußte, was gemeint war, begann Corelli bei diesen Worten zu schlottern.

Der Mann war bedrohlich, seine Stimme klang bedrohlich, und Konsequenzen hörte sich entsetzlich an. Von Soldateska einmal ganz zu schweigen.

„Was tun wir nun? Müssen wir die Konsequenzen tragen wegen der Soldateska?“ Sie klammerte sich an Hubert an, er war warm, er war fest, er brauchte keine stinkende Medizin mehr. Er wußte alles.

„Wir bauen keine Barrikaden“, sagte er ruhig. „Wir verschwinden.“

Verschwinden? Wie ging Verschwinden? Bisher war Verschwinden etwas Schlimmes gewesen. Das Haus war verschwunden, im Feuer vergangen. Das alte Leben war verschwunden. Nun sollten sie selbst also auch noch verschwinden ...

Cäcilie weigerte sich, mitzukommen. Sie sagte nur: „Ich sehe das nicht ein“ und schloß die Tür hinter sich.

Sie waren dann nicht die einzigen, die „verschwanden“. Ein ganzer Treck von Leuten bewegte sich an diesem warmen Maiabend die Straßen hinauf, vorbei an der alten Brauerei und dem Stadtpark. Dann nach links, da war erst das kleine Wäldchen. Danach kam der Wald. Der richtige Wald.

Corelli empfand ihn als undurchdringlich. Dabei, es führten ja Straßen durch ihn hindurch, und irgendwo war der Pulverturm, bis dahin ging man spazieren, damals, als es bei Cäcilie noch das Frikassee von Huhn und Zunge gab.

Irgendwann zerstreuten sich die Menschen im Wald. Einige blieben näher, andere gingen weiter.

Sie fanden eine Lichtung, später im Sommer fuhren sie oft mit dem Handwagen dorthin, um Holz zu holen, jetzt war es einfach nur ein verzaubertes Stück Wiese, frei atmend zwischen hohen Tannen.

Hubert begann, große Zweige abzubrechen oder mit dem Messer abzuhauen; Corelli hatte Angst, es war so gewaltsam. Aber die Großen kümmerten sich nicht um sie.

Irgendwann dann war es vollbracht. Auf den abgeschlagenen Zweigen breiteten sie Steppdecken und Mäntel aus, es wurde eine Wohnstatt; das Nachtlager zu Granada, scherzte Hermine.

Sie betteten sich zum Schlafen im Wald; Corelli fühlte jeden Zweig, jeden noch so kleinen Ast unter all den Decken; es war wie bei der Prinzessin auf der Erbse, nur sie fühlte sich nicht gestört dadurch, sie war wie festgenagelt auf den Zweigen, es durchpulste sie.

Es wurde schnell dunkel. Sie lag zwischen Hubert und Hermine; zuerst hatte Hermine den Arm um sie, dann begann sie nach ihrer Art sich zu wälzen und herumzudrehen und zog Corelli die Decke fort.

Sie lag mit offenen Augen da. Am graublauen Himmel kamen Sterne auf, und irgendwo da draußen begann ein Tier zu schreien.

Sie schüttelte Hubert an der Schulter. „Vati, was ist das?“

Er grunzte, drehte sich um. „Ein Rehbock“, murmelte er im Halbschlaf. „Alles ist gut.“

Sie sagte sich, wenn er alles gut fände, dann war es auch so. Aber da kamen immer wieder Geräusche, die sie aufschreckten. Es knackte irgendwo im Gehölz; ein Vogel rief hohl und dumpf. Plötzliche Windstöße weckten den ganzen Wald auf, alles regte und schüttelte sich.

Sie schlief erst gegen Morgen ein, als die Konturen der Bäume aus dem Schwarz auftauchten.

Geweckt wurden sie alle vom Gedröhn der Shermanpanzer, die unweit von ihrem Versteck die Landstraße kaputtfuhren.

Wortlos packten sie ihre Sachen zusammen und gingen nach Haus.

I – 15

Der „Wettlauf“, von dem die Leute im Wartezimmer des Arztes gesprochen hatten – die Amerikaner hatten ihn gewonnen.

Corelli war ungehorsam. Obgleich ihr Hermine und Franziska eingeschärft hatten, in Rufweite zu bleiben, ging sie zusammen mit anderen Leuten über die Brücke des Flüßchens, die ihre Siedlung von der Altstadt trennte. Sie wollte die Ungeheuer aus nächster Nähe sehen, die ihre Spuren, die Abdrücke riesiger Raupen, in den Asphalt gedrückt hatten, als bestünde die Straße aus Wachs. Unter all den anderen, Kinder und Erwachsene, fühlte sie sich sicher; niemand kannte sie. Drei der schrecklichen Maschinen standen mit laufenden Motoren auf dem Marktplatz des Ortes, eingehüllt in blaue Rauchwolken.

Die Gaffer hielten vorsichtig Abstand, und Corelli versteckte sich hinter dem breiten Rücken einer fremden Frau. Mit einer Mischung aus Gruseln und Faszination, die ihre Hände und Füße steif machte, betrachtete sie die graubraunen, bestaubten Riesen mit dem fünfzackigen Stern an der Frontseite, das Räderwerk zwischen den Ketten, dem gierigen Rüssel der Kanone, der bereit schien, alles und jedes abzutasten und einzusaugen.

Daß die Luken aufgeklappt waren und junge Männer mit Lederkappen aus diesen Luken herausschauten, fand sie befremdlich – als hätten sich die Panzer mit den Männern dekoriert.

Die Männer benahmen sich unpassend. Manche rauchten und lachten. Einer hob eine Kamera vors Auge und ließ immer wieder den Auslöser klicken.

Corelli beschloß, wieder nach Haus zu gehen. Die kleine Stadt sah aus wie am Sonntag; alle Geschäfte geschlossen und alles voll von Fahnen, nur, daß die nun nicht mehr rot mit einem weißen Kreis und dem Kreuz mit Beinen in der Mitte waren, sondern weiß. Die meisten bestanden aus Bettlaken.

Vor dem Haus wartete Hermine bereits auf sie.

„Wo bist du gewesen?“ fragte sie hektisch und riß Corelli an der Hand zu sich heran, ohne eine Antwort abzuwarten. Wir haben dich schon überall gesucht! Wie's aussieht, müssen wir hier raus.“

Sie schluckte, räusperte sich.

Corelli verstand nicht.

Hermine deutete mit dem Kopf auf einige Männer in khakifarbenen Uniformen und Schnürstiefeln, das Käppi schräg auf dem kurzgeschnittenen Haar, die mit spähenden Blicken die Straße auf und ab gingen, die Ein- und Zweifamilienhäuser betrachteten und sich Notizen machten.

An den Türen der Vorgärten standen die Bewohner, fuchtelten mit den Händen, wie es sonst nicht ihre Art war, und redeten aufgeregt durcheinander.

„Sie wollen hier im Viertel ihre Kommandantur einrichten“, fuhr Hermine fort. „Die ganze Verwaltung mit allem drum und dran. Sie brauchen Wohnungen.“ Plötzlich lachte sie. „Das hat sich Cäcilie wohl kaum träumen lassen, daß sie auch noch drankommt!“ Sie ließ Corelli los, so jäh sie sie gepackt hatte: „Pack schon mal deine Sachen.“

Aber was für Sachen sollte sie denn packen? Das war eine sinnlose Bemerkung.

Das Spielzeug, an dem sie damals noch gehangen hatte, war ihr gleichgültig geworden, ihren Malkram hatte sie in der Schultasche; aber Schule war ja keine, jedenfalls noch nicht wieder.

Sie blieb an der Gartenpforte stehen und sah dem Mann entgegen, der auf sie zukam. Er trug die gleiche Uniform wie die anderen Männer, aber keine Schnürstiefel, sondern flache schwarze Schuhe und hatte sein Käppi nicht auf dem Kopf, sondern es zusammengefaltet durch das Schulterstück links gezogen, das gab ihm etwas Freundliches. Sein Haar war sehr schwarz und trotz des kurzen Schnitts lockig wie das Fell eines geschorenen Pudels, und seine Augen schmal und dunkel. Seine Brauen glichen denen von jenem Mozart, den sie dann noch eingezogen hatten.

„Kannst du mir deinen Vater holen, Mädchen?“, sagte er.

Er sprach Deutsch wie jeder andere auch, den Corelli kannte.

Corelli schoß das Blut durch den ganzen Körper. Sie hatte sich sofort verliebt. Sie starrte den Mann wortlos an; der wartete geduldig.

Aber bevor sie noch den Mund aufmachen konnte, kam Hubert durch den Vorgarten auf sie und den Mann zu. Er trug ein Bündel Papiere in der Hand und sagte rau: „Was wollen Sie von dem Kind?“

Corelli begriff, daß er Angst hatte, aber sie schämte sich für seine Grobheit.

Der Mann mit den dunklen Augen legte salutierend die Hand an die Schläfe und erklärte, er sei ermächtigt, dies Haus für die Angehörigen der Kommandantur räumen zu lassen; Möbel und Gerätschaften würden übernommen. Binnen einer Stunde hätten alle Angehörigen das Haus mit nur einem Gepäckstück pro Person zu verlassen.

Hubert stand da wie gepfählt. „Könnten Sie nicht ein anderes Haus ... Wir sind bereits einmal ausgebombt", sagte er schließlich. „Und meine Frau ist schwer herzkrank." Er streckte dem anderen seine Papiere entgegen. Der zuckte die Achseln, griff schließlich, wohl nur eine Geste, zu Huberts Ausweisen, las, runzelte die Stirn und sah dann auf.

„Wie kommen Sie zu diesem Namen?", fragte er leise.

Huberts Kiefer malten. Auf seiner Stirn, zwischen den Brauen, sah Corelli einen weißen Punkt.

„Meine Familie hieß schon immer so", erwiderte er schließlich.

Der andere maß ihn mit den Augen. „Nun, freiwillig werden sie solchen Namen gewiß nicht angenommen haben in diesem Land", sagt er dann. Er gab Hubert die Papiere zurück, mit einer schroffen Geste.

„Eine Stunde!" wiederholte er und wandte sich ab.

„Aber wo sollen wir bleiben?"

Corelli hatte Hubert noch nie so hilflos gesehen.

„Oh", sagte der Amerikaner eisig, „das überlassen wir ganz dem deutschen Organisationstalent. Darin ist diese Nation doch groß."

Er salutierte wieder, wandte sich zum Gehen, sprang mit seinem blankgeputzten Schuhen durch den Staub, als könne ihm das nichts anhaben, als könne ihm gar nichts etwas anhaben.

Und da stammelte Hubert: „Aber warum gerade wir?"

Er hatte es ganz leise gesagt, eigentlich nur für sich, aber der andere hatte es doch gehört. Er drehte sich noch einmal um und sagte freundlich: „Ganz einfach. Weil ihr mit allen anderen verloren habt. Weil ihr, dem Himmel sei Dank, verloren habt. Mitgefangen, mitgehangen."

Corelli sah dem Mann in der Uniform nach und bewunderte ihn grenzenlos, ohne zu wissen, warum. Und wenn sie gleichzeitig Hubert neben sich stehen sah mit seinen Papieren in der Hand, hatte sie das Gefühl, einen schlimmen Verrat zu begehen und lief, sich irgendwo zu verstecken.

I – 16

Sie waren dann weder höflich noch freundlich, die Männer in den Khakiuniformen. Sie drängten sich einfach an ihnen vorbei ins Haus hinein mit ihren Seesäkken und Funkgeräten, mit ihren Schreibmaschinen und Feldtelefonen. Sie schienen sie gar nicht wahrzunehmen. Verrückten Tische und Stühle, verschoben Schränke, rissen Gardinen herunter, begannen, mit einem elektrischen Bohrer Löcher in Cäcilies „gute Stube" zu bohren, um irgendetwas, was auch immer, zu befestigen, luden in der Küche riesige Pakete mit Milchpulver, Kaba, Kaffee und Zucker und Kanister mit Corned Beef und Olivenöl ab.

Cäcilie, die zu protestieren versuchte, wurde einfach an den Schultern gefaßt und beiseite geschoben. Einer lachte sie sogar aus und bot ihr hämisch-gutmütig einen Kaugummi an.

Corelli betrachtete das Chaos fasziniert; sie hockte auf der Treppe, die zum Dachboden führte, und eigentlich hielt sie Ausschau nach dem schwarzhaarigen Soldaten, der Deutsch sprach, aber der ließ sich nicht blicken.

Ihre aufgelösten Verwandten packten zusammen, was sie für nötig erachteten; nur Cäcilie hatte Probleme, sich zu entscheiden, die anderen, die Ausgebombten besaßen ja ohnehin kaum mehr etwas.

Irgendwann war sie auf der Treppe vor Aufregung eingeschlafen; sie erwachte, als Hermine sie an der Schulter rüttelte und sagte: „Komm, wir ziehen ins Hexenhaus!“

Corelli fragte nicht wieso.

L.E.
Corelli

I – 17

Das Hexenhaus stand gleich hinter der Brücke über den kleinen Fluß. (Es war ein Überbleibsel früherer Besiedlung, als man noch nicht auf die Idee gekommen war, in der Gegend hübsche Ein- und Zweifamilienhäusern zu bauen.) Deshalb befand es sich unterhalb des Straßenniveaus, Stufen führten vom Gartenzaun hinunter zu dem weißgekalkten Häuschen, das niemals durch die Vordertür betreten wurde; man ging durch den Garten um das Gebäude herum und kam durch die Waschküche herein.

Cäcilie zog übrigens nicht mit dort ein, sie kam bei Bekannten im Zentrum des Ortes unter – der Platz hätte wohl auch kaum ausgereicht.

Das Hexenhaus wurde von einer Frau Kuen mit vier Kindern bewohnt. (Daß es keine Männer oder Väter gab, war normal, die waren im Krieg.) Die Tochter, Ilse, arbeitete auswärts und kam nur ab und zu an den Wochenenden, dann teilte sie mit Corelli das winzige Zimmer, das eigentlich ihrs war und auf den Hof sah. Ilse hatte krauses Haar, sehr helle Augen und eine gebogene Nase. Wahrscheinlich war sie allerhöchstens achtzehn Jahre – für Corelli eine erwachsene Frau. In ihrer Gegenwart erstarb sie vor Verlegenheit und wußte nicht, worüber sie mit ihr reden sollte.

Ilse konnte sehr gut malen und zeichnen. Wenn sie unter der Woche nicht zu Haus war, hatte sie Corelli erlaubt, ihre schönen Papiere und ihre Wasserfarben zu benutzen. Corelli malte Blumen in Vasen und kopierte zierliche Blütengebinde von Vorlagen, die wohl der Porzellanmalerei dienen sollten und sich in Ilses Raum befanden. Dafür wurde sie sehr gelobt.

Außerdem malte sie Panzer mit gelben Sternen und suchenden Saugrüsseln von schlanken Kanonenrohren und Männer in Uniform mit schwarzen Haaren und dunklen Augen. Aber die zeigte sie keinem. Die waren geheim.

Die Söhne des Hexenhauses hießen Volkhard, Edgar und Erasmus. Die Namen war Corelli geläufig; sie hatte ihre Mutter häufig genug nach ihnen rufen hören, zur gleichen Zeit, in der auch Franziska aus dem Abendfenster „Friedchen!" nach ihr gerufen hatte. Gespielt hatte sie mit ihnen noch nie, genausowenig wie mit den anderen Kindern der Straße.

Das änderte sich nun.

Die Jungen, von vielleicht fünf bis elf Jahren (alle drei blond und grünäugig) waren ihr gleichgültig, bis sie herausfand, was man mit ihnen anstellen konnte.

Sie hatte nämlich, als sie das Haus räumen mußten, vor all den über sie hereinstürzenden Eindrücken überhaupt nicht realisiert, daß sie ja nun nicht mehr auf ihren Dachboden konnte, zu ihren Rittergeschichten und den zarten oder auch hochgemuten Frauen.

Und nun stellte sie fest, daß sie das lebendig machen konnte.

Ein einziger Nachmittag auf dem winzigen Heuboden hinter dem leerstehenden Stall des Hexenhauses machte sie zu Herrin und Meisterin von drei dummen Jungen, die mit offenem Maul ihren Anweisungen folgten, sich hierhin und dorthin schicken und sich beschimpfen ließen, wenn sie etwas nicht richtig machten.

Sie schrie: „Verteidigt die Burg! Kämpft bis zum letzten Mann!“

Und, oh Wunder, sie erwiderten tatsächlich: „Bis zum letzten Mann für dich, Herrin!“, wie sie es ihnen vorgesagt hatte, und bekämpften die letzten Heuballen auf eine Art und Weise, daß im Anschluß an das Spiel eine wutentbrannte Mutter mit dem Stock auf die Jungen losging, weil sie das Heu zerwühlt hatten.

Dann lagen sie heulend in den Ecken, aber niemals hätten sie ihre „Herrin“ verraten ...

Corelli hatte keinerlei Gewissensbisse. Während der Prügelorgien der Frau Kuen verkroch sie sich zwar in ihrem, Ilses, Zimmer und hielt sich die Ohren zu, aber sie wußte, daß die Jungen ihr nichts nachtrugen und bald wieder ein neues Spiel von ihr fordern würden, ob erlaubt oder nicht. Sie hatte ihren dumpfen Seelen Fantasie und Freude eingehaucht – und geprügelt wären sie oder so worden. Dann eben aus einem anderen Grund.

Bald stellte sie fest, daß Frau Kuen sozusagen zwei Sorten von Aburteilungen kannte. Die eine war das allgemeine Strafgericht. Die andere, die sich jeweils nur auf die Mißetat eines einzelnen bezog, war sehr verfeinert.

Erasmus, der Älteste, bekam grundsätzlich den Rohrstock, pfeifende ungezielte Hiebe auf den ganzen Körper, Arme, Schultern, Rücken, Oberschenkel. Er ertrug es wie ein Mann, stand hinterher, den Kopf auf den verschränkten Armen, an irgendeine Wand gelehnt, zitternd und bebend, tränenlos. Corelli machte einen scheuen Bogen um ihn, er war dann ein Held für sie.

Edgar, der zweite, wußte sich meist gut herauszureden – außerdem schien er das Lieblingskind der Frau Kuen zu sein. Er kam meist mit Kopfnüssen weg oder kriegte ein paar mit dem Teppichklopfer hinten drauf.

Hinterher hing er immer am Rock seiner Mutter, flehte schluchzend um Verzeihung, erklärte, er wolle immer artig sein. Oft tat es der Mutter dann leid, sie gab ihm als Trostpreis ein Stück Marmeladenbrot und strich ihm übers Haar, und Edgar grinste verstohlen. Corelli konnte ihn nicht leiden und gab ihm bei ihren Spielen meist die undankbarsten Rollen: Torwächter, Hundewärter, Falkner (die ebenfalls bestraft wurden, wenn sie etwas falsch machten).

Die für Corelli interessanteste Bestrafung fing sich stets Volkhard, der Jüngste, ein. Er wurde nämlich „übergelegt“, entweder über den mütterlichen Schoß gezogen oder zwischen ihre Knie geklemmt, und stets wurde ihm zuvor die Hose heruntergezogen.

Der nackte runde Hintern, der sich unter den Schlägen wand, übte eine unwiderstehliche Faszination auf Corelli aus, ihr fielen die Frauen mit den Seidenhosen und den Lilienfüßen aus dem Buch ein und es prickelte ihr zwischen den Beinen.

Frau Kuen forderte sie direkt auf, zuzuschauen: „Guck nur hin, da kannst du lernen, wie man mit ungezogenen Bengeln umgeht: Immer feste auf den Blanken!“

Es kam Corelli so vor, als würde sie die Züchtigung ihres Jüngsten ebenfalls genießen, denn ihr Gesicht lief rot an, und das strohige Haar hing ihr ins Gesicht.

Volkhard brüllte stets wie am Spieß, gleich, ob er es bloß mit der flachen Hand besorgt kriegte oder mit der Weidenrute, und zappelte zum Gotterbarmen; seine Brüder standen ebenfalls mit hämischen und lüsternen Gesichtern in der Ecke oder hinter dem Türpfosten und sahen zu. Fast immer hatten sie dabei die Hand am Hosenschlitz.

Hinterher rutschte der Junge, um das Brennen zu lindern, mit seinem nackten Gesäß auf den kalten Fliesen der Waschküche herum, und die Brüder lachten ihn aus.

Corelli betrachtete ihn mit leicht angewidertem Interesse, wie ein kleines Tier, das sich merkwürdig aufführte. Wenn alles vorbei war, ging sie oft in ihr Zimmer, um sich auf dem Bett, das zusammengeballte Kissen zwischen den Beinen, Glück zu verschaffen.

Bei den Spielen wählte sie Volkhard oft als ihren Bruder oder Geliebten aus, küßte und streichelte ihn und riß ihn an den Ohren, wenn er etwas von ihren Anweisungen nicht verstand.

I – 18

Eine andere Beschäftigung war, am Zaun zu stehen und die „Amis“ (so nannte man die Männer in der Khakiuniform) die vorbeikamen, anzubetteln.

Heff ju plies schoklett? Heff ju plies tschuingam? Heff ju plies zigarettz?

Meist ernteten sie nur ein Kopfschütteln. Aber manchmal blieb einer der Uniformierten stehen und zog mit schiefem Lächeln einen Streifen Spearmints aus der Brusttasche. Irgendwer griff pfeilschnell zu, dann rannten die Jungen mit ihrer Beute in die Scheune, um sie aufzuteilen.

Corelli war zwar Zuschauerin bei der Schnorrerei, aber von dem Fang wollte sie keinen Anteil; sie mochte das Pfefferminzzeug nicht, genauso wenig wie die dicke, bittere, mit Stärkemehl versetzte Schokolade, die manchmal abfiel für die kleinen Bettler.

Mit Zigaretten war es etwas ganz anderes. Die fremden Männer gaben den Kindern zwar keine zum Geschenk, aber sie gingen äußerst verschwenderisch mit ihren „Lucky Strike“ oder .... um: Nur halb aufgeraucht, warfen sie sie achtlos auf die Straße. Man mußte nur mit gesenkten Lidern, als wolle man Löwenzahn am Wegrand sammeln, die Straße entlanggehen, schon fand man Kippen, oft daumenlang.

Darauf hatte sich Corelli spezialisiert; Großvater Hubert war ein starker Raucher, obwohl Franziska es ihm an liebsten verboten hätte: Ihr Herz! Sein Herz! Und der

Gestank in der Wohnung! (Nur in der Küche bei offenem Fenster oder draußen!)

So hatte er mit seiner Enkelin eine Art stillschweigendes Bündnis abgeschlossen. Corelli streifte mit einer kleinen Metallbüchse, in der sich einmal Hustenbonbons befunden hatten, die Wege vor den Amiquartieren entlang und sammelte auf, was sie fand. Sorgfältig knipste sie die Mundstücke ab oder das Ende, das die anderen im Mund gehabt hatten, entfernte das Papier und bröselte den Tabak in ihr Gefäß, das sie Hubert in die Hosentasche schob.

Am anderen Tag lag die leere kleine Dose auf dem Fenstersims und wartete auf sie ...

Daß Corelli trotzdem mit den Jungen am Zaun stand, hatte seinen Grund.

Sie wartete auf den Mann mit den Halbschuhen und den schwarzen Haaren. Aber er kam nie vorbei. Einmal sah Corelli ihn vorüberfahren; er saß in einem offenen Jeep neben dem Chauffeur, lässig zurückgelegt, den Arm über der Lehne, einen Fuß gegen das Armaturenbrett gestemmt. Ihr Herz schlug bis zum Hals.

Sie erfuhr, daß manche Kinder zur Küche der Kommandantur gingen und dort um Essen bettelten. Essen, das von fremden Leuten zubereitet wurde, war ihr ein Greuel, wahrscheinlich hätte sie keinen Bissen herunterbekommen. Aber vielleicht konnte sie ihn da entdecken ...

Sie fragte Franziska, ob sie „dorthin" gehen könne.

Die Großmutter sah sie an und, was nicht oft passierte, lief rot an vor Zorn.

„Friedesine! Was ist in dich gefahren! Wir haben zwar alles verloren, aber zu Bettlern werden sie uns nicht machen!"

Ihre Stimme war schrill und laut geworden, Hubert kam herbei.

„Sie will zu denen gehen und um Essen betteln!"

Der Großvater sah sie entgeistert an. „Kleine, was steckt dahinter? Warum willst du die Reste von den Amis haben? Du – du ißt doch so etwas bestimmt gar nicht, was die machen! Sollst du es für jemanden anders holen? Hat dir jemand gesagt, du sollst es tun?"

Sie schüttelte den Kopf. Er zog sie an sich, legte den Arm um sie. Sie schmiegte sich an ihn. „Es ist wegen dem Mann", flüsterte sie an seinem Ohr.

„Was für ein Mann? Wovon sprichst du?"

„Der Mann, der gesagt hat, wir haben verloren."

„Der Jude?" Huberts Stimme war viel tiefer als sonst.

„Wieso ein Jude? Juden haben doch diesen Stern!"

„Kind, was redest du? Was für einen Stern?"

Corelli war verwirrt. „Nicht den auf den Panzern. Den anderen, den man sich auf den Mantel näht."

Hubert schob sie von sich weg, hielt sie auf Distanz am gestreckten Arm. Er sah Franziska an und sie ihn, es kam Corelli vor, als würden die beiden den Atem anhalten.

Dann sagte die Großmutter leise: „Woher weißt du denn so etwas? Wer hat dir das erzählt?"

„Aber ich habe sie doch gesehen!“ beharrte Corelli. „Als wir noch zu Hause waren. Ich dachte, es sind Blumen, aber Mami hat erklärt, es sind Judensterne.“

Franziska stieß die Luft mit einem Zischen aus und sagte leise und böse: „Ausgerechnet sie! Sie muß das Kind in so etwas reinziehen!“

Corelli verstand nicht, was sie meinte, aber ihr wurde klar, daß sie ein Geheimnis offenbart hatte. Sie bekam Angst.

„Was ist Schlimmes dabei?“, fragte sie und sah von einem zum anderen. Hubert hatte wieder diesen weißen Fleck zwischen den Augen.

„Laß das jetzt!“ sagte er kurz angebunden zu Franziska. Und dann zu dem Mädchen: „Das gibt es nicht mehr. Solche Sterne – werden nicht mehr getragen.“

„Aber woran hast du denn dann erkannt, daß der Mann ein Jude ist?“

Hubert strich sich mit beiden Händen durchs Haar.

„Weil er Deutsch gesprochen hat“, erwiderte er rätselhaft. Und fügte hinzu: „Wie der es genossen hat, uns auszuquartieren!“ Er wandte sich ab und ging hinaus.

„Weil er sauer war, daß wir davon gekommen sind.“

Corelli fing an zu weinen. „Warum ist Vati böse auf mich?“

„Er ist nicht böse auf dich“, erwiderte Franziska. Sie drehte an dem Trauring an ihrem Finger. (Corelli fiel auf, das sie das immer machte, wenn es irgendwelche Zwistigkeiten zwischen ihr, Hubert oder Hermine gab.) „Mami hätte dir das nicht sagen sollen. Das mußt du alles gar nicht verstehen. Aber du gehst nicht dahin und bettelst, verstanden? Und schlag dir diesen Ami aus dem Kopf, der – der will sowieso nichts von dir wissen. Was soll der denn mit deutschen Kindern reden?"

„Ist der Ami ein böser Mann? Der Jude?"

„Das weiß ich nicht. Ich kenne ihn ja nicht", entgegnete Franziska knapp. „Und nun laß mich in Ruhe, ich habe in der Küche zu tun."

I – 19

Es gab ohnehin keine Gelegenheit mehr, nach dem Mann mit den Halbschuhen und den dunklen lockigen Haaren Ausschau zu halten. Denn eines morgens packten die Amis auf und zogen ab – zur allgemeinen Verblüffung.

Das Rätselraten, was das wohl zu bedeuten habe, währte aber nicht lange. Bereits am nächsten Tag übernahm eine andere Siegernation die Räume der von ihren Alliierten verlassenen Kommandantur: Die Engländer zogen ein, oder, wie Hubert sagte, nach den Amis die Tommies.

Die Tommies erwiesen sich als absolute Bereicherung des Alltags. Es handelte sich nämlich um ein schottisches Wachregiment, das seine Traditionen sehr ernst nahm.

Stundenlang standen die Kinder auf der anderen Straßenseite und sahen zu, wie vor der Eingang der schottische Wachposten patrouillierte: Barett mit Pompon auf dem Kopf, Gewehr über und vor allem – unten herum mit Kniestrümpfen und einem Rock bekleidet! Zudem vollführte er nach einer abgezählten Folge von Stechschritten eine spektakuläre Wende mit dreimaligem Aufstampfen.

Die Kinder getrauten sich nicht, in der Gegenwart des Postens zu lachen. Immerhin trug er ein Gewehr und sah mit grimmiger Miene geradeaus.

Zu Haus dann ahmten sie die in ihren Augen grotesken Bewegungen nach und schütteten sich aus vor hämischem Gelächter über den Verrückten mit dem Rock.

Das war aber noch nicht alles. Zweimal am Tag zog die Wachablösung über die Brücke und durch das Viertel, hin und zurück mit klingendem Spiel. Es bestand aus zehn Dudelsäcken.

Das Getöse holte jedes Mal Alt und Jung auf die Straße. Man nahm gleichsam die Parade ab. Die Pipers – sämtlich im Kilt – wurden angeführt von einem Tambourmajor mit Stab, den er bald in die Luft wirbelte und wieder auffing, bald als Zeichengeber für die Abfolge der Musikstücke und als Taktstock benutzte.

Es war großes Theater und wurde von den Anwohnern dementsprechend gewürdigt.

Die „Tommies“ erfreuten sich also einiger Beliebtheit, wenn es auch kein Essen mehr für bettelnde Kinder gab, und die Zeiten von Schuinggam und Schoklett waren auch vorbei.

Das Wichtigste aber: Da sie offenbar eine kleinere Truppe mit weniger Verwaltungsaufwand waren, hatten sie die meisten Wohnungen ihren Besitzern zurückgegeben.

So auch Cäcilies Haus.

Die Familie betrat zuerst den Garten, zaghaft, als traue sie sich nicht weiter. Corellis erster Blick galt dem Radieschenbeet, wo der Koffer mit der Uniform und der Waffe begraben lag, und sie sah, daß auch die anderen mit langem Hals in jene Richtung Ausschau hielten. Die

Radieschen waren zwar verdorrt, aber sonst lag das dunkle Viereck unverändert da.

Hinter dem Haus häuften sich Berge von Abfall. Vor allem leere Dosen und Büchsen, aber auch zerbrochene Flaschen, Einwickelpapier und Silberfolie, ein aufgeschlitztes Federbett, das Cäcilie mit Entsetzen als eins von den ihren erkannte, Schuhe, deren Nähte geplatzt waren, eine Palette voller Eierschalen.

Unter den Pappkartons, gefüllt mit verdorbenen Resten, schlüpfte eine Ratte hervor. Hermine quiekte.

„Das müssen wir nun alles wegschaffen!“, sagte Hubert grimmig.

Cäcilie sah vor sich hin. „Ich traue mich gar nicht ins Haus.“

In der Diele knirschte jeder Schritt. Den runde Spiegel, vor dem Corelli manchmal irgendwelche Gebärden und Mienenspiele für ihre Ritterstücke auf dem Dachboden ausprobiert hatte, klaffte zersplittert. Er war wohl als Schießscheibe für Pistolenübungen benutzt worden. Patronen lagen noch auf den zerkratzten Dielen.

Der alte eichene Kleiderschrank war gleichsam mit Narben bedeckt; jemand hatte seine Schnitzkünste daran ausprobiert. An einigen Stühlen waren die Polster aufgeschlitzt; Roßhaar und Spiralfedern quollen heraus.

Das Bettzeug bewies, daß man im allgemeinen mit Stiefeln schlafen gegangen sein mußte.

Cäcilies Bücher waren nun nicht mehr im „Aquarium“. Die Scheiben fehlten, und die meisten der Bände lagen verstreut im Raum; einige fand man auch zerrissen auf dem Klo, man hatte sie wohl in Ermanglung von Toilettenpapier benutzt.

Die Familie bewegte sich gleichsam auf Zehenspitzen durch die mißhandelten Räume, immer wieder einer neuen bösen Überraschung gewärtig.

In der Küche waren die Wände mit Ketchup bespritzt, und auf dem Tisch häufte sich unabgewaschenes Geschirr.

Das Klo war hoffnungslos verstopft.

Noch immer sagte keiner ein Wort.

Schließlich bemerkte Hermine mit einem gekünstelten Auflachen: „Nur gut, daß ich daran gedacht habe, unsere Fotoalben und meine Noten einzustecken."

Cäcilie streifte sie mit einem verächtlichen Blick und schnaufte durch die Nase. Als ob das wichtig wäre!

Schließlich setzte sie sich in der Mitte der Küche auf einen Stuhl und sagte laut und verächtlich: „Diese Vandalen!"

„Kampftruppen", murmelte Hubert.

„Ach?" sagte seine Schwester scharf. „Habt ihr im ersten Krieg auch so gehaust, in Rußland?"

Corelli hielt es nicht mehr aus, sie lief nach draußen, setzte sich für eine Weile auf die steinernen Stufen des Vorbaus. Später versuchte sie, auf ihren Dachboden zu steigen, wenn sie auch Angst hatte, Ähnliches vorzufinden. Aber er war zugesperrt. Der Schlüssel, den sie vorher nie wahrgenommen hatte, weil er immer nur unbenutzt im Schloß gesteckt hatte, war verschwunden. Wer weiß, wohin die Amis ihn verschludert hatten.

Ihr Dachboden schien ihr nun so aus der Welt wie das, was im Feuer vergangen war.

Schließlich ging sie zum Hexenhaus, um mit den drei Jungen Germanenangriff am Limes zu spielen, während die Familie sich der Beseitigung des „amerikanischen Saustalls“, wie Cäcilie es ausdrückte, zu widmen. –

I – 20

Der Sommer war heiß und bunt, und er brachte die Waldgeheimnisse.

Seitdem der Krieg vorbei war, seitdem Hubert und Hermine nicht mehr regelmäßig fortfuhren, zog man in den Wald. (Die verwüstete Wohnung war ihnen ohnehin unbehaglich.)

Jener Wald, den Corelli zuletzt betreten hatte, als sie sich vor den anrückenden Siegern über Nacht versteckt hatten, wurde nun so etwas wie eine zweite Wohnung.

Franziska kam meistens nicht mit, sie kochte, wusch, beschäftigte sich mit Handarbeiten. Sie und Cäcilie gingen sich aus dem Weg. Nach der Zerstörung ihres Haushalts hatte sich die Schwägerin verändert. Sie war stiller, schien es irgendwie nicht fassen zu können, daß ihr dergleichen zustoßen konnte. Die meiste Zeit verbrachte sie im Ort bei den Leuten, wo sie Unterschlupf gefunden hatte während der Ausweisung. Es war, als fühle sie sich ebenfalls nicht mehr heimisch in ihrem Zuhause.

Der alte Kinderwagen, der auf ihrer Flucht Franziska befördert hatte, gehörte nun wieder Corelli – zumindest auf dem Hinweg.

Sobald sie die Ortschaft hinter sich gelassen hatten, durfte sie sich hineinsetzen. Hermine und Hubert schoben gemeinsam. Sie schloß die Augen, genoß es, daß sich nach einer gewissen Zeit das bekannte Gefühl einstellte, sie würde statt nach vorn rückwärts bewegt; war so glücklich wie das Kind von einst, daß sie (das wußte sie sehr wohl) nicht mehr war.

Wenn der Weg eben und nicht zu sandig war und das Schieben also nicht zu anstrengend, begann Hermine zu singen. Corelli hatte sie nicht mehr gehört, seit das Klavier mit allem anderen verbrannt war; niemand sang mehr an ihrem Bett.

Jetzt sang ihre Mutter auf eine Weise, die eher der Franziskas ähnelte, als ihrer eigenen mächtigen Gesangsstimme – sanfter, bescheidener. So, als müsse sie das Singen neu entdecken. Sie sang „Ich armes welsches Teufli“ oder „Kleiner Soldat kam heimwärts aus dem Kriege“ oder „Es, es, es und es oder Jetzo kommt für unsereinen doch die allerschönste Zeit“; alles Lieder, zu denen man gut im Takt ausschreiten konnte.

(Auf dem Rückweg sangen sie es dann beide gemeinsam, nebeneinander am voll beladenen Wagen gehend, manchmal summte sogar Hubert mit.)

Die meiste Zeit sammelten sie Holz. Brennholz für den Winter und fürs Kochen in der „Kochhexe“. Sie hatten ein Holzschein und einen Pilz- und Beerenschein vom Forstamt, denn auch im Wald durfte man nicht einfach tun, was man wollte.

Der Holzschein galt nur für „totes Holz“, aber Hubert führte auch, verborgen unter Säcken oder Körben, ein Beil und eine Säge mit, und sie schlugen dünne Stämme, während Corelli, solange es ihr Spaß machte, Kienäpfel sammelte; sie wurde nie angehalten, etwas zu arbeiten, wenn sie keine Lust hatte, streifte lieber umher und spielte ihre ausgedachten Spiele.

Sie lief kreuz und quer durch diesen Wald, mußte nur in Reichweite von Huberts Pfiff bleiben.

Einmal nahm sie der Großvater auf dem Gepäckträger des Fahrrads mit, die Chaussee entlang, immer weiter, bis in einen Lindenwald. Es war wie ein Zelt aus grünem Licht, duftend, dröhnend, bienendurchsummt.

Sie sang die ganze Zeit, selig, die dürren Beine weit abgespreizt auf ihrem Sitz, die Hände auf Huberts Rücken.

Weshalb sie dorthin fuhren, war ihr später entfallen, falls sie es jemals gewußt hatte.

An den langen Nachmittagen, wenn die anderen Kinder am Fluß spielten (was sie zunächst nicht durfte, weil man fürchtete, die Krankheit ihrer Gelenke könne sich im kalten Wasser verschlimmern), ging sie für sich allein in den Wald und machte Entdeckungen zwischen Traum und Wirklichkeit. –

Der Wald der Erinnerungen ist hell. Es ist kein dunkler Gruselwald wie in dem Märchenbuch bei Hänsel und Gretel. Auch wo das trauertiefe Grün der Tannen vorherrscht, gibt es Moos, auf dem die Sonne herumflitzt, oder große Flecke mit Farn, der freundliche Fächer öffnet.

Die Hauptwege sind – zumindest in Corellis Erinnerung – weit und glatt, verschwiegene Nebenpfade mit hohem Gras bewachsen, zartgliederige Glockenblumen am Rand.

Überall Lichtungen, Hänge voller Blaubeeren, am Pfad rundum Gestrüpp von stachligen Himbeersträuchern, goldfarbene Pfifferlinge brechen selbst aus dem Erdreich der Kieswege hervor ...

Vieles bleibt unverständlich.

Immer sind sie – Hubert, Hermine, Corelli – allein bei diesen Gängen.

Es gab doch genügend Leute, die, wie sie, alles verloren hatten. Hätten die nicht auch Holz sammeln, Beeren lesen, Pilze suchen müssen, um sich zu versorgen? Hätten sie nicht eigentlich alle gemeinsam den Wald leer fegen müssen, jede noch so kleine Marone unterm Moos ausgraben, jeden Hang mit Himbeeren abgrasen wie eine Horde Stare, die in einen Kirschbaum einfällt?

Aber sie kann sich an niemanden erinnern.

Hatten die Leute Furcht, gingen sie deshalb nicht? Und wieso hatten die Großeltern keine? Hatten sie vielleicht soviel zu fürchten gehabt, daß es ihnen nun läppisch vorkam, in Nachkriegszeiten voll fremder Soldaten den Wald zu durchstreifen.

Und dann: Ist es wirklich glaubhaft, daß man das Kind, die so wohlbehütete Tochter, mutterseelenallein spazieren gehen ließ?

Aber da sind doch diese Orte. –

Der Wald ist besiedelt. Unversehens stößt man darauf, wo man nur tiefste Einsamkeit vermutet. Irgendwelche Eigenbrötler haben da und dort Land erworben

Plötzlich tut sich eine Lichtung auf, und da ist etwas.

Ein Staketenzaun. Ein Holzhaus, kaum mehr als eine Laube, ein Brunnen, eine dunkelgrün gestrichene Pumpe und ein zinnerner Waschbottich darunter. Hunde laufen hinterm Zaun, stille Hunde mit hellen Augen, die einen unentwegt mustern.

L.E

Am Rand des Zauns wachsen Walderdbeeren. Die Sonne scheint. In der Nähe ist ein See, halb zugewachsen mit Schilf und Wasserrosen. Tiere drauf. Weiße Wasservögel. Enten? Schwäne?

Niemand läßt sich sehen.

Sie geht nach Haus, den Mund süß von Erdbeeren.

Oder das andere, noch weiter fort. Wo man Maiglöckchen und Vergißmeinnicht pflücken kann, dicke Buschen, man muß sie mit zwei Händen vor sich hertragen.

Das Grün ist hier von ganz anderer Art, tiefer, auftrumpfender. Ein Bach fließt träge zwischen überhängenden Gräsern, man kann bis auf den sandigen Grund sehen, auf der Oberfläche laufen Spinnentiere, ohne unterzugehen; wie machen sie das?

Über den Bach führt ein Steg.

Dahinter ist der Zaun, von oben bis unten bewachsen mit Knöterich, eine verfilzte Masse. Durchgucken unmöglich.

Die Gartenpforte: Bohlen, dicht und dicht. Und an dieser Pforte, als wär's ein Vogelnest, ein blau angestrichener Briefkasten.

Ein Briefkasten mitten im Wald! Welcher Postbote sollte den wohl bedienen?

Auch hier kein Mensch zu sehen. Nur hinter dem Zaun kräht ein Hahn.

Wo sind die Bewohner dieser Orte? Was tun sie da mitten im Wald?

Das Kind fragt nie nach. Es geht auch nie wieder hin.

Es läßt sich lieber Geschichten erzählen, von Hubert, wenn er sie irgendwohin mitnimmt, Hand in Hand.

(Nachher muß sie warten und langweilt sich: Geschäfte!)

Gustav Nagel zum Beispiel. Vielmehr gustaf nagel.

gustaf nagel schreibt alles klein. gustaf nagel kommt sommers wie winters in Sandalen und einem langen weißen Gewand daher. Er schneidet sich weder Haare noch Bart.

gustaf nagel taucht seine neugeborenen Kinder (also hat er auch eine Frau?) gleich nach der Geburt ins eiskalte Wasser eines Sees vor seiner Hütte. Wenn sie nicht überleben, hat die Natur das so gewollt.

gustaf nagel sollte auch schon einmal abgeholt werden. (Abgeholt? Von wem? Und wohin? Der Großvater geht damit so selbstverständlich um, daß sie nicht fragt.)

Und gustaf nagel stand vor dem Auto, das ihn mitnehmen sollte, und sagte: „Dieses Gefährt wird sich nicht vom Fleck bewegen."

Und siehe da, der Motor sprang nicht an. Nichts zu machen. Erst, als man gustaf nagel wieder in seine hölzerne Hütte zurückgeschickt hatte und darauf verzichtete, ihn „abzuholen", fuhr der Wagen wieder.

Solche geheimnisvolle Macht besaß gustaf nagel.

Vielleicht waren alle die Wohnsitze im Wald Orte, wo gustaf nagel hauste? Vielleicht gab es sie nur im Traum?

Viel später versuche ich sie wiederzufinden, die Waldquartiere. Ich fahre in die kleine Stadt und entdecke, daß die Örtlichkeiten dort, die Plätze und Gassen, der Markt und die engen Straßen, sich in meinem Kopf festgesetzt haben und herhalten mußten als Schauplätze für Geschichten, die ich las. Ich siedelte sie dort an.

Ich überquere den Fluß. Die Brücke ist unverändert.

Das Hexenhaus der Frau Kuen ist fort, planiert, aufgeschüttet, der Platz neu bebaut. (Das bin ich inzwischen gewohnt; es erschüttert mich mehr, wenn etwas unverändert weiter existiert.) Cäcilies einstige Behausung: abblätternder Putz, dreckige Gardinen hinter blinden Scheiben. Verkommen.

Und dann der Wald.

Abgeholzt, weite Flächen bewachsen mit Brennesseln und rotblühenden Weidenröschen zwischen unvollständig gerodeten Baumstümpfen, die ihre gekappten Wurzeln wie hilfeflehend in die Luft recken.

An anderen Stellen undurchdringliches Dickicht. Unterholz bis zu den Knien.

Der Wald sieht krank aus, allein gelassen.

Und niemand außer mir ist hier unterwegs.

Ich gehe den Sandweg entlang. War hier nicht der alte Pulverturm, wo sich die Wege kreuzten, der Turm, an dem wir uns orientieren konnten – rechts vom Pulverturm, links vom Pulverturm, geradeaus weiter? Aber da ist nichts. Kein Pulverturm. Keine Ruine, nicht einmal ein Fundament. Buschwerk. Die Sonne sticht. Eine Waldtaube beginnt mit ihrem erstickten kehligen Gurren, das sich anhört, als würde jemand gewürgt.

Jetzt, jetzt fürchte ich mich, als hätten alle Ängste, die ich einst nicht hatte, hier auf mich gelauert, um mich jetzt zu überfallen.

Fast laufe ich, atme erst auf, als ich die Landstraße wieder erreicht habe.

Als ich das alte unvertraut Vertraute hinter mir gelassen habe und wieder am Flüßchen bin, bleibe ich auf der Brücke stehen.

Die flache Stelle, wo man einst die Pferde in die Schwemme geführt hat und wo die Kinder badeten, die gibt es immer noch. Wenn ich jener Seite den Rücken zuwende, habe ich den Blick frei auf die Trümmer der Flußbadeanstalt – kein Mensch kann mir sagen, warum sie nicht mehr genutzt wird; an heißen Sommertagen drang damals das Jauchzen und Kreischen der Badenden bis hinüber zur Straße.

Dort habe ich Dich das erste Mal ganz und gar gespürt. –

I – 21

In ihren Spielen ging sie täglich damit um. Ohne Gewalt und Mord ging gar nichts. Und wie oft Corelli mit geblähten Nasenlöchern, der Kopf in den Nacken geworfen, einen Besenstiel als Speer führend, stolz verkündete: „Ich werde dich jetzt töten!“, das war gar nicht zu zählen. Aber das war natürlich die noble Gewalt einer germanischen Kriegerin oder einer edlen Römerin, die ihren Geliebten gegen finstere Gegner verteidigte, und der Mord war nie Mord, sondern immer nur Sieg.

Spiele eben.

Nachdem Hubert und Franziska, aus dem Ort nach Haus kommend, sie dabei erwischt hatten, wie sie ungehorsamer Weise, den Rock bis zu den Knien gerafft, in der Furt watete und planschte, hatten sie offensichtlich ihre Bedenken beiseite getan und eingesehen, daß man ein Kind nicht vom Baden abhalten konnte, wenn der Sommer so heiß war und alle anderen es durften.

Aber nun sollte sie schwimmen lernen – in der Flußbadeanstalt.

Ein Holzbrett und eine Angel.

Es gab das Becken für Schwimmer und das für Nichtschwimmer. Und es gab den Fluß.

Am Unterlauf, keine hundert Meter weiter, war er noch ein Flüßchen. Aber hier wurde er gestaut. Hier bäumte er sich auf, stürzte auf ein Wehr zu, glattes dunkeldunkles Wasser, ein Sog, unentrinnbar. Zumindest kam es Corelli so vor. Denn es gab ja eine Art Gitter bis fast hinunter auf den Flußgrund vor diesem Wehr, auf das die furchtlosen Schwimmer lachend zusteuerten, ihre nackten Arme glänzten vor Wagemut. Vom Gitter stießen sie sich ab und bewegten sich zurück, schräg gegen die Strömung ans Ufer.

Das Schwimmen im Fluß erschien Corelli als der Gipfel der Kühnheit, sie wagte kaum zuzuschauen.

Sie hat nie erfahren, warum ausgerechnet Cäcilie sie zu diesem Schwimmlehrgang begleitete. Die hatte sonst kaum Beziehung zu „Friedchen". Aber es war möglich, daß sie als Alteingesessene Vergünstigungen bekam; vielleicht war der Bademeister ein Verwandter von einer ihrer Schülerinnen in der Haushaltsschule, und es kostete nichts.

Cäcilie hatte an diesem Tag einen gelben Strohhut mit braunem Samtband aufgesetzt.

(Sie selbst konnte nicht schwimmen.)

Der Bademeister trug eine Hose, die am Körper klebte und sein unförmiges Geschlechtsteil umschloß wie ein zu enger Handschuh; über der Hose wölbte sich sein Bauch. Der nackte Oberkörper war grau behaart. Corelli fand ihn verstörend; sie wagte nicht, ihm ins Gesicht zu sehen, so sehr stieß der Mann sie ab.

Man legte ihr eine Art Geschirr an, am Rücken wurde ein Angelhaken mit einer Schnur befestigt. Der Mann zeigte ihr die Bewegungen: Mit den Beinen wie ein Frosch, mit den Armen wie ein paddelnder Hund.

„Gleich ins Tiefe, nur nicht zimperlich! Ein deutsches Mädchen kennt keine Furcht."

Zaghaft stieg sie die Leiter hinunter. Die Betonwände des Bades reckten sich vor ihr auf wie die Mauern eines Kerkers, hier würde sie nie und nimmer aus eigener Kraft entkommen.

Das Holzbrett fiel platschend neben ihr ins Wasser, weit genug entfernt, daß sie es nur erreichen konnte, wenn sie die Leiter los ließ.

„Ran ans Brett! Das Holz trägt dich!“

Er zupfte und zerrte an der Leine, diesem Zügel, dieser Angel.

Sie weinte schon, als sie sich endlich nach vorn warf, um das Brett zu erreichen, ihr Kopf war kurz unter Wasser, man tat ihrer Nase Gewalt an, in ihren Ohren brausten Orkane. Sie versuchte ein paar der Bewegungen mit den Beinen, die man ihr gezeigt hatte, aber in ihrer Angst trat sie nur um sich.

Endlich faßte sie das Brett, klammerte sich daran. Es schien sie wirklich zu tragen.

Der Mann oben am Beckenrand brüllte etwas wie „Ruhig atmen!“. Sie hechelte gehetzt, schluckte Wasser, spuckte. Irgendwie kam sie ein paar Meter voran.

„Na siehste, geht doch!“ brüllte der Mann.

Und dann löste er mit einer einzigen Bewegung die Angel von Corellis Gurt.

Sie sank sofort, außerstande, sich weiter zu bewegen. Angeklammert an das Brett, immer wieder bis zu den Ohren im Wasser, schnappte sie verzweifelt nach Luft. Da waren die Betonwände, und darüber schwebte Cäcilies Kopf mit dem gelben Strohhut, die Augen angstgeweitet.

„Tante Cäcilie, hilf mir! Ich ertrinke!" schrie sie, gurgelte sie.

Ja, er war da. Er war ganz nahe, auch wenn sie sein Gesicht nicht sehen konnte. Er war das buntgekleidete Kind auf dem Kleiderberg an jenem frostigen Morgen und er war, auch, das wußte sie jetzt, die Flammen, die sie umlodert hatten, als das Haus brannte, nur war er bisher schonend mit ihr umgegangen.

Vor allem aber war er der Fluß, Wasser zu Wasser, der Fluß, der nun eins wurde mit dem Becken und seinen steilen, unentrinnbaren Wänden, dunkeldunkle Fluten, ein Schwall, ein Sog, der sie mitnahm.

Sie hatte das Holzbrett losgelassen, auf einmal war Freude in ihr.

„Gib deine Hand, du schön und zart Gebild', bin Freund und komme nicht zu strafen", hatte Hermine gesungen. Sie ruhte in seinen Armen, geborgen.

Als sie das Wasser aus ihr herausgeschüttelt hatten, lag sie keuchend auf dem Rasen der Liegewiese, umringt von Leuten. Einige lachten und schüttelten den Kopf, andere schimpften auf den Bademeister, der sie zu früh von der Angel gelassen hatte.

Der, dieser Mann, stand triefend vor Nässe abseits und verhandelte mürrisch mit Cäcilie.

„Das wird ohnehin nichts", hörte sie ihn sagen. „Das Kind ist ein solcher Angsthase."

Sie war froh, daß sie sich abtrocknen und ihre Kleider anziehen durfte. Sie zitterte, ihre Ohren rauschten, und in Hals und Rachen hatte sie ein Gefühl, als müsse sie ständig husten.

Der Tag war schön und sonnig, und sie lief mit Cäcilie zwischen all den vergnügt Badenden hindurch und fühlte sich schwebend.

Auf dem Rückweg gingen sie schweigend nebeneinander her.

Schließlich fragte sie: „Bist du mir böse, Tante Cäcilie?"

Die schüttelte den Kopf; ihr gelber Strohhut beschattete ihr Gesicht, Corelli konnte ihre Augen nicht sehen. „Erzähl ihnen nicht, was war. Wir sagen, der Bademeister hatte zuviel zu tun. Er hat sich im Termin verguckt."

Corelli nickte. Sie hatte ohnehin nicht vorgehabt, dieses Erlebnis preiszugeben.

Cäcilie zog sie an sich und umarmte sie. Es war das erste Mal. Sie roch schwach nach der gleichen Medizin, nach der Hubert einst gerochen hatte, als er im später verbrannten Haus lag und die Tapete von den Wänden kratzte vor Schmerz.

Es erschreckte sie.

Sie versuchte nie wieder, schwimmen zu lernen. –

I – 22

Das Ende des Sommers brachte vielerlei. Er brachte das Ende der endlosen Ferien; fast ein Dreivierteljahr hatte es keinen Unterricht gegeben.

Corelli ging nun wieder zur Schule.

Sie hatte es nicht anders erwartet, als daß die Schule auch hier schrecklich sein würde. Sie war es in noch weit höherem Maße als die aus der verlorenen Zeit.

Die Räume waren eng und dunkel. Es wurden vier Klassen zugleich in einem Zimmer unterrichtet. Zu dritt saßen sie in Zweierbänken, stießen sich mit den Ellenbogen an, schubsten sich fast von den Sitzen.

Die meisten Kinder rochen, als würden sie sich nie waschen. Sie fielen übereinander her, schlugen und neckten sich, und wenn sie jemanden gefunden hatten, der sich nicht wehrte, machten sie mit ihm, was sie wollten, kitzelten, zwickten und bespuckten ihn, sangen ihm Spottverse ins Gesicht und zogen ihm Grimassen.

Corellis Furcht, daß sie, die Fremde, auch zu diesen Opfern gehören würde, legte sich bald. Erstens bestand die halbe Klasse aus „Fremden“ – Ausgebombten oder Ostflüchtlingen – und zweitens merkte sie, daß sie unter einem besonderen Schutz stand.

Der Schutz war ihre Tante Cäcilie, die nicht nur an der Hauswirtschaftsschule unterrichtete, sondern auch in der Volksschule Handarbeiten lehrte. Corelli war so etwas wie ein Lehrerkind und infolgedessen tabu. Nachdem sie das erste Mal von der Klassenlehrerin als „Ach, die Großnichte von Fräulein L." begrüßt worden war, ließ man sie links liegen, und sie war froh, sah einfach weg, wenn andere sich rauften oder jemanden quälten.

Die ganze Schule mit ihren nach Kreide und Bohnerwachs stinkenden Fluren war ein Albtraum, und ein Albtraum war auch ihre Lehrerin, die zu ihr zwar stets freundlich und höflich war, aber ansonsten ein wahrer Teufel.

Fräulein Baum war eine drahtige, von der Sonne nußbraun verbrannte Person in bunten Kleidern, mit kurz geschnittenem Haar und einem Gesicht wie aus Holz geschnitzt.

Corelli hatte vorher nicht gewußt, daß ein Mensch so laut schreien konnte. Am liebsten hätte sie sich die Ohren zugehalten, wenn Fräulein Baum der bunt zusammengewürfelten Klasse erklärte, wie man dividierte – dabei war es doch so einfach!

Die Kinder saßen geduckt da und starrten von unten her auf die Tafel, keines muckste oder meldete sich – auch Corelli nicht, obwohl sie alles wußte, aber da hätte sie sich ja nur unbeliebt gemacht bei den anderen. Manchmal tobte Fräulein Baum so laut, daß sich die Klassentür auftat und eine andere Lehrerin den Kopf hereinsteckte, um zu fragen, was denn geschehen sei.

Dann – und das war das Schrecklichste von allen – fiel die Maske des Bösen von ihr ab. Die eben noch rasende Furie war wie ausgewechselt, lächelte die Kollegin an und sagte halblaut: „Also manchmal sind die

Kleinen wirklich wie vernagelt. Die begreifen was nur, wenn man mal laut wird."

Hatte sie ihre Wut also gespielt, oder spielte sie jetzt die Freundliche? Corelli haßte sie so oder so.

Es gab Kinder in dieser Klasse, die niemals ihre Hausaufgaben gemacht hatten. Sie taten es einfach nicht, obwohl Fräulein Baum jeden Morgen neu durch die Gänge zwischen den Pulten raste wie eine Naturkatastrophe, sie erduldeten stoisch die Kopfnüsse oder die Stockschläge auf die Schultern und den Rücken und ließen das Geschrei über sich ergehen.

Corelli kam es so vor, als seien sie, Lehrerin und Schüler, miteinander verbunden und verknüpft wie eine Rolle Garn, die keiner entwirren konnte.

„Warum ist Fräulein Baum so böse?" fragte sie einmal Cäcilie und entgegnete verwundert: „Fräulein Baum? Das ist doch eine ganz nette Person! Vielleicht manchmal ein bißchen streng, aber das ist sicher nötig."

Wenn Cäcilie in der Klasse Handarbeitsunterricht gab, bekam Corelli eine andere Aufgabe, weil man der Meinung war, „Verwandtschaft" würde den Unterricht beeinträchtigen.

Ihr war es nur recht; ihre Fähigkeiten, einen Hohlsaum zu machen oder einen Topflappen zu stricken, lagen bei Null.

Sie wurde während dieser Zeit beauftragt, Lesebücher „herzurichten": Da es keine neuen Materialien gab, mußten die Schüler aus den Büchern der alten Zeit lesen lernen. Corelli, bewaffnet mit Tinte, Feder und Lineal, mußte in den Übungstexten jene Worte durchstreichen, die nun verpönt waren: „Führer" natürlich oder „Volksgemeinschaft“, „Pimpf“ und „BDM“. Sie tat es mit großer Gewissenhaftigkeit. Daß die Texte nun keinen Sinn mehr ergaben, war ihr egal.

Die ganze Schule ergab schließlich keinen Sinn.

Eins der Mädchen, auf das es die Lehrerin besonders abgesehen hatte, wohnte in Corellis Nähe, in einem sogenannten Behelfsheim hinten am Flußufer. Die Behelfsheime waren Baracken, die errichtet worden waren, um all diejenigen aufzunehmen, von denen die „anständigen Bürger“ Abstand hielten und die man, falls man sie zunächst in die Wohnungen mit aufgenommen hatte, durch Beschwerden wieder losgeworden war. Es waren Leute mit vielen Kindern, die tranken, krakeelten, sich „unmöglich aufführten“. Unter der Hand hieß es, einige würden aus Lagern stammen. Was man darunter verstand, wußte Corelli nicht; keiner mochte darüber reden. Als sie Hermine danach fragte, wurde die fast zornig und verbot ihr den Mund.

Das Mädchen aus den Behelfsheimen erinnerte Corelli sehr an das „Straßenkind“ im Garten. Es war dunkelhaarig, sein kleines, wohlgeformtes Gesicht wirkte fast erschrekkend erwachsen und die Augen waren von tödlichem Ernst.

Das Mädchen hatte auch nie nur einen Ansatz von Hausaufgaben gemacht. Es sagte nie etwas zu seiner Entschuldigung, nahm die Schläge entgegen, ohne zu jammern, meldete sich nie. Wenn es gefragt wurde, stand es auf, brachte aber kein Wort heraus und durfte sich nach einer Ohrfeige wieder setzen.

Es saß direkt auf dem Platz hinter Corelli; manchmal hörte sie das Mädchen schniefen, als würde es Tränen unterdrücken, aber wenn sie sich halb zu ihm umdrehte, schaute es mit trockenen, finsteren Blicken geradeaus.

Einmal, kurz vor Unterrichtsbeginn, als sie schon auf ihren Plätzen saßen und die Schiefertafeln mit den Hausaufgaben vor sich auf dem rauen Holz der Pulte liegen hatten, drehte Corelli sich scheu um und sah über die Schulter die leere Tafel des Mädchens.

Sie nahm ihren ganzen Mut zusammen und fragte: „Soll ich dir helfen? Es ist nicht viel, wir können es noch schaffen."

Das Kind preßte die Lippen zusammen und schüttelte heftig den Kopf, und in ihren Augen las Corelli Stolz, Trotz und so etwas wie Triumph.

Übrigens wagte sich keiner aus der Klasse, diesem Mädchen zu nahe zu kommen, denn es verteidigte sich derart vehement mit Zähnen und Nägeln, das selbst größere Jungen Respekt vor ihm hatten.

An einem Nachmittag machte Corelli sich heimlich auf und schlich sich in die Nähe der Behelfsheime. (Niemand der „anständigen Leute" ging dort hin.) Es war ein trüber Tag, still und schwül.

Ein ungepflasterter Weg führte von der normalen Fahrstraße ab in Richtung der Baracken. Er war schlammig, große Pfützen breiteten sich aus, obwohl es in letzter Zeit wenig geregnet hatte. Die Abdrücke vieler Fußspuren hatten ein Muster gebildet: Füße in Schuhen, nackte Füße, Hundepfoten.

Je näher Corelli der Siedlung kam, desto langsamer wurde sie. Ihr Mund war trocken vor Aufregung.

Auf einer Leine hingen ein paar schäbige Kleidungsstücke bleischwer in der stillen Luft; Corelli erkannte darunter das gestreifte Kleid, mit dem das Mädchen stets zur Schule kam.

Eine Meute Hunde kam keifend auf sie zugeschossen; die Tiere waren so dürr, daß man ihre Rippen zählen konnte.

Sie blieb stehen.

Eigentlich hatte sie keine Angst vor Hunden, aber diese hier umkreisten sie auf eine Weise, wie vielleicht auch ein Wolfsrudel sie umzingelt hätte, knurrend, hechelnd.

Die Tür einer der Baracken ging auf, und auf der Schwelle erschien ein Mann, Hosenträger überm Unterhemd. Er rauchte, betrachtete sie und die Tiere, steckte dann zwei Finger in den Mund und pfiff die Meute zurück, verschwand wieder nach drinnen, ohne sich weiter um sie zu kümmern.

Corelli hatte ihn nach ihrer Klassenkameradin fragen wollen, aber sie hatte den Mund nicht aufgebracht, nicht einmal zu einem Gruß. Vorsichtig ging sie weiter, machte einen Bogen um die Pfützen. Der Untergrund war glitschig.

Hinter einem Brombeergestrüpp hörte sie ein rhythmisches Knarren. Sie näherte sich und entdeckte eine Wippe; eigentlich nichts weiter als ein Brett, das über einem leeren Faß lag.

Am einen Ende der Wippe hockte ein buckliger Junge in einem Overall. Er hielt sich mit Händen und Füßen fest und bewegte sich vor und zurück, um das Gerät in Schwung zu bringen. Sein Kopf war fast kahlgeschoren. Auf der anderen Seite saßen auf einer Art Sackleinwand als Sitz zwei kleinere Kinder. Sie waren splitterfasernackt und sehr schmutzig. Neben ihnen stand das Mädchen, das mit Corelli zur Schule ging. Sie hielt die Kinder fest und gab acht, daß die Wippe sich gleichmäßig auf und ab bewegte. Ihr Gesicht war ernst, fast drohend, eine Falte zwischen den Brauen, so sehr war sie bei der Sache. Niemand lachte oder kreischte. Das Spiel lief völlig lautlos ab, vom Knarren des Geräts einmal abgesehen.

Bekleidet war das Mädchen, wie Corelli nun sah, nur mit einem zerrissenen Schlüpfer. Ihr Oberkörper war dünn und bräunlich, und ihre Brustwarzen so dunkel wie Brombeeren. Wahrscheinlich hatte sie, wenn ihr Kleid auf der Leine hing, nichts weiter anzuziehen.

Voller Scham ging Corelli Fuß für Fuß rückwärts, hoffend, daß sie nicht entdeckt würde, bis sie sich schließlich umdrehte und durch die Pfützen davonstürzte. Es war ihr, als hätte sie etwas Verbotenes, Intimes mit angesehen, etwas, das sie nichts anging.

Anderntags in der Schule starrte das Mädchen sie an, hatte ein erwachsenes, wissendes Lächeln im Gesicht. Hatte es sie doch gesehen? Corelli wagte nicht, ihr Lächeln zu erwidern, wich dem Blick der dunklen Augen aus.

Irgendwann kam das Kind nicht mehr zur Schule. Es hieß, die Barackensiedlung sei aufgelöst und die Bewohner in andere Gegenden „verlegt“ worden. Die Leute meinten, das sei gut. Denn die aus den Behelfsheimen hätten alle wie die Raben geklaut. Jeder wußte irgendeinen Gegenstand anzuführen, der ihm fehlte und der bestimmt auf das Konto derer ging.

Auch bei Corellis Familie fehlte etwas: Die Wäscheleine, die hinterm Haus aufgespannt war, und der Leinenbeutel mit den Holzklammern. Sie verschwanden über Nacht.

Cäcilie hatte einmal wieder Grund, sich zu erregen. Warum nimmt man so etwas abends nicht herein! Ein Glück, daß zumindest keine Wäsche mehr draußen gehangen hatte!

Gerade das bedauerte Corelli. Sie hätte dem Mädchen und den beiden Kleinen gern ein paar Kleidungsstücke gegönnt und stellte sich das nun verschwundene Kind vor in einem ihrer eigenen Faltenröcke, einer ihrer Blusen mit dem weißen Kragen. –

I – 23

Die Brutalitäten im Unterricht verstörten Corelli nach wie vor, vielleicht, weil sie von soviel innerer Wut, von solcher Raserei getragen wurden. Frau Kuens gezielte Züchtigungen ihrer Söhne hingegen (solange sie nicht auch in blindem Zorn auf alle einschlug) erfüllten sie weiter mit prickelnder Aufregung.

Seit sie nicht mehr im Hexenhaus wohnten, sondern wieder zurück waren in Cäcilies Heim, kam sie nicht mehr so häufig zum Spielen zu den Jungen. Deren dumpfe Begriffsstutzigkeit beim Spielen, der schwerfällige Geist, mit dem sie ihre „Vorlagen“ sklavisch umsetzten und ihre Worte einfach nachbeteten, statt sich selbst etwas auszudenken, machte sie ungeduldig und wütend. Vor allem der kleine Volkhard, der so gar nichts begriff, reizte und ärgerte sie. Erasmus hingegen wurde in ihrer Phantasie immer mehr zum Königssohn im Unglück, zum edlen Räuber, zum Befreier der Unterdrückten – alles Rollen, die sie sich eigentlich selbst vorbehalten wollte. Aber angesichts seines schmalen Gesichts mit den hell bewimperten Augen teilte sie ihm, ohne es eigentlich zu wollen, die noblen Partien zu.

Im Hexenhaus konnte sie nach wie vor aus und eingehen. Frau Kuen wußte, daß sie nicht naschte – die schlimmste Sünde in einer Zeit, in der Lebensmittel knapp waren –, und kümmerte sich nicht weiter um sie.

Manchmal ging sie ins Zimmer der Tochter Ilse, wo sie während ihrer Zwangsaussiedlung geschlafen hatte, um zu malen. Es war ihr erlaubt worden, als man sah, was für „schöne Sachen“ da entstanden. Sie genoß es, die glatten seidig glänzenden Zeichenpapiere zu benutzen, die Kohlestifte oder die zart nach Terpentin duftenden Farben. Meist zeichnete sie schnell und ohne sich viel Mühe zu geben, irgendeine Blume, die sie dann austuschte und der Frau gab, sozusagen als Alibi. Das andere, was sie malte oder zeichnete, waren Szenen, ausgedachte oder aus den Balladen, wilde Kämpfe um brennende Schiffe, heroisch aufgereckte Frauengestalten auf Mauerzinnen, sich aufbäumende Pferde, die Reiterinnen mit wehendem Langhaar und geschwungenem Speer.

Diese Bilder schob sie ganz zuunterst der Zeichenblöcke von Ilse, die sollte keiner sehen, die gingen keinen etwas an.

Einmal war sie auf den Heuboden gestiegen, einer Katze hinterher, von der sie vermutete, daß sie Junge hätte, aber da waren keine Jungen und die Katze verschwand mit einem Sprung, als könne sie fliegen, im Gebälk. Sie saß an der Luke und schaute auf den Hof hinunter; die Brüder hatten im Haus zu tun und eigentlich hatte sie auch keine Lust auf Spiele mit ihnen.

Dann klirrte und schepperte drinnen etwas, und Volkhard stürzte mit einem schrillen Schrei: „Das war Edgar! Edgar hat den Krug runtergeworfen!“ auf den Hof, die Kuen hinterher.

„Auch noch lügen, mein Bürschchen! Dir werd ich die Flötentöne beibringen!“

Corelli fühlte, wie ihr die Lust zwischen die Beine schoß, schon, als die Frau ihrem Jüngsten die runden Hinterbacken entblößte. Beim Klatschen der ersten Schläge und dem Gewimmer des Jungen konnte sie sich nicht mehr zurückhalten. Sie warf sich nach hinten ins Heu, schob ihr Kleid bis über die Hüften, zog den Schlüpfer aus, schloß die Augen und fing an, sich zu reiben und zu streicheln. Das Gefühl stieg an wie siedendes Wasser, es überflutete in Wellen ihren ganzen Körper

Das Geräusch der Schläge hörte auf. Sie wand sich; da unten jaulte Volkhard, sie stellte sich vor, wie er wahrscheinlich von einem Bein auf das andere hüpfte und sich den feuerroten Hintern rieb.

Es war der Moment, wo sie nicht aufhören konnte, der besinnungslose Moment, wo man erwischt werden konnte ...

Wie durch einen Nebel bemerkte sie, daß irgend jemand die Stiege hoch und auf den Heuboden kam. Etwas zog ihr die Hände weg und zwängte sich stattdessen zwischen ihre Beine. Sie rieb sich nun daran, das Etwas war schmal und steinhart wie eine Mohrrübe. Besser und schlechter zugleich, es konzentrierte alles auf einen Punkt.

Sie explodierte mit einem Schrei, den sie nicht zurückhalten konnte, schlug um sich. Eine Hand preßte sich auf ihren Mund.

Als der rote Schleier von ihren Augen wich, war da Erasmus. Er hielt sein Ding in der Hand, das aussah wie eine gehäutete Wurst, und rieb es, als wolle er Butter stampfen.

Er grinste sie an. „Dabei hat wirklich Edgar den Krug runtergeworfen“, sagte er. Dann stöhnte er, und sein Ding spuckte so etwas wie Lebertran ins Heu. Corelli sah es mit Neugier, ein bißchen angewidert. In ihrem Kopf pulsierte Schmerz, als seien ihre Adern zu eng.

„Laß mich sehen."

„Was sehen?"

„Deine Fotze."

Corelli kannte das Wort nicht, aber Erasmus streckte seine Hand aus und sie spreizte widerwillig die Beine. Er fuhr mit dem Finger durch die Feuchtigkeit, aber als er nach innen wollte, stieß sie ihn weg und stand auf. Sie schüttelte sich das Heu vom Kleid und griff sich ihre Hose.

„So machen das die Tiere", sagte er und grinste wieder.

Corelli sah ihn verächtlich an, sie glaubte ihm kein Wort. Sie hatte Hunde gesehen, die auf der Straße aneinander hingen wie festgeleimt, und Sperlinge, die sich besprangen und sich nie länger als ein paar Sekunden plusternd miteinander aufhielten, und auch Hähne brauchten für ihre Hennen kaum länger. Dabei hatte es niemals solchen weißen Schleim gegeben.

Wie hatte sie diesem dummen Jungen nur die Rollen der Prinzen und Helden geben können!

„Mir gefällt es besser, wenn ich dabei allein bin", sagte sie und kletterte die Leiter vom Heuboden herunter.

Unten auf dem Hof stand immer noch Volkhard. Er jammerte leise und hielt sich mit beiden Händen den nackten Hintern.

„Zieh deine Hose hoch und halt den Mund", sagte sie streng. Dann ging sie.

Es war das letzte Mal, daß sie beim Hexenhaus gewesen war. Sie spielte nun nicht mehr mit den Brüdern.

Dafür riefen ihr Jungen in Erasmus' Alter auf der Straße Dinge zu, die sie nicht verstand, und machten komische Gebärden.

Ein Grund mehr für sie, allein zu spielen und nur noch mit den Eltern in den Wald zu gehen.

Frau Kuen entdeckte irgendwann ihre Malereien und brachte sie unter viel Getue hinüber zu ihrer Familie. „Sehen Sie nur, wie wunderbar das Mädchen malen kann! Und sie hat es keinem gezeigt, so bescheiden, wie sie ist!"

An dem Tag war zufällig Hermine da. Sie nahm den Stapel Papier entgegen und bedankte sich höflich. Danach blätterte sie die Bilder durch, kurz, und wie es schien, oberflächlich.

Dann sah sie Corelli an und fragte: „Du wolltest nicht, daß es jemand sieht?"

Das Mädchen nickte.

„Aber du wolltest es auch nicht vernichten?"

Sie schüttelte den Kopf.

Die Mutter seufzte. „Ja, das ist es wohl. Du hast es geschaffen, aber nur für dich." Sie sang leise an, mit halblauter Stimme: „Sag es keinem, nur dem Weisen, weil die Menge gleich verhöhnet ..." Dann stapelte sie die Bilder sorgfältig, klopfte mit der flachen Hand die Ränder auf eine Linie.

„Wir bringen es morgen auf den Dachboden."

„Da war ich nicht mehr, seit ..."

„Aber ich", entgegnete Hermine ruhig. „Hab keine Angst. Wenn ich Zeit hab, gehen wir gemeinsam."

Aber Zeit hatte sie zunächst nicht und legte die Blätter unter ihre Noten. Als Übergangslösung. –

In der zerschlissenen und von den Amis mißhandelten Bibliothek Cäcilies hatte sie, als noch alles wie

Kraut und Rüben herumlag, einen dicken Band entdeckt, gelb eingebunden wie die Romanhefte auf dem Dachboden. Er hieß „Des Mägdleins Dichterwald“ und enthielt nichts als Gedichte und nochmals Gedichte.

Cäcilie erwischte sie mit dem Buch. Sie erschrak – sicher war das wieder „nichts für das Kind“. Aber zu ihrer Überraschung gab die Tante das Buch achselzuckend frei.

Von nun an war kaum an etwas anderes zu denken. Sie las und las.

In den Romanheften war nicht alles edel gewesen. Es gab auch Böses und Häßliches. Hier war alles schön, auch das Häßliche. Es wurde in Reimen gesagt und in erhabenen Worten.

Die langen und weiten Gänge in den Wald ersetzten ihr die Unterhaltungen vom Hexenhaus, und wenn sie alleingelassen wurde, sang und spielte sie Melodramen, ausgedachte oder welche aus dem Buch, glücklich, daß ihr niemand zusah oder zuhörte.

Eines Tages – es regnete, darum war sie drinnen geblieben – spielte sie auf Diele und Treppe eine der Balladen nach, es war wohl „Die Füße im Feuer“ von C. F. Meyer. Die Tür zur Küche stand offen, Franziska quälte sich mit einem der aufwendigen Armeleutegerichte ab, zu dem man Kartoffeln reiben mußte, das Ratschen der Reibe war gleichsam der Rhythmus, der sich ihrem Sprechen unterlegte.

Sie vergaß sich und wurde laut, ohne darauf zu achten, daß es aus der Küche kein Rhythmusgeräusch mehr gab.

Schließlich, als sie mit ausgebreiteten Armen die Schlußpointe rezitierte, kam Franziska aus der Tür, trocknete sich die Hände an einem Tuch und sagte: „Das hast du aber schön vorgelesen, Friedesinchen!"

Sie stockte, sah sich um. „Wo ist denn das Buch?"

„Ich habe es gespielt!", erwiderte sie, halb verlegen, halb zornig, daß man sie belauscht hatte.

„Gespielt, ja – aber wann hast du es auswendig gelernt? Und warum? In der Schule nehmt ihr es doch bestimmt nicht durch."

Sie begriff, daß man, daß andere so etwas lernen mußten – sie hatte es einfach gelesen und behalten. Alle Gedichte des Buchs, die sie liebte, hatte sie auch behalten.

Das also schien ungewöhnlich zu sein.

Von nun an achtete sie noch sorgfältiger darauf, daß niemand ihr Geheimes belauschte. –

I – 24

Und dann waren auch die Engländer fort. Keine schottische Dudelsackkapelle mehr zweimal am Tag, kein Wachposten mit ehernem Gesicht, Gewehr über, Stechschritt. (Inzwischen hatte es für niemandem mehr einen Reiz, sich das anzuschauen.)

Stattdessen zog die dritte Siegermacht ein, offenbar nun die endgültigen Gewinner dieses Stückchens Erde zwischen den Zonengrenzen. Nun kamen nach den Amis und den Tommies die Rußkis.

Die Rußkis waren zwar ebenfalls mit Panzern in die Stadt eingefahren, aber die Kommandantur jenseits des Flüßchens eroberten sie mit kleinen einspännigen Wagen, sogenannten Panjewagen, vor die sie schwere Bauernpferde gespannt hatten, die sie, wie alle fanden, mit unangemessener Geschwindigkeit durch die Straßen trieben.

Die Rußkis trugen weite Uniformblusen, die wie bei Frauen mit einem Gürtel gehalten wurden und dreckige Stiefel („Knobelbecher"), ihr Haar war so kurzgeschoren wie das von Sträflingen und sie hatten beeindruckende Waffen, die sie quer vor der Brust trugen, den Daumen lässig in den Trageriemen gehängt.

Die ersten Kinder, die es versuchten, die Rußkis anzubetteln, wurden grimmig angefahren: „Dawai, dawai!"

Die haben selbst nichts. Die lassen alles mitgehen, was nicht niet- und nagelfest ist, hieß es.

Und bloß ein Glück, daß sie erst jetzt hierher kamen. Da hätten sie sich schon anderwärts austoben dürfen.

Corelli stellte sich die Männer mit den Blusen und den Stiefeln vor, wie sie sich, die Knarre vor der Brust, in einem wilden Schuhplattler austobten – die Frage war, warum sie es hier nicht mehr taten. Sie dachte sich darunter so etwas wie Indianertänze und hätte gern zugeschaut.

Es war die Zeit, als sie die letzten Pilze aus dem Wald geholt hatten. Die wurden nun auf Schnüre gezogen und für den Winter getrocknet.

„Jetzt kommen nur noch Grünlinge, aber die brauchen Frost", sagte Hubert.

Es gab neue Lebensmittelkarten, mit neuen Rationen, die Falten auf die Stirn der Erwachsenen zauberten.

„Wir müssen vorsorgen", hieß es.

Von nun an begannen alle zu stehlen wir die Raben, und Corelli verstand nicht, warum bei den Rußkis verwerflich war, was sie doch ausnahmslos auch taten; freilich hieß es, die Rußkis wären mehr auf goldene Armbanduhren und silberne Löffel aus denn auf Kartoffeln oder Zuckerrüben.

Sie hatten die Erlaubnis, zu stoppeln, das heißt, Nachlese zu betreiben auf bereits abgeernteten Feldern. Corelli erinnerte sich, daß das schon im Sommer begonnen hatte: Sie waren auf die Kornfelder gegangen, um zwischen den aufgestellten Garben nach losen Ähren zu suchen. Die brachte man dann zu einer öffentlichen Dreschmaschine, wo sie gewogen und gegen Korn im entsprechenden Gegenwert eingetauscht wurden. Mit diesem Korn ging man als Nächstes zu einer Mühle, die nicht das Entfernteste mit einer der Windmühlen zu tun hatte, die Corelli von Bildern kannte, sondern nur ein Fabrikgebäude mit Betonfußboden war, das staubig stank und in dessen Innerem es rumpelte. Dort tauschte man aufs Neue: Korn gegen Mehl. Das konnte man später zum Bäcker tragen und bekam ein paar helle Brötchen dafür. Für Corelli war es rätselhaft, wie aus einem ganzen Sack voller Ähren zum Schluß nur ein oder zwei Doppelwecken wurden ...

Das jedoch waren noch ganz legale Aktionen gewesen. Nun ging es anders zu.

Bereits in der Morgendämmerung brachen Hubert und Hermine auf, den unvermeidlichen Kinderwagen vor sich her schiebend, in dem eine fröstelnde Corelli saß. Sie hatte keine Lust, so früh aufzustehen und noch vor der Schule irgendwo hin zu fahren, mit nichts als einem Schluck warmem Zichorienkaffee im Bauch (die Mehlsuppe verschmähte sie, ihr wurde übel davon, weil fast immer Klümpchen darin schwammen).

Aber sie wurde gebraucht. Sie hatte am Rand des Feldes zu stehen und Ausschau zu halten in der Kälte, die Hände in den Ärmeln versteckt, von einem Fuß auf den anderen tretend. Der Atem war wie Nebel vor ihr. Währenddessen machten sich Hubert und Hermine über gefüllte Säcke her, die abgeholt werden sollten, und schaufelten mit vollen Händen Kartoffeln in ihre mitgebrachten Körbe. Wenn sich irgendein Fuhrwerk oder ein Mensch auf der Straße näherte, hatte Corelli Bescheid zu sagen. Dann ließen sie von den Säcken ab und begannen, auf dem Acker herumzukriechen und taten so, als suchten sie nach Knollen, die übersehen worden waren.

Bei den Zuckerrüben ging man noch dreister vor. Sie paßten einen Pferdewagen ab, der mit voller Ladung die Chaussee entlang kam, um seine Fracht an der Raffinerie abzuladen. Wenn er langsam werden mußte, weil es eine Steigung zu überwinden galt, kletterte Corelli hinten auf den Wagen und begann, über die Schulter Rüben vom Wagen auf die Landstraße zu werfen. Hubert und Hermine sammelten sie auf.

Meist bemerkten die Kutscher nicht, was passierte. Und selbst wenn – sie waren ziemlich hilflos. Um einzugreifen, hätten sie anhalten und die Handbremse drehen müssen, und die Frage war, ob die Pferde an der Steigung wieder anziehen konnten. So begnügten sie sich meistens damit, zu fluchen oder mit der Peitsche zu drohen.

Übrigens blieben sie nicht die einzigen, die sich so bedienten, und Corelli wußte auch nicht, ob es ihre „Erfindung" gewesen war oder ob sie sich nur einer allgemeinen Bewegung angeschlossen hatten. Der nächste Rübentransport gehörte nämlich dann einer anderen Gruppe von „Sammlern". Man hatte die Straße mit der Steigung regelrecht aufgeteilt unter hungrige und wagemutige Gangs, die sich hüteten, einander in die Quere zu kommen. Meistens waren es Flüchtlinge und Ausgebombte. Die Einheimischen hielten sich von der Geschichte fern.

(Manchmal wurde die Strecke von einer Motorradstaffel der Polizei überwacht, dann konnte man keine Beute machen. Aber die hatten eben meistens etwas anderes zu tun. Es wurde furchtbar viel geraubt in diesen Zeiten.)

Aus den Rüben kochten sie dann in einer langwierigen Prozedur in der Waschküche sogenannten Zuckersirup oder Rübenkraut; bei zugehängten Fenstern, denn natürlich war es verboten. Die Saftpresse, die einige Leute im Ort hatten, wurde über lange Hand vorbestellt und ging von Haus zu Haus, ihre Besitzer mußten sich nicht ums Rübenklauen kümmern, sie erhielten ein Deputat vom Ertrag.

Den Sirup strich man aufs Brot. Er bekleckerte einem entweder das Kleid oder floß klebrig an den Fingern herunter; am besten, man versuchte, das Stück Brot mit einem Mal in den Mund zu stopfen.

Eigentlich schmeckte es scheußlich, aber Corelli gierte inzwischen nach Süßem. Sie aß zwar immer noch so wenig wie ein Spatz und bekam Brechreiz, wenn nicht zerkleinerte Stückchen im Kartoffelbrei waren, aber von zwei Dingen konnte sie nun nicht genug bekommen: von Süßigkeiten und von Fleisch.

Um einen Brocken Gulasch oder ein kleines Stück buntes Fondant recht zu genießen, hob sie sich die Köstlichkeit bis zum Schluß des Essens auf.

Dann legte sie sich mit dem Aufgesparten im Mund aufs Bett und schloß die Augen, und Hermine oder Franziska mußten ihr die Hand halten, während sich Zunge und Gaumen an dem Geschmack der raren Speise erlabten. Sie schauerte vor Wonne dabei.

So beschaffen waren ihre Vergnügungen. Dann wurde es kalt.

I – 25

Wo sollte sie ihre Spiele spielen? Wo sich Lust verschaffen? Alle waren viel mehr zu Haus als sonst. Sie war nie allein.

Und was sollte sie lesen? Cäcilies Bücher waren ihr noch immer verwehrt.

Sie dachte an die gelben Romanhefte auf dem Dachboden. Mindestens drei der Bündel hatte sie noch nicht aufgemacht. Die Tage waren voller Langeweile, und die vier Menschen um sie herum gereizt und zänkisch. Kein Tag verging, wo nicht irgendwer mit einem anderen in Streit geriet. Das hing wohl vor allem damit zusammen, daß sie hungrig waren.

Corelli, die selbst nie Hunger hatte, höchstens Gier entwickelte auf bestimmtes Essen, sah erst später auf den wenigen Fotos aus der Zeit, meist nur Paßbildern, wie hohlwangig und großäugig Hubert und Hermine waren; nur Franziskas kleines Katzengesicht schien unverändert. Von den minderwertigen und zumeist nicht frischen Lebensmitteln, die sie essen mußten, begannen an ihren Körpern große Furunkel aufzublühen, im Nacken, unter den Armen, am Hintern. Es tat höllisch weh. Sie kämpften dagegen an mit heißen zerquetschten Kohlblättern, die sie auf die gepeinigten Stellen legten, mit einer schwarzen Zugsalbe, die die eiternden Abszesse zum Aufbrechen bringen sollte, mit Brennesseltee, den sie in Mengen schluckten. Manchmal half es nicht und sie mußten zum Arzt, zum Schneiden.

Zum Abheilen wurde Samen von Bockshornklee mit heißem Wasser zu einem Brei verrührt und auf eine Mullbinde gestrichen, die man dann auflegte.

(Corelli war vor allen an den Oberschenkeln befallen; die Narben der geöffneten Krater behielt sie ihr Leben lang.)

Sie horteten ängstlich ihre Vorräte an Essen:

Cäcilie bewahrte ihre Lebensmittel weiterhin in ihrem Zimmer auf, und Corellis Familie tat es ihr nun nach, weil man ständig in Sorge war, es könnte „etwas wegkommen“.

Im Schlafzimmer von Hubert und Franziska standen die Vorräte zum Teil am Boden des Kleiderschranks, zum Teil an der Erde: Zwei Säckchen mit Weizen- und Roggenmehl (die Erträge des sommerlichen Ährenlesens), eines mit braunem Rohzucker, den Hubert irgendwo gegen ein paar Radioröhren aus den Kellerbeständen eingetauscht hatte, Weckgläser mit Obst und Marmelade (Franziskas Arbeit), ein Karton, in dem sich Tüten mit Trockengemüse befanden, das man nach stundenlangem Anstehen in einer Konservenfabrik kaufen konnte (es wurde auch nach endlosem Kochen nicht richtig weich), Gefäße mit Eipulver und die zwei Deckeleimer aus Emaille, in denen der Rübensirup aufbewahrt wurde. Kreuz und quer durch den Raum hatten sie Schnüre gespannt, auf denen Pilze zum Trocknen aufgereiht waren; ihr durchdringender Geruch ließ sich auch durch Lüften nicht vertreiben.

Im Keller gab es eine Kartoffelkiste mit einem Vorhängeschloß.

(Auch Holz und Kohlen waren hinter Gittern.)

Immer häufiger beobachtete Corelli, daß dann, wenn er sich unbeobachtet glaubte, der eine oder der andere heimlich von den Vorräten nahm. Einmal sah sie Hubert, mit einem großen Eßlöffel bewaffnet, an den Sack mit dem Rohzucker schleichen und, als würde er ein Gericht essen, Löffel für Löffel in sich hineinstopfen. Er stöhnte dabei vor Wonne.

Sie sagte niemandem etwas davon; es war ihr entsetzlich, den Großvater so zu sehen, sie schämte sich für ihn in Grund und Boden.

In diesem Winter waren alle ständig abwechselnd krank. Sie hatten Erkältungen, Huberts bellender Husten riß das Kind nachts aus dem Schlaf. Franziska mußte Herztropfen nehmen und lag viel im Bett.

So geschah es, daß gerade vor Weihnachten Hermine kochen und wirtschaften mußte. Das Essen schmeckte anders. Corelli hätte nicht sagen können, ob besser oder schlechter. Hubert aß mürrisch und ohne Kommentar; wahrscheinlich war er zu hungrig, um zu mäkeln. Franziska bekam ans Bett serviert.

Und dann sollte Hermine Honigkuchen backen.

Von Honig war natürlich keine Spur vorhanden, man nahm den Rübensirup stattdessen. Corelli wurde zum Helfen angestellt. Eifrig rührte sie Eipulver und Wasser mit Roggenmehl, gab ein merkwürdig riechendes weißes Salz („Hirschhornsalz als Treibmittel, Friedesinchen!“) dazu und eine Mischung von Gewürzen, die Cäcilie mit säuerlichem Gesicht aus ihren Vorräten herausgerückt hatte.

In der Küche fanden sich schöne alte geschnitzte Formen, in die man den Teig füllen konnte, Sterne, Rehe, Tannenbäume ...

Sie durften ausnahmsweise Cäcilies Herd benutzen.

Es wurde eine riesige Katastrophe.

Nicht nur, daß die Kuchen verbrannt waren – schwarzbraun löste man sie mit Mühe aus den Formen. Sie waren zudem steinhart. Man konnte sie nicht einmal mit dem Messer schneiden. Irgendetwas hatten sie falsch gemacht. Aber was? War es, weil sie kaum Fett an den Teig getan hatten – aber woher nehmen? Hatten sie das Eipulver nicht richtig verquirlt? War das Roggenmehl die falsche Wahl gewesen?

Hubert sagte: „Ihr habt Ziegelsteine gebacken!“ und lachte wütend.

Franziska weinte. Die guten Zutaten!

Cäcilie bedauerte, ihr Gewürz herausgerückt zu haben.

Hermine, ihre Mutter, war wie vernichtet. Sie saß in der Küche auf dem Stuhl, den Kopf in die Fäuste gestürzt, ihre dunklen Augen starrten geradeaus, sie wiegte sich hin und her und sagte keinen Ton – eine Frau am Pranger.

Corelli war genauso enttäuscht wie die anderen, daß es nun keinen Honigkuchen gab; ihre eigene Mitwirkung an dem Debakel gab ihr ein bohrendes Gefühl von Schuld und Wut. Die Demütigung Hermines lag ihr wie ein Stein auf dem Herzen; sie liebte sie sehr.

Plötzlich sprang Hermine auf. Ohne irgend jemanden anzusehen, lief sie ins Zimmer, schnappte sich die Steppdecke vom Bett, griff ihre Noten und ein Schlüsselbund vom Brett und lief die Treppe zum Dachboden hinauf.

Die anderen zuckten mit den Achseln, reagierten nicht auf diese Flucht.

Corelli stand verblüfft. Der Dachboden war doch für sie verschlossen. Hermine hatte zwar vor einiger Zeit gesagt, sie sei dort oben gewesen und versprochen, mit ihr gemeinsam hochzugehen, aber das Kind hatte nicht nachgefragt, wie sie hineingekommen sei.

Sie stand einen Augenblick unschlüssig in der Diele. Cäcilie war hinter ihrer Tür verschwunden. Die Großeltern hörte sie hinter halb geschlossener Tür heftig miteinander sprechen, Franziska schluchzte auf, Hubert hob die Stimme, ob er sie anschrie oder sich über die Tochter erregte, war nicht zu verstehen.

Ihr fiel ein, daß ihre Zeichnungen ja bei Hermines Noten waren. Irgendwie gab sie sich selbst damit die Berechtigung, der Mutter zu folgen.

Vor der Tür zögerte sie. Sie fürchtete sich, eine in Tränen aufgelöste Frau vorzufinden. Leise drückte sie die Klinke herunter, wollte eigentlich nur einen Blick hineinwerfen, fürchtete sich vor dem Geräusch der Tür. Aber die quietschte nicht mehr. Jemand mußte die Angeln geölt haben.

Was sie sah, verschlug ihr den Atem.

Die hölzernen Dachsparren der schrägen Wände waren nicht mehr zu sehen. Ringsum hingen an kreuz und quer gespannten Wäscheleinen Stoffe der verschiedensten Art, gestickte Tischtücher und bunte Plaids, eine Fahne mit Sternen und Streifen dazwischen, braune Planen und geblümte Vorhänge und bildeten gleichsam ein Zelt, einen nach oben offenen Raum.

Innerhalb dieser „Stube" waren die großen Koffer so drapiert, daß sie als Möbelstücke dienten: Sitzgelegenheiten und Tisch und Truhe. Die verschlossenen Schubfächer, die Corelli früher gesehen hatte, waren entweder aufgeschlossen worden oder aufgebrochen; Auf den ersten Blick sah Corelli: Aus ihnen quoll ein buntes Durcheinander von Tüchern, Schlipsen, Schals hervor. Pelze hingen heraus, lange seidene Handschuhe mit Knöpfen – und wer weiß was alles sich darin befand. Verwirrt sah sie zu Hermine.

Die war keineswegs am Weinen. Sie ging, ihre Steppdecke um die Schultern geschlagen, in ihrem „Zelt“ auf und ab, ihr Atem stand als weiße Wolke vor ihr.

„Du hättest dir auch eine Decke mitbringen sollen, Friedesinchen“, sagte sie mit ihrer klangvollen Stimme. „Es ist kalt hier oben.“

I – 26

Sie saß, eingehüllt in einen der Plaids, den ihre Mutter von der Leine genommen hatte, um den Hals eine Boa aus hellem räudigen Pelz, der ihre Wangen kitzelte, neben ihr auf einem der Koffer und war noch immer außer sich vor Verwunderung. Ihre Mutter hatte sich hier oben also ein Reich errichtet, und niemand hatte es bemerkt.

„Wie lange ist das hier schon so?“ fragte sie zaghaft.

Hermine lächelte. „Bald, nachdem wir aus dem ‚Hexenhaus‘ zurück waren“, erwiderte sie. „Da war der Schlüssel fort und die Familie hatte keine Lust, sich zu kümmern und nachzusehen, was die Amis da oben vielleicht angestellt hatten, sie waren mit Aufräumen beschäftigt. Ich fand den Schlüssel dann wieder, er lag auf einem Fensterbrett. Irgendwann schaute ich nach. Es war pure Neugier. Und da habe ich entdeckt, daß die da oben einfach irgendwas vergessen oder verkramt hatten. Die Plaids, die Plane, die Fahne. Und einen Packen mit Wäsche, die sie vielleicht irgendwo hatten mitgehen lassen, die waren ja auch nicht zimperlich. Da kam mir die Idee, hier ein Haus zu bauen, wo ich für mich sein konnte.“

Corelli fiel die Burg aus Möbelstücken ein, in dem Hermine im verbrannten Haus gewohnt hatte – etwas, wo sie für sich sein konnte.

„Und – diese Dinge bei den Schubladen?“

Hermine zog sich die Decke fester um die Schultern. Die Schubladen in den Koffern, die hatten sie aufgebrochen, die Amis. Aber mit dem alten Kram, der da drin war, konnten sie wohl nichts anfangen. Das haben sie alles liegen lassen."

„Ja, aber: Wo kommt das denn her?"

„Das sind Utensilien von uns. Es wurde hier oben verstaut, weil es aus der Mode gekommen war oder weil man sie hier in der Kleinstadt nicht tragen konnte. Das sind die Dinge aus den alten guten Zeiten."

Corelli sah sie fragend an, und Hermine verzog verächtlich die Lippen. „Bevor wir unser Hab und Gut für ein Stück Papier an Herrn Dr. Dehler hingaben, waren wir reiche Leute", erwiderte sie. „Wir machten große Reisen um die halbe Welt, auf weißen Dampfern, und in Samt und Seide gekleidet. Franziska und Hubert und ich, sobald ich soweit war, um als Sängerin aufzutreten. Manchmal nahmen wir auch Cäcilie mit."

„Und Mutterchen?"

„Mutterchen nicht. Die hätte sich da nur merkwürdig ausgenommen und wollte es auch gar nicht."

Corelli sah vor sich hin. Wenn ihr Franziska von früher erzählte – solche Dinge hatte sie nie erwähnt. Sie schien in einem anderen Universum zu wohnen. Aber sie war doch dabei gewesen auf den weißen Dampfern?

„Oh ja!" Hermine lachte. „Ihre pastellfarbenen Kleider und die aus Crèpe Georgette mit Blumenmuster von damals, die hingen noch ganz zuhinterst im Schrank, da, wo wir Zuhause waren. Auch wenn sie sie nicht mehr trug. Wenn sie mit ihrer Lorgnette am Elfenbeinstil die Gesellschaft musterte, hielten alle sie für eine Tochter aus gutem Haus."

„Was ist eine Tochter aus gutem Haus, Mami?"

Hermine wurde ernst. „Das, was ich einmal war", sagte sie. Ihre dunkeln Augen schweiften über die Vorhänge und Decken ihres Verstecks. „Bevor du kamst."

Das Gespräch wurde Corelli unheimlich. Sie verstand nicht recht, fühlte sich nur geängstigt. Es war nun einmal so, daß Franziska nie von weißen Dampfern erzählt hatte. Von früher, das waren immer nur arme Mädchen, die vom Land in die Stadt kamen, das waren trinkende Väter mit dem Rohrstock, böse Stiefmütter und Waschküchen, und allerhöchstens Tanzvergnügungen, bei denen man einen Mann kennenlernen konnte, den man später heiratete. Sie hatte nie begriffen, ob diese Mädchen vom Land identisch waren mit der Generation Franziskas oder mit der ihrer Mutter; alles ging träumerisch durcheinander.

„Aber – warum stehen die Koffer hier in H. bei Cäcilie?", fragte sie.

„Die Koffer haben wir hierher gebracht, damit sie ... damit sie uns aus den Augen waren. Wir hatten ja auch keinen Platz dafür. Und hier, hier störten sie keinen."

Corelli machte einen langen Hals. Gar zu gern hätte sie den Inhalt der Schubladen näher angesehen. Aber da waren ja noch die Romanhefte, die eigentlichen Gegenstände ihrer Sehnsucht.

„Wo sind die gelben Hefte, Mami?" fragte sie schüchtern.

Hermine sah sie starr an, dann lachte sie auf. „Jetzt verstehe ich!", sagte sie. „Die Zeichnungen, die du bei Frau Kuen gemacht hast. Das waren sozusagen Bilder zu den Geschichten, die du hier heimlich gelesen hast?"

Corelli nickte, obwohl es ja nicht genau stimmte; es waren Szenen, die sie selbst erfunden hatte, freilich angeregt von den Geschichten aus diesen Heften. Sie sah Hermine ängstlich an: Hatte sie etwas Verbotenes getan? War etwas „herausgekommen"?

„Wir behalten das für uns", hörte sie zu ihrer Erleichterung. „Die Hefte, und daß ich hier oben manchmal ... hause." Hermine legte den Arm um die Tochter, zog sie an sich. „Du kannst hierher gehen, wenn ich nicht da bin, und spielen und lesen. Es macht mir nichts aus. Aber ..."

Sie legte verschwörerisch den Finger auf die Lippen. Corelli nickte erneut, voller Eifer. Geheimnisse waren bei ihr sicher, sie waren Teil ihres Lebens.

Hermine murmelte, mehr für sich: „Wenn ich eine Gitarre hätte, könnte ich hier oben sogar singen. Ich denke, man hört es unten nicht."

Corelli warf einen Blick auf die Hände ihrer Mutter; früher waren deren Fingerspitzen rau und voller Hornhaut gewesen vom Gitarrespielen und die Nägel sehr kurz wegen des Klaviers. Jetzt, da sie so lange nicht gespielt hatte, blätterte die Hornhaut ab wie Putz, der sich von einer Wand löst, und die Nägel waren lang und unsauber.

Sie mochte nicht mehr hinsehen.

„Darf ich die Hefte weiterlesen?" fragte sie.

„Marthes Kitschhefte? Wenn es dir gefällt?" Hermine zuckte die Achseln.

„Was ist Kitsch? Und wer ist Marthe?"

Sie beantwortete nur den zweiten Teil der Frage mit einer Antwort, die keine war.

„Marthe? Eine schwatzhafte Person, die sich und uns beinah um Kopf und Kragen geredet hätte. Aber das mußt du nicht wissen. Wirklich nicht.“

Sie erhob sich, nahm sich die Decke von den Schultern und faltete sie zusammen. „So. Ich glaube, jetzt bin ich bereit, mich dieser Honigkuchen-Katastrophe zu stellen.“

Sie verließen den Dachboden gemeinsam; wieder gab es ein paar Rätsel mehr.

Übrigens mußten sie die Honigkuchen wirklich mit schwerem Werkzeug zerteilen; eine Art Stechbeitel wurde angesetzt und mit dem Hammer das mißratene Gebäck zertrümmert. Die Stücke warfen sie nicht weg, sondern legten sie in einen irdenen Topf, einen Steintopf, in den man sonst Gurken einlegte, wahrscheinlich erhofften sie sich, daß sie mit der Zeit mürbe würden.

Der Topf kam zu Hermine, wohl, weil in Franziskas und Huberts Zimmer kein Platz mehr war, aber auch, da sie ja die Verursacherin des Debakels war.

Irgendwann fanden sie heraus, daß sich diese Stücke, wenn man sie nur lange genug im Mund behielt, erweichten, daß man sie lutschen konnte, und sie naschten Abende lang aus dem Topf, bis nichts mehr darin war.

Die anderen fragten nicht mehr nach, vergaßen es.

I – 27

Nun konnte sie, bekleidet mit ihrem Mantel, oft auch in Handschuhen, das Gesicht bis zur Nasenspitze in dem räudigen Pelz verborgen, den ihr Hermine beim ersten Besuch umgelegt hatte, nach Herzenslust die restlichen Romane lesen und in den Merkwürdigkeiten der Schubladen herumstöbern.

Da gab es ovale Dosen aus bunt bedruckter Pappe, wenn man sie öffnete, verströmten sie einen süßlichen Duft, und manchmal enthielten sie noch einen Rest von angetrocknetem bräunlichem Puder. Da gab es Fächer aus Fischbein oder Spitze, die meisten aber halb zerbrochen, Spitzentüchlein mit Monogrammen und vor allem Handschuhe; zu den langen seidenen mit den Knöpfen noch andere aus weichem Leder, kurz, und solche, die das Handgelenk bedeckten, andere waren aus gehäkeltem Zwirn. Corelli paßten sie sehr gut, also mußten sie Großmutter Franziska gehört haben, denn Hermine hatte größere Hände. Genauso füllte ihr Fuß bestimmte Schuhe mit kleinem Absatz und Haken und Ösen zum Schnüren perfekt aus: andere, hochhackige Pumps aus Seide und dunkelrotem Leder, das sich so weich anfühlte wie eine Tierschnauze, waren größer, gehörten also wohl Hermine.

Den Schlipsen, Fliegen und Halsbinden Huberts schenkte sie keine Beachtung, aber die Tücher aus weichen und glänzenden Stoffen drapierte sie um sich, wenn sie, angetan mit Schuhen und Handschuhen, einen Fächer als Schwert in der Hand, ihre wilden und heroischen Spiele spielte und ihnen neue Nahrung aus den Geschichten der Hefte gab.

Zwischendurch wälzte sie sich in endlosen Lustkrämpfen auf einem der großen Koffer, wenn eine Szene aus den Romanen ihre Phantasie entzündet hatte; sonst mußte sie nur an den entblößten Hintern Volkhards oder die Frauen aus dem Buch denken, und es fuhr ihr wie ein Feuerstrom zwischen die Beine.

Sie berührte sich nicht mehr mit den Händen, nahm lieber zusammengeknüllte Schals oder Decken zwischen ihre nackten dürren Schenkel. Seit dem Erlebnis mit Erasmus wußte sie, daß man sich damit auf einem bestimmten Punkt konzentrieren konnte, was die Süße fast zur Besinnungslosigkeit steigerte. Auch hatte sie inzwischen gelernt, das Spiel mehrfach zu unterbrechen, um den Genuß zu verlängern und den Höhepunkt hinauszuschieben. Danach lag sie schwer atmend, mit weit aufgerissenen Augen auf dem unbequemen Kofferdeckel, aber meist waren ihre Nerven so in Aufruhr, daß es ihr gleich danach noch ein-, zweimal kam.

Auf dem Dachboden war Corelli ganz bei sich, war ohne Wünsche.

Aber es wurde immer kälter, und es kam die Zeit, wo man es da oben einfach nicht mehr aushielt.

Zudem hatte Hermine etwas entdeckt. Auf welchen Wegen auch immer, hatte sie herausgefunden, daß eine russische Dolmetscherin, Gattin eines Offiziers der Roten Armee, Gefallen fand an dem „Tand“, wie sie sagte, aus den Schubladen. Sie begann, Stück für Stück wegzunehmen, um es gegen Lebensmittel einzutauschen.

Die ersten Male ging sie allein zu der Frau, die übrigens Olga hieß, dann nahm sie Corelli mit, auf Anraten Franziskas.

„Diese Russen sind kinderlieb“, sagte sie. „Wenn du mit Friedesinchen da auftauchst, tun sie dir nichts.“

Corelli hörte es. Infolgedessen zitterte sie vor Furcht bei diesen Ausgängen, die immer nach Einbruch der Dunkelheit stattfanden. Sie dachte nichts anderes, als daß diese Russen Hermine ermorden würden. In ihren kleinen Muff steckte sie heimlich ein Küchenmesser, um sich und die Mutter zu verteidigen. Aber das Messer war zu groß, seine Klinge ragte heraus. Hermine sah es und nahm es ihr schweigend fort, steckte es in ihre eigene Handtasche.

Später sagte sie: „Es reicht, wenn du da oben die Heldin spielst. Hier unten ist es unangebracht. Außerdem tun sie einem nicht wirklich was.“

Aber dann sah Corelli, wie ein Trupp Soldaten ein junges Mädchen mit sich zerrte, das sich stumm und verbissen wehrte, und glaubte Hermine nicht mehr.

Olga war klein und rundlich und hatte, was Corelli sehr interessant fand, einen hingehauchten dunklen Schnurrbart auf der Oberlippe. Sie behängte sich vor dem Spiegel mit dem Schubladentand. Zum Glück hatte sie kleine Hände, sodaß die Handschuhe Franziskas ihr paßten.

Hermine bekam für die Sachen mal ein Stück Butter, mal eine Papiertüte mit Würfelzucker und eine zweite mit Haferflocken.

Für Corelli hatte sie bisweilen ein Stück Konfekt, eingewickelt in lappiges Papier. Das aß sie immer erst auf dem Heimweg, nie bei Olga selbst; gierig, wie sie inzwischen auf Süßes war, kam sie nicht auf die Idee, es mit Hermine zu teilen. Überhaupt war die Aussicht auf diese Süßigkeit der Grund, warum sie ihre Angst überwand und weiter bereit war, mit zu diesen „geschäftlichen Verabredungen“ zu gehen.

I – 28

Die Unsterblichkeit

Stromsperren am laufenden Band. Und viel zu wenig Holz und Kohlen, um mehr als einen Raum auch nur annähernd zu erwärmen. Das Klo war eingefroren, sie benutzten wieder den Nachttopf wie im alten Zuhause.

Auf dem Dachboden krachten und knisterten die Balken unterm Joch des Frostes. Kaum öffnete man die Tür, schlug einem die Eisluft entgegen und raubte einem den Atem.

Alles war erstarrt.

Die Schule fiel aus, es gab kein Heizmaterial mehr. Wenigstens ein Gutes.

Die Zeit der Dunkelheit und Kälte verbrachte man am besten im Bett; die Luft im Zimmer war so beschaffen, daß man nicht einmal eine Hand unter der Decke vorziehen mochte, um beim Schein einer flackernden Stearinkerze ein Buch zu halten und zu lesen.

Franziskas Herz bedurfte wieder der Schonung, und Hubert kümmerte sich um sie.

Also lag Corelli mit Hermine im Bett, und erfuhr Neues. Die Lieder waren aufgebraucht; es kamen die Opern dran.

Corelli, in ihrem Bedürfnis, sich klein und kindlich zu machen, um den Erwachsenen zu gefallen (nahmen sie ihr das wirklich ab, ihr, der „Klassenbesten“ und dem Kind, das bereits vor der Schule lesen und schreiben konnte? Daß sie „Nassenzar“ statt „Nessecaire“ sagte?), fiel oft ins Babyhafte zurück, sagte „zähl mich Foper“ statt „erzähl mir eine Oper“. Niemand korrigierte sie je, sie nahmen ihre Schrullen irgendwie hin.

Nun wurden in der Finsternis und unter der Bettdecke die Opern erzählt. Alle.

Sie kannte jede Geschichte und jede Rolle. Carmen und der Troubadour, die Meistersinger von Nürnberg und Figaros Hochzeit – es gab keinen Plot, den Corelli nicht kennenlernte, und keine Arie, die Hermine nicht ansang, von ihren eigenen Sopranpartien bis hin zu den Bässen und Tenören.

Sie behielt es. Sie konnte es alles.

Manchmal unterbrach Hermine sich, und es kam Corelli so vor, als würde sie auf etwas lauschen, daß niemand sonst hören konnte. Vielleicht war es der rauschende oder zarte Klang des begleitenden Orchesters, vielleicht war es auch der Applaus, der in ihren Ohren widerhallte – der Applaus, den sie nie entgegennehmen konnte, hier in der Dunkelheit und in der Kälte, zusammen mit dem Kind, das ihrer Karriere den allerletzten Stoß, den wahren Todesstoß versetzt hatte.

Ich habe mich viel später gefragt, woher sie das alles kannte, denn ich habe sie nie danach gefragt, zu meiner Schande. Damals hielt ich es irgendwo für eine Selbstverständlichkeit, daß eine Frau, die singt, das alles kennt: Alle Kunstlieder, Schubert, Schumann, Wolf, Mahler, und dazu alle Opern. Wahrscheinlich hatte

Hermine, wie es Sitte war in jenen Tagen, einfach ein großes Repertoire an Partien studieren müssen, um später vielleicht einmal ein Engagement zu erhalten. Aber dazu hätte sie ja nicht noch alle anderen Rollen lernen müssen! War es einfach nur ihre Leidenschaft für die Musik und das Theater gewesen, was sie dazu getrieben hatte, das alles zu lernen – und schließlich mußte ja Hubert, ihr Vater, irgendwo das Geld gegeben haben für den Unterricht im Singen, im Klavierspielen.

Was hatte er sich erhofft? Eine gebildete Amateurin? Eine schöne Tochter, die auf weißen Dampfern sang oder zu Haus, bei den Festen, als sie denn noch Feste gaben? Oder doch eine Große der Musikszene? Ich weiß es nicht.

Nie würde sie auf einer Bühne stehen. Dieser Traum war aus. Sie war dazu verdammt, das Fräulein mit dem Kind zu sein, unfrei im Hausstand der Eltern. Aber wenn sie sang, war sie für niemand anderen da. Unabhängig.

Sie konnte sich selbst begleiten bei allen Arien und Liedern, sie konnte, an den klapprigen Pianos, die wir uns für ein paar Mark im Monat ausliehen, damit ich auf ihnen spielen lernte (es blieb bei den Anfängen), Beethoven-Sonaten mit wilder Verve darbieten, den Kopf im Nacken, die Lippen von den Zähnen zurückgezogen. Nur für sich. Daß ich zuhörte, war unwesentlich.

Ich begriff irgendwann, daß dies ihre Art war, gegen DICH anzukämpfen. Denn das, mit dem sie sich umgab in der Musik, daran hast DU keinerlei Anteil. Keinerlei Anteil an dem Geschaffenen, auch wenn DIR die Schöpfer gehören. DU kannst Mozarts Geist vernichten, aber nicht seine Musik. Sie lebt, solange noch irgendein Mensch auf der Welt in der Lage ist „Non più di fiore vaghe catene“ zu singen und zu hören.

Und in diese Welt der Unsterblichkeit wurde ich mit hineingezogen.

Damit biete ich DIR Trotz.

Auch, indem ich dies schreibe.

Warum gibst DU mir keine Antwort?

I – 29

Der wärmste Raum war die Küche, aber wohlfühlen konnte man sich dort nicht. Denn schließlich hatten nicht nur die Kinder schulfrei, sondern auch der „Lehrkörper". Also war Cäcilie den ganzen Tag zu Hause.

In feindseligem Schweigen hantierten die beiden Schwägerinnen nebeneinander; Cäcilie kochte am Herd und beanspruchte für sich den Tisch, Franziska, falls sie gerade einmal aufgestanden war von ihrem Krankenbett, mußte sich mit der Kochhexe und der breiten Fensterbank als Arbeitsplatte behelfen, obwohl sie ja die vielfache Menge an Essen zubereiten mußte.

Wenn Hermine das Kochen übernahm, war die Stimmung in der Küche besser, sie und Cäcilie liebten sich zwar nicht, aber kamen irgendwie miteinander aus. Hermine getraute sich sogar, die Tante manchmal um einen Löffel Mehl oder ein Ei anzugehen und erhielt es ohne Kommentar.

Corelli saß eingeklemmt zwischen Herd und Spüle auf einer Art Gestell für Wassereimer, auf den angezogenen Knien meist ein Klemmbrett aus Bakelit, und zeichnete mit Bleistift, für Tuschfarben, Pinsel und Wasserglas fehlte der Platz. Es war sehr unbequem, aber warm.

Eines Tages hatte sie es gewagt und sich einen Stapel der gelben Romanhefte vom Dachboden mit nach unten genommen. Wieso sie sich damit in die Küche gewagt hatte, wußte sie selbst nicht so genau, es mußte ein Moment träumerischer Unbesonnenheit gewesen sein, schließlich offenbarte sie etwas, wovon nur Hermine wußte.

Es kam auch gleich zur Katastrophe.

Franziska schälte Kartoffeln. Sie sah die Hefte und preßte die Hand aufs Herz. „Kind, wo hast du diese ... diese Dinge her?“ Ihre Stimme kippte.

Corelli begriff, sie hatte einen schrecklichen Fehler gemacht. Offensichtlich durfte sie dergleichen auf keinen Fall lesen!

Aber es steckte etwas anderes dahinter. Denn in diesem Augenblick betrat Cäcilie die Küche, in der Hand einen Beutel mit den Vorräten aus ihrem Zimmer, um sich etwas zu kochen. Sie hörte Franziskas Worte und sagte spöttisch: „Die muß sich Friedesinchen vom Dachboden gefischt haben. Dorthin hatte ich diese Schmonzetten verbannt. Ich hätte sie längst wegwerfen sollen. Aber Mutterchen hat manchmal darin geblättert.“

Sie zuckte die Achseln und sah Franziska schräg von der Seite an. „Ja, wußtest du denn nicht, daß deine tüchtige Schwester uns das Zeugs über Jahre hinweg aufgeschwatzt hatte? Wen sie einmal in den Fingern hatte, der kam nicht mehr frei.“

Franziska bekam ihre rote Nase. „Wie redest du über eine Tote?“ Die Tränen färbten ihre Stimme.

„Ja, ja, ich weiß schon, über Tote immer nur das Beste!“, entgegnete Cäcilie höhnisch. „Obwohl mir das bei dieser Person nicht ganz leicht fällt.“ Sie drehte sich zu Corelli herum und sagte im Lehrerinnenton: „Bring diesen Schund wieder dahin, wo du ihn aufgestöbert hast. Das ist nichts für dich."

Franziska verließ weinend die Küche, und Corelli raffte zitternd die Hefte zusammen und stürzte auf den eisigen Dachboden, um sie dort im hintersten Winkel abzulegen.

Hermine mußte für Franziska einen Arzt rufen.

Hubert, der seiner Schwester Cäcilie gegenüber sonst immer vorsichtige Zurückhaltung war, stellte sie zur Rede. Corelli hörte die aufgeregten Stimmen der beiden bis in den Winkel des Zimmers, wohin sie sich zurückgezogen hatte. Sie hatte dumpfe Angst. Irgendetwas Schreckliches hatte sie aufgerührt.

Niemand sprach mit ihr, erklärte ihr etwas. Sie kam sich vor wie ausgestoßen.

Als sie schließlich neben Hermine unter der Bettdecke lag, abgewandt, zusammengekrümmt, begann die von sich aus zu reden.

„Wir hatten doch eigentlich abgemacht, daß diese dummen Hefte unser Geheimnis bleiben, oder?"

Corelli begann zu schluchzen.

„Heul nicht, Sinchen. Du konntest ja nicht wissen ..." Sie brach ab, und ihre Hand tätschelte das Kind beruhigend an der Schulter, wie man ein kleines Tier streichelt.

Dann erzählte sie.

Was Corelli verstand, war Folgendes:

Marthe, „die schwatzhafte Marthe" war Franziskas Schwester gewesen – sie sah in ihr eines der Mädchen von früher, die in Franziskas Geschichten vorkamen.

Marthe also, die Tüchtige, ergriff im Gegensatz zu ihrer Schwester, die sich heiraten ließ (waren da nicht noch mehr Mädchen gewesen?), einen Beruf: Sie wurde Vertreterin für die besagten gelben Romanhefte.

„Du mußt dir das so vorstellen", sagte Hermine und schnaubte verächtlich durch die Nase. „Tante Marthe fährt also über die Dörfer, mit dem Bus oder mit dem Fahrrad. Dann sucht sie die Bauersfrauen auf, die einsam und allein im Haus schuften und das Essen machen für alle anderen, die auf dem Feld sind oder die die Enkelkinder hüten. Zu denen setzt sich Marthe an den Tisch in der Küche, holt ihre gelben Hefte heraus. Und dann fängt sie an zu reden. Erst übers Leben und darüber, wie schwer es die Frauen doch haben. Dann gibt's bestimmt eine Tasse Kaffee. Und dann legt sie richtig los. Fängt an, den Bäuerinnen zu erzählen, wie die herrlichen Romane in ihren Heften gehen, Romane, in denen es genauso zugeht wie im wirklichen Leben, also armes, aber ehrliches Mädchen liebt reichen Grafen und er sie, aber die böse Mutter des jungen Mannes – und dann? Ja, dann, wenn die Landpomeranzen glänzende Augen kriegen, wie's denn nun weitergeht mit den beiden, dann macht Marthe Schluß. Dann sagt sie: Ja, wenn Sie das wissen wollen, meine Dame, dann müssen Sie Westermanns Romanhefte abonnieren! Und schon hat sie ihren Wisch Papier gezückt, füllt ihn mit fliegendem Stift aus – und das Bauernweib, das sonst vielleicht mit Müh und Not einmal in der Woche den Anzeigenteil der Zeitung studiert, unterschreibt und hat für mindestens ein Jahr lang jede Woche die Romanzeitung am Hals, und wenn sie es versäumt, rechtzeitig zu kündigen, dann noch länger. Sie war wirklich sehr erfolgreich, die Tante Marthe."

Corelli hörte eine Wut in Hermines Stimme, die sie sich nicht erklären konnte. Was war so schrecklich daran, erfolgreich Romanhefte zu verkaufen?

„Und warum ist sie tot?“, fragte sie schließlich. Die Geschichte erklärte ihr nichts von den Vorfällen des Tages, und was sie falsch gemacht hatte.

Hermine antwortete zunächst nicht. Dann sagte sie: „Das hängt auch mit ihrer Schwatzhaftigkeit zusammen.“

Zunächst schien es, als wolle sie nicht weitersprechen. Dann fuhr sie doch fort, mit gedämpfter Stimme: „Marthe wußte alles ... über uns. Schließlich war sie Franziskas Schwester. Die einzige Verwandte, die wir hatten. Vor ihr konnte man es schließlich nicht verstecken. Ich höre sie noch: ‚Kinderchen, Kinderchen, bei mir ist euer Geheimnis sicher, ich schweige wie das Grab.‘“ Hermine lachte bitter auf. „Mag ja sein, daß sie nichts von uns ausplauderte. Aber sonst konnte sie eben ihr Plappermaul nicht halten. Es genügte ihr nicht, den Bäuerinnen von den armen Mädchen und den Grafensöhnen zu erzählen. Sie mußte ja auch ihre Zunge an der Politik wetzen. Was diese Braunen für Schurken wären und was sie mit eigenen Augen und Ohren alles gesehen und gehört hätte. Ja, da blieb es eben nicht aus, daß sie irgendwann an den Falschen geriet mit ihrer Meinung.“

Hermine warf sich hin und her im Bett unter der Decke, unruhig, gequält, wie es Corelli schien, sie schwitzte, und ihre Stimme klang dumpf.

„Sie haben sie verhaftet und in ein Lager gesteckt.“

Corelli verstand nicht. Sie erinnerte sich, daß man erzählt hatte, die Leute in der Barackensiedlung kämen aus Lagern. Ein Lager. Das Nachtlager im Wald. Es gab eine Oper, das Nachtlager zu Granada.

„Was ist das, ein Lager?", fragte sie schließlich.

„So etwas wie ein Gefängnis", erwiderte Hermine. „Damals wußte keiner Genaues über die Lager. Irgendwann, nach gar nicht so langer Zeit, bekam Franziska eine Postkarte. Ihre Schwester Marthe war an einer Lungenentzündung gestorben." Plötzlich drehte sie sich zu Corelli herum schlang die Arme um sie und drückte ihr Gesicht in die Halsbeuge des Kindes. „Wir hatten so entsetzliche Angst", flüsterte sie. „Man wußte ja nicht, was sie da machten mit den Leuten. Wenn sie uns verraten hätte ..."

Es klang so fürchterlich, daß Corelli wieder zu weinen begann. Etwas zu verraten, was geheim war – das wußte sie ja –, war das Schlimmste, was man tun konnte. Sie selbst hatte heute unbedacht diesen Verrat begangen und dies hier ausgelöst. Zank und Zwietracht, üble Erinnerungen und vor allem einen Haß, einen Zorn auf eine Verstorbene, die doch niemandem etwas getan hatte.

Du kannst eine Frau sein. Es gibt Sprachen, in denen bist du eine Frau. La Mort. La Morte. La Muerte.

Da ist dieser Film, wo die wunderschöne Frau im schwarzen Kleid, die mit den langen Handschuhen, auf den Sterbenden zugeht und ihn fragt, wer sie ist. Und der schnellt in die Höhe und benennt sie mit Namen. Sagt: Du bist mein Tod. Und dann gehen sie durch den Spiegel davon.

ICH KANN ALLES SEIN.

Es gibt einen schrecklichen Traum.

Er kommt zusammen mit einem Lied aus den Zeiten der Pest, einem italienischen Lied, das ein Sänger von heute wiederentdeckt hat. Ein Reigentanz, ein Totentanz. Ein Wechselgesang zwischen DIR und dem Menschen. DU sagst, daß DU die Krone trägst und von uns allen die Herrin bist. Und wir laden DICH ein, mit uns zu tanzen. Denn es gibt noch jemanden über DIR – das ist die Zeit.

So geht das Lied. Das Lied ist schön und tröstlich.

Aber nicht der zweite Traum. Der kommt unweigerlich.

DU kommst, und DU trägst das schwarze Kleid und die langen Handschuhe, aber dein Kopf ist verhüllt, und DEINE Stimme ist heiser und flüsternd. Wir gehen mit DIR im Reigen, aber eigentlich wollen wir fort, und das Erlösende fällt uns nicht ein. Die Zeit. Wir können DIR nicht sagen, daß die Zeit DEINE Herrin ist. Es ist uns einfach entfallen. Wir bewegen uns wie die Marionetten, die man am Strick zieht, mit keuchenden Lungen, fallend, wieder aufstehend, bis an unsere Hälse angefüllt mit Entsetzen.

Und alles steuert auf den Moment zu, wo DU DEIN Gesicht enthüllst.

Ich will es nicht wissen, aber ich kann meine Augen nicht schließen, es ist, als hätte mir jemand die Lider abgeschnitten, und so starre ich denn und weiß schon, daß es auch diesmal wieder so sein wird: Denn DEIN Gesicht ist das Gesicht der Mutter.

Warum sprichst DU nicht mit mir? Wohin bist DU gegangen?

I – 30

In diesem kalten Winter saß Hubert lange Abende dicht neben dem erkaltenden Ofen und verfaßte lange Schriftsätze. Seine Handschrift, fand Corelli, war die großzügige, schwungvolle Schrift eines Fürsten oder Königs, zumindest aber die eines sehr hochgewachsenen Mannes mit üppig wallenden Locken, wo Hubert doch klein war und das Haar ihm von der Stirn zurück wich.

Hin und wieder sah sie auf die Entwürfe und entdeckte pathetische Bilder. „Wie der Verzweifelte zum Gift greift“, stand da. Oder: „... mußte ich mich nun wohl oder übel wie ein schützender Löwe vor seine Brut vor meine Familie stellen“.

Sie war beeindruckt, wenn sie auch nicht wußte, was das alles sollte.

Franziska sagte stolz: „Er kann Briefe schreiben wie ein Rechtsanwalt!“ Aber das waren ja keine Briefe. Das waren ... Dichtungen, fand Corelli.

An einem eisigen Morgen – die Scheiben waren so dicht mit Eisblumen bedeckt, daß man ein Loch hineinhauchen mußte, wenn man hinaussehen wollte – bürstete Franziska Huberts Anzug und band ihm sorgfältig den Schlips.

Das, was er erst entworfen und dann noch einmal abgeschrieben hatte, steckte in einem blauen Ordner aus Pappe, der nun in einer Aktentasche verschwand.

Die Familie war still und bedrückt an dem Morgen, und Hubert rührte sein Frühstück nicht an, trank nur ein paar Schlucke von dem ungesüßten Gerstenkaffee, der in der Kanne unter dem gehäkelten Wärmer war.

In Mantel und Hut, die Tasche unterm Arm, verabschiedete er sich von Franziska mit einer langen Umarmung und küßte Corelli auf den Mund; sein Schnurrbart kitzelte ihre Oberlippe.

Hermine ließ sich nicht sehen.

„Wohin geht Vati?" fragte Corelli. Franziska sah sie lange an, dann sagte sie mit einem schweren Seufzer: „Zur Entnazifizierung."

Das Wort gefiel ihr, wenn sie sich auch nichts darunter vorstellen konnte. „Trägt er seine Schriften zur Fizierung?", fragte sie und benutzte wieder mit Absicht Babysprache, den sie spürte, daß irgendetwas in der Luft lag, das man vielleicht verharmlosen sollte.

Franziska nickte nur und goß sich von dem Kaffee ein; die Tülle der Kanne klapperte gegen den Rand der Tasse. „Hoffentlich dauert es nicht so lange!" sagte sie.

Es dauerte aber lange. Hubert kam erst am Nachmittag nach Haus. Ihm waren die Bartstoppeln nachgewachsen und seine Haut war grau. Wortlos schob er Franziska ein Papier über den Tisch.

Dann legte er sich zu Bett.

Es war wie damals, als der Fesselballon und der Nebel ihn verhext hatten. Das Übel, das sich verkrochen hatte während all der Zeit, in der er sie alle retten mußte, es war wieder da, und die Türen wurden geschlagen und Cäcilie fuhr trotz Eis und Schnee mit dem Fahrrad, um den Arzt zu holen, während Hubert da drinnen ächzte, bis er Medizin bekam.

Corelli verkroch sich, in eine Steppdecke gehüllt, auf den Dachboden, ob sie nur von der Kälte zitterte, wußte sie nicht. Es war, wie wieder eine Heimat verlieren. Hubert mußte stark sein.

Medizin: Franziska bekam Medizin, Hubert eine andere, stärkere. Das Herz, immer das Herz.

Aber Hermine war ganz gesund. Corelli nahm es ihr beinah übel, daß sie gesund war. Immerhin konnte man sie fragen. Im Dunkeln bei Stromsperre, im Bett, es wurden einmal keine Opern erzählt.

„Warum ist Hubert krank geworden, nachdem er dahin gegangen ist?“

Hermine zögerte, ihr Atem veränderte sich, wurde kürzer, bis sie sich mit einem tiefen Seufzer wieder fing.

„Es hat was mit dem zu tun, was war“, sagte sie dann. „Er ist – man hat ihn angezeigt. Wegen einer Sache, die gewesen ist.“

Etwas Geheimes war herausgekommen. Das war immer das Schlimmste, Corelli wußte das.

„Ist es wegen der vergrabenen Uniform im Garten?“ fragte sie.

„Ja. Und wegen den Abzeichen, die wir auf den Photos zugeschmiert haben.“

(Wie die Worte in den Schulbüchern, die sie während des Handarbeitsunterrichts schwärzte.)

„Hast du dein Abzeichen noch, diesen Schild?“

Hermine lachte kurz auf. „Wo denkst du hin, Sinchen. Weggeschmissen in den Müll. Wo es hingehört.“ Sie bewegte sich unruhig hin und her, nach ihrer Art. „Mein Vater hat nichts getan!“, sagte sie dann leise. „Und trotzdem. Alle sind mißgünstig.“

I – 31

Mißgünstig.

Da liegt er vor mir, der arische Nachweis, die untadelige Fälschung.

Und ich stelle sie mir immer wieder, jene Frage, die ich weder der Mutter noch dem Großvater je gestellt habe, weil ich wußte, sie würden mir nicht darauf antworten:

Warum in aller Welt haben sie es nicht öffentlich kundgetan?

Warum haben sie nicht gesagt, daß sie, um ihr Leben zu retten, dies Papier gekauft haben, ihr Hab und Gut hingaben und mit Zittern und Zagen immer weiter erpreßt wurden, solange der Fälscher und sein Neffe lebten?

Weil sie keinen Zeugen mehr dafür hatten? (Nun würden diese Männer ja als „Helden“ dastehen!) Oder weil sie meinten, man kann ja nie wissen, heben wir's auf, vielleicht kommt das ja wieder?

Und mußten sie denn, um auch nur wirklich authentisch zu wirken, so weit gehen – die braune SA-Uniform, in der der Großvater für den Ton bei deren Veranstaltungen sorgte, das Frauenschaftsabzeichen am Kragen, das Hermine Tag für Tag in die Kreisleitung jener Partei trug, wo sie – geschickte Rechnerin, die sie war, und nach Abbruch ihrer Karriere als Künstlerin zunächst als Buchhalterin in Huberts Geschäft tätig – als Rechnungsführerin arbeitete und bis zum Schluß Akten vernichtete? Wußte sie, was in diesen Akten stand? Hatte sie sie gelesen?

Aber Marthe war in einem „Lager“, das war nicht neu für sie, danach ... als alles vorbei war ...

Und dann war der Führer tot ...

Und der Großvater hörte Radio London.

Der erste, lebensrettende Betrug war ihnen gelungen, weil keiner mehr von ihrer Herkunft wußte. Sie waren längst abgetrennt von ihren Wurzeln, gehörten nicht mehr zu denen, dachten es jedenfalls, obwohl das Wissen bei ihnen selbst noch vorhanden war.

Der zweite Betrug gelang nicht. Zu viele Leute waren bei dem dabei gewesen, was sie während dieser zwölf Jahre getan hatten. Keine Untaten. Aber auch keine Guttaten.

Sie hatten überlebt für den Preis der völligen Selbstaufgabe.

Oder hatten sie gar an das tausendjährige Reich geglaubt?

Ich starre auf diesen „Nachweis“. Soll ich ihn verbrennen? Oder kann er mir irgendwann von Nutzen sein? Wenn „das“ wiederkommt – werde ich auch zu den Verleugnern gehören?

Zweiter Teil

II

II – 1

Nichts wurde besser, alles nur schlimmer nach dieser Entnazifizierung.

Hubert und Hermine waren auf Arbeitsuche.

Corelli dachte, man lebt einfach so. Auf einmal hieß es, das Geld sei aufgebraucht, die Sparbücher leer.

Hubert war mit dem Fahrrad zu den Ortschaften der Umgebung unterwegs, und immer steckte die Flasche mit der teuflisch riechenden Medizin griffbereit in seiner Westentasche. Er war mürrisch und niedergedrückt, wenn er nach Haus kam, und schloß sich mit Franziska ein. Durch die Tür hörte Corelli seine Stimme, zornig, laut. Manchmal auch das Schluchzen Franziskas. Meistens brauchten sie dann beide Medizin.

Irgendwann begriff sie: Man hatte ihm bei der Entnazifizierung irgendetwas angetan.

Hatte man ihm vielleicht ein besonderes Papier gegeben, einen speziellen Ausweis, in dem vermerkt war, was er einst gewesen war?

Jedenfalls, so hörte sie heraus aus den Gesprächen, die sie immer noch neben ihr führten, als sei sie gar nicht im Raum, er konnte keine eigene Werkstatt unter seinem Namen aufmachen, auch kein Geschäft für Bastler, wie das damals in der engen Gasse, wo das Telefon gestanden hatte in dem grauen stinkenden Hinterzimmer. Er konnte nur als Meister angestellt werden. Ein anderer mußte den Namen als Firmeninhaber geben, er würde dann die Arbeit machen. Ihm war nicht erlaubt, selbstständig zu arbeiten. Er durfte kein Chef sein.

Und wie es aussah, waren die alten „Geschäftsfreunde“, die ihn einst besucht hatten, alle nicht dazu bereit, mit ihm zu arbeiten.

Das, wonach Hermine Ausschau hielt, hatte nichts mit ihrer eigentlichen Bestimmung zu schaffen. Auch sie sollte wieder, wie schon zuvor, ungeliebte Dinge tun, Zahlen verwalten und Bilanzen überprüfen, Papiere sortieren und Ordner anlegen.

So waren sie beide „heruntergestuft“, vertrieben aus ihrem Eigentlichen.

Hermine fand eine Buchhalterstelle in der Stadt, aus der sie Bomben und Brand vertrieben hatten, eine Arbeit bei einem Mann, den Hubert nur als Schieber und windigen Geschäftemacher bezeichnete.

Alle, mit denen man in der nächsten Zeit umging, waren entweder Schieber oder windige Geschäftemacher oder beides.

Um das Geld für die Bahnfahrt zu sparen, fuhr Hermine täglich bei Wind und Wetter mit dem Rad von der kleinen in die große Stadt. Ihre Knie und Ellenbogen waren zerschunden, einmal hatte sie auch einen dicken Knöchel. Das kam daher, daß sie nicht absteigen konnte. Sie war eine sichere und kühne Fahrerin, die, wie Corelli später erfuhr und erlebte, auch hinter dem Volant eines Autos geistesgegenwärtig und mit Vergnügen agierte. Aber sie konnte einfach nicht warten, bis das Fahrrad zum Stillstand kam. Der Teufel ritt sie, aber sie sprang sozusagen immer in voller Fahrt ab. Fürchtete sie, sonst zu stürzen? Nun, so stürzte sie regelmäßig. Der Übergang von der einen Art der Fortbewegung zur anderen wollte ihr nicht gelingen.

(An den Wochenenden stand das Rad aufgebockt in der Waschküche, und dann durfte Corelli sich auf den Sattel setzen und spielen, daß sie sausend, in wildem Tempo durch Gebirge und Auen raste. Natürlich war es kein Rad, sondern ein schwarzes Streitroß, das sie forttrug in die Weiten.)

Verbittert klagte Hermine über den windigen Geschäftemacher, der gutes Essen vom Teller einfach in den Müll kippte, wenn er keinen Appetit mehr hatte. Manchmal brachte sie anstelle ihres Gehalts auch Lebensmittel mit: Für einen Monat Arbeit gab es ein Stück Butter.

Im Verlauf dieser Monate wurde ihr Gesicht hager, ihre Augen wirkten, als wenn ein grauer Schleier ihre Schwärze überschattete. Abends im Bett wurde keine Oper erzählt. Sie drehte sich hin und her, stöhnte im Halbschlaf. Wenn Corelli sich an sie schmiegen wollte, wurde sie beiseite geschoben, mit einer fast zornigen, wilden Bewegung.

Dann ging es auf den Sommer zu, und noch einmal wieder wurde alles anders.

II – 2

Sie zogen um aufs Dorf.

Hubert hatte eine Rundfunkwerkstatt gefunden, in der er als Meister anfangen konnte. Hermine kündigte beim windigen Geschäftemacher und sang nach langer Zeit wieder „Die linden Lüfte sind erwacht“, ein Lied, bei dem Franziska jedes Mal, wenn die Zeile kam: „Nun muß sich alles, alles wenden“ eine rote Nase bekam.

Cäcilie wechselte kein Wort mehr mit ihnen. Sie war vor Wut verstummt, denn wenn die Familie fortging, bedeutete das, sie würde nun fremde Leute in ihrer Wohnung aufnehmen müssen.

Daß man packte und irgendwelche Zurüstungen traf, bemerkte Corelli nicht. Sie war versunken in ihre Spiele.

Eines abends jedoch fuhr Hubert mit einem dröhnenden, grollenden Vehikel vor, einem Auto mit freundlichem Gesicht, hinterm Fahrerhaus ein Laderaum so groß wie der geschwollene Leib einer Zecke. Ein Möbelwagen.

Corelli, die überhaupt nicht wußte, daß Hubert Auto fahren konnte, war fiebrig, voll Bewunderung; sie sprang hin und her und zitterte vor Aufregung.

Die Familie lud Koffer und Kartons ein und quetschte sich vorn zu Hubert auf die Sitzbank. Sie fuhren durch die abendliche Stadt, die Gaslaternen gingen gerade an, es kam Corelli vor, als sei sie erhöht und begnadet worden, ihr Bauch schmerzte vor Glück.

Sie verließen den Ort zunächst aber nicht, sondern Hubert bog vom Marktplatz ab in eine verwinkelte Gasse.

Dort gab es ein windschiefes Gebäude, kaum größer als Frau Kuens Hexenhaus. Die Katen ringsum waren nicht mehr bewohnt, sie standen da wie gepanzert mit ihren Brettern vor den Fenstern und den Querbalken vor der Tür; manche stützten sich zur Straße hin auf Pfosten, als wenn sie Krücken brauchten.

Vor dem Haus brannte eine Laterne. Sie stiegen aus. Hubert hatte einen Schlüssel.

Aber bevor sie das Haus betraten, winkte er Hermine heran.

Atemlos sah Corelli zu, wie er ihr, ohne ein Wort zu sagen, die verschränkten Hände hinhielt: eine „Räuberleiter". Hermine schwang sich hoch und schaltete die Laterne ab, die Straße lag um Dunkel.

Es war Zauber. Ihre Familie schien plötzlich verwandelt, sie taten unerhörte Dinge, Abenteuer, wie sie nur in den Geschichten vorkamen. Corelli fragte nicht, warum sie das taten. Alles, was geschah, erfüllte sie bis zum Hals mit Seligkeit; auch, daß Hermine und Hubert einander so ohne Worte verstehen konnten, war, wie Angekommensein in einer anderen Welt.

Sie gingen in das Haus, verhängten die Fenster und begannen es auszuräumen.

Es waren schwere, dunkle Möbel aus Eichenholz, zum Glück ließen sie sich zerlegen, sonst hätten sie es wohl gar nicht geschafft. Ein Trumeau, ein Spiegel zwischen Pfeilern und einem Goldrahmen, ein Sekretär, den man mit einer Art Rollo verschließen konnte, Kastenmatratzen,

Wolldecken, üppige Federbetten, ein Teppich. Aus der Küche Geschirr, Besteck, Kochtöpfe.

Sie arbeiteten die halbe Nacht. Franziska und Corelli trugen die leichten Sachen, Hubert mit Hermine das Schwere. Man verständigte sich nur über das, was für die Arbeit nötig war. Hubert packte und stapelte. Er brauchte nicht ein einziges Mal seine Medizin.

Während Franziska in der Küche Sieb und Reibe, Wolf und Schneebesen in einen Korb packte, fragte Corelli schließlich: „Wieso gehört uns das alles?"

Franziska lächelte. „Vati hat einer alten Frau geholfen, die in den Westen gehen wollte, zu ihren Kindern, hat sie über die Grenze gebracht. Die hat alles stehen und liegen lassen und ihn sozusagen damit bezahlt."

„Aber warum hat Mami das Licht draußen ausgemacht?"

„Es müssen ja nicht alle gaffen!", entgegnete Franziska, und es klang fast schelmisch.

Es war, als wären alle verwandelt. Als hätten sie gemeinsam den Fuß erhoben, um über eine Schwelle zu steigen und in ein neues Land einzuwandern.

Es gab keine Zeit. Aber es gab die Müdigkeit, die sich plötzlich auf Corelli stürzte wie ein gieriges Tier. Sie wollte sich nur kurz ausruhen auf dem zerschlissenen Sessel, aus dessen Polster bereits das Roßhaar herausquoll und den sie deshalb stehen lassen wollten. Aber sie wachte auf, weil Franziska ihr übers Haar strich. „Komm, Friedesinchen, ich bringe dich zu Bett."

Das wundersame Auto war fort. Hubert und Hermine waren fort.

„Sie sind vorausgefahren. Wir reisen morgen mit dem Zug hinterher.“

Sie hatten sie zurückgelassen. (Was mit Franziska war, kümmerte sie nicht.) Sie hatten ihr verweigert, mitzufahren. Sie hätten doch wissen müssen, daß es nichts gab, was sie sehnlicher wünschte, als mit ihnen durch die Nacht zu fahren, in das Neue hinein.

Sie begann, haltlos zu schluchzen.

Zitternd vor Müdigkeit und Enttäuschung, hing sie an Franziskas Arm. Ihre Schritte klangen auf dem Kopfsteinpflaster der Straße wider, als wären es die von Fremden.

II – 3

Der Chef des Betriebes, in dem Hubert als Meister arbeiten sollte, hatte die Wohnung besorgt: Die Hälfte eines Zweifamilienhauses in Nähe des Bahnhofs, mit einem Hof, an dessen Zaun Johannisbeersträucher wuchsen, und einer kleinen überdachten Loggia. Da gab es sogar ein Badezimmer mit Kohleofen.

Als Corelli und Franziska ankamen, waren die Möbel schon aufgestellt, aber die Koffer und Kartons noch nicht ausgepackt. Sie schliefen die Nacht auf den Kastenmatratzen unter dem Bettzeug, das so bauschig war wie Wolkenberge.

Am nächsten Morgen bereitete Franziska das Frühstück in der Loggia vor. Zur Feier des Einzugs gab es gekochte Eier.

Sie waren noch beim Essen, als ein kleiner dünner Mann im Anzug erschien, sein Gesicht war grau und faltig und seine Augen gingen hin und her wie die Wasserspinnen und hielten keinen Blick aus. Der Mann war der Bürgermeister.

Er wechselte ein paar Worte mit Hubert, die Corelli nicht verstand.

Hubert stand auf, ging nach drinnen, um seine Aktentasche mit den Papieren zu holen und sein Jackett. Dann folgte er dem anderen. Seine Schultern hingen.

Die Familie räumte die Reste des Frühstücks weg.

Sie mußten ausziehen.

Die Wohnung war für jemand anderen vorgesehen.

Diesmal stand kein Auto zur Verfügung. Mit einem Handkarren brachten sie nach und nach ihre Habe in das Quartier, das ihnen von oben her zugewiesen worden war.

Es war ein sogenannter „Altenteil", die Einliegerwohnung auf einem heruntergekommenen Bauernhof direkt am Dorfplatz. Sie bestand aus zwei Zimmern und einem Durchgang zur Waschküche, in dem man einen Spirituskocher aufstellen und seine Küchenutensilien unterbringen konnte, kaum Platz für einen Tisch daneben.

Die Räume waren so eng, daß sie eigentlich zum Speicher ihrer gerade erst errungenen Möbel wurden, zwischen denen man sich hindurchschlängeln mußte. Der Putz fiel von den Wänden, nachts fiepten die Mäuse.

Über den ganzen Hof weg, hinterm Misthaufen, konnte man auf ein Plumpsklo gehen.

Den täglichen Wasserbedarf holte man in zwei Emaileimern von der Pumpe im Hof und deckte die Gefäße ab, damit kein Ungeziefer hineinfiel. Die Familie wusch sich in einer angeschlagenen Porzellanschüssel, Baden oder Duschen entfiel.

Zu Anfang erwachten sie mit seltsamen Insektenbissen, ringförmig um Handgelenke oder wie eine Kette am Hals.

Hubert wußte es aus dem anderen, dem ersten Krieg, an dem er teilgenommen hatte: Es waren Wanzenbisse. Die Wanzen hausten hinter der blasigen Tapete. Irgendwie wurden sie ihrer Herr; Corelli wußte nicht, wie.

Später hörte sie, daß ihre jetzige Wohnung im Dorf nur „die Bude von Wanzen-Riemer“ hieß.

Das Kellergewölbe, das man benutzen mußte, um Lebensmittel kühl zu halten, wimmelte von Schnecken, die ihre Schleimspuren auf den steinernen Stufen hinterließen. Eine Treppe, die mehr eine Leiter war, führte vom Flur nach oben auf ein Stück Spitzboden, wo man Holz und Kohlen aufbewahren konnte.

Es war, alles in allcm, das Elendeste, was man sich vorstellen konnte. –

Warum haben sie sich nicht gewehrt? Hatten sie denn wirklich gar keine Rechte mehr, seitdem der Großvater diesen Entnazifizierungs-Makel mit sich herum trug?

Hatte der Betreiber der Klitsche, bei dem er dann arbeiten durfte, ihn von Anfang an getäuscht mit dem Angebot dieser Wohnung in der Bahnhofstraße? Schließlich war, wie sich herausstellte, das alte Ehepaar, das diesen Hof zum Gespött des halben Dorfes „bewirtschaftete“, verwandt mit dem neuen Chef des Großvaters. Vielleicht war die ganze Geschichte von vornherein abgekartet, um ihn und seine Familie unter Bedingungen, die er so nie akzeptiert hatte, dorthin zu locken?

Sie, die zuvor stolz mit ihrem Möbelwagen vorgefahren waren, zogen also um, viele Male mit dem Handkarren durchs Dorf in das erbärmliche Quartier, ohne Protest.

Hubert ließ sich alles gefallen. Er wurde von seinem Partner, der in die Kategorie „windiger Geschäftemacher“ gehörte, erbarmungslos ausgebeutet. Der andere hatte keine Ahnung von der Arbeit, die zu tun war – das war die Sache des „Meisters“. Er schwadronierte nur herum und kassierte von den Bauern Phantasiepreise, von denen er allerhöchstens ein Drittel an seinen Angestellten abgab. Und der schwieg.

Er schwieg auch, als ihm die Gartenverwaltung der Stadt mitteilte, daß man ihm den Schrebergarten abnehmen werde, angeblich, weil er sich nicht kümmern würde – immerhin hatten die Bohnen und Erdbeeren dieses Gartens ihre Bedürftigkeit gelindert; mindestens einmal die Woche war er aus der Kleinstadt dorthin gefahren.

Er nahm seine Medizin, arbeitete und schwieg.

Ob er dachte, das, was ihm jetzt geschah, sei der Preis dafür, daß man ihn und die Seinen zwölf Jahre lang in Ruhe gelassen hatte, während andere im Feuer vergingen?

Er sprach nicht darüber. Niemand sprach darüber.

II – 4

Für das Dorf waren sie „Flüchtlinge“, für die machte es keinen Unterschied, ob man freiwillig hergezogen oder eingewiesen worden war. Von Flüchtlingen wimmelte es nur so im Dorf. Sic saßen in den Zimmern des ehemaligen Gutshofs (der Besitzer war enteignet worden), in den Gesindestuben oder Milchkammern der Bauernanwesen, in den Gelassen, in denen sonst Holz und Kohlen aufbewahrt wurden, unwillig aufgenommen von den Alteingesessenen.

Flüchtling war ein Schimpfwort. „Wir kommen aus dem Osten / und hatten keinen Posten“, höhnten die Dörfler, denn natürlich hatten die Neuankömmlinge, sofern sie mit der alten Herrschaft zu tun gehabt hatten, genügend Gelegenheit gefunden, ihre belastenden Papiere zu vernichten, im Gegensatz zu den Dorfbonzen.

Sie verlachten die Fremden wegen ihrer harten Aussprache, die manchmal von polnischen Ausdrücken durchsetzt war: „Polacken, Kakerlaken!“

Die Flüchtlinge trugen geflickte Kleider und gestopfte Strümpfe, sie rochen ungewaschen, und viele von ihnen, auch die Mädchen, hatten die Köpfe kahlgeschoren, weil man sie entlaust hatte.

Corelli begriff nicht, warum die Kinder des Dorfes sie mit denen in einen Topf werfen konnten. Ihre Zöpfe waren dick wie mehrfach gedrehte Kordeln und reichten ihr bis zur Hüfte, von Läusen keine Spur! Franziska hatte nach dem Prinzip „Aus zwei mach ein!“ Sachen, aus denen sie herausgewachsen war, zu bunten und phantasievollen Kleidern kombiniert, und sie schneuzte sich in ein umhäkeltes Taschentuch, das sie in einem Umhängetäschchen mit sich führte, nicht, wie diese Kinder, in den Hemdenzipfel oder in Saum der Schürze, die die Mädchen ständig trugen, oder mit Fingerdruck an die Erde.

Corelli ging mit Abstand an den Dorfkindern vorüber. Aber die Flüchtlinge, meist rundköpfig, blond und mit groben Gesichtern, stießen sie auch ab. Sie hatten nichts von der Faszination der dunkelhaarigen Ausgestoßenen mit den erwachsen wirkenden Gesichtern, den „Straßenkindern“.

Die Fenster ihres trostlosen Domizils gingen auf den Platz mit dem Kriegerdenkmal und dem Ententeich, um den herum sich die Dorfjugend nach der Schule tummelte.

Voller Unbehagen sah Corelli, daß es in diesem Dorf eine Marotte gab: sich zu verrenken.

Alle Kinder des Orts schienen Akrobaten zu sein. Sie schlugen Rad oder gingen im Handstand über den Rasen, sie sprangen ins Spagat, machten aus dieser Position eine Brücke rückwärts, zogen sich hoch und kamen mit Überschlag wieder auf die Beine, sie machten etwas, das sie „Brustrolle“ nannten, wozu man den Oberkörper mit erhobenem Kopf auf den Boden preßte, die Beine im Bogen nach oben schlug, die Füße zu Seiten des Kopfes aufstellte und sich dann hochzog.

Corelli konnte nicht einmal einen Kopfstand.

Sie begriff: Bei diesen „Artisten“ würde sie nie etwas zu melden haben.

Sie war völlig auf sich gestellt. Und es gab nicht einmal gelbe Romanhefte, von Cäcilies Bibliothek einmal ganz zu schweigen.

Endlose Langeweile würde auf sie zukommen. Und Einsamkeit.

Die Schule war weniger schlimm, als sie erwartet hatte.

Sie fiel nicht auf, denn mindestens die Hälfte der Schüler waren Fremde, wie sie.

Für den Ansturm von Kindern war das Schulhaus nicht vorgesehen; so wurden jeweils zwei Klassen gemeinsam unterrichtet und von Woche zu Woche lagen die Zeiten anders; mal nachmittags, mal vormittags.

Der Lehrer war jung und blond, – und er hatte keinen Rohrstock.

Mit seiner hellen Stimme, die sich zu schneidender Schärfe erheben konnte, wenn er etwas zu tadeln hatte, regierte er seine Schüler eindringlicher, als es Schläge hätten tun können. Die Mädchen schwärmten für ihn, auch Corelli; sie konnte nie verhindern, daß ihr die Röte in die Stirn schoß, wenn er sie ansprach oder gar lobte.

Ein zweiter Lehrer versuchte, sie Russisch zu lehren, das ab der 3. Klasse Pflichtfach war. Er brachte es nicht weit mit ihnen, denn er war seinen Schülern im Stoff immer gerade eine Lektion voraus.

In den Pausen saß Corelli für sich auf den Treppenstufen, die zum Hof führten, und sah zu, wie die Kinder des Ortes ihre Gliedmaßen verdrehten, wie sie sprangen, ihre Hände zu Füßen machten, durch die Luft wirbelten. Zu

Anfang war wohl das eine oder das andere Kind zu ihr gekommen und hatte sie gefragt, ob sie auch so etwas könne. Sie hatte nur mit den Achseln gezuckt.

Die Flüchtlingskinder waren in einer anderen Ecke und spielten Spiele, die aus einer vergangenen Zeit zu kommen schienen: Sie faßten sich an den Händen und gingen im Kreis, dazu sangen sie mit schrillen Stimmen endlose Lieder mit vielen Strophen, oder sie tanzten eine Art Reigen, wo ein Vorsänger auf die anderen zu und wieder zurück ging, dann näherte sich ihm die ganze Reihe, Arm in Arm. Es kam Corelli vor wie aus einer dumpfen Welt, einfältig und zurückgeblieben. Auch diese Kinder hatten sie eingeladen, mitzumachen. Auch hier hatte sie abgelehnt.

Die Zeit dehnte sich unendlich für sie.

Ihr Trost war Hermines Fahrrad, das sie nun, da es nicht gebraucht wurde, benutzen konnte (Hermine fuhr mit dem Zug zur Arbeit in die Stadt, bevor sie bei jenem windigen Geschäftemacher aufhörte und stattdessen bei dem anderen windigen Geschäftemacher, bei dem Hubert als Meister arbeitete, die Bücher führte). Hubert hatte Corelli Holzklötze an den Pedalen befestigt, die sie sonst nicht erreicht hätte, wenn sie im Sattel saß.

Sie fuhr weit umher, vornüber gebeugt und im Stehen, wenn sie antrat, der Wind sauste in ihren Ohren, sie war eine galoppierende Schildmaid Wotans, die durch die Lüfte ritt. Dann, im Freilauf, lehnte sie sich zurück, die Beine ausgestreckt, die Augen geschlossen. Dann schwebte sie als Engel der Bedrängten über die Erde dahin.

Pilze suchen mußte sie nun allein; Franziska blieb lieber zu Haus und die beiden anderen gingen ihrer Arbeit nach.

Im Kiefernwald gab es ein einsames Haus, aber es hatte nichts von der Verzauberung der einsamen Gehöfte in der Nähe der Kleinstadt. Es war einfach das Domizil des Försters. Über der Tür ein Geweih, hinterm Maschendrahtzaun tobte eine Meute Rauhaardackel, die sie bellend verfolgte, wenn sie vorbeifuhr.

Sie kannte die Stellen, wo Pfifferlinge gelb aus dem Moos leuchteten und Maronen wuchsen, braun wie Samt und im Kreis angeordnet, als seien sie Feen, die zum Tanz getreten waren und später, im Herbst, die sandigen Grünlinge. Sie brachte immer einen vollen Korb zu Franziska.

In der Sonne dufteten die geschlagenen Stämme am Wegesrand nach Harz und Sommer; sie legte ihr Rad neben einem Stapel von Stämmen ab und stieg hinauf, legte sich auf den Rücken, ließ die Beine zu beiden Seiten herabhängen. Die raue Rinde kratzte ihre Haut. Hinter ihren geschlossenen Augenlidern glühte das Licht in Purpurfarben. Später war ihr Kleid und waren ihre Zöpfe mit Harz verklebt und Franziska jammerte.

Im Sand des Birkenwalds fand sie Butterpilze mit schleimigen Köpfen, die Lamellen keusch verschlossen von einem weißen Häutchen.

Manchmal fuhr sie auch zum Buktum, zunächst vorbei an Kuhweiden, auf denen sie die Köpfe der Champignons schimmern sah und abstieg, um sie zu ernten. Im Buktum gab es Steinpilze, direkt am Wegesrand, Perlpilze und rötliche Täublinge. Sie sammelte wie besessen, gierig.

Nie traf sie bei ihren Streifzügen auf andere Leute, außer dem Förster, einem Mann mit unförmig dickem Bauch und einem Hitlerbärtchen. Wenn er ohne seine

Hunde unterwegs war, versteckte sie sich im Gehölz. Kam er mit den Tieren, blieb sie am Wegrand stehen – die feinen Nasen hätten sie ohnehin entdeckt. Sie knickste höflich und sagte Guten Tag. Er erwiderte den Gruß nicht, streifte sie mit einem Blick aus finsteren Augen und ging weiter.

Warum niemand außer ihr auf den Gedanken kam, Pilze zu suchen, verstand sie nicht. Zumindest die Flüchtlinge, die nicht wie Einheimischen Feld, Garten und Viehzeug besaßen, hätten sich doch reißen müssen um die Ergänzung ihres Speisezettels. Hatten sie Angst, in den Wald zu gehen?

Irgendwann einmal, als sie durchs Dorf nach Haus fuhr, warf eine Frau einen Blick in ihren Korb, der voller Parasol und Täublinge war, und rang die Hände.

„Kind, das mußt du alles wegwerfen! Das ist giftig!“ Beinah hätte sie Corellis Ernte mit Gewalt ausgeschüttet. Die riß sich schnell los und radelte nach Haus.

Sie aßen solche Pilze doch seit Jahr und Tag!

Ängstlich fragte sie Franziska. Die beruhigte sie. „Keine Sorge! Ein Onkel von Vati, von Hubert hat ein Buch über Pilze geschrieben. Wir wissen Bescheid. Die Leute sind einfach dumm.“

Daß es einen Onkel von Hubert gegeben hatte, wußte sie nicht. Sie kannte nur die Geschichte von seinem spielsüchtigen Vater, der sich das Genick gebrochen hatte. Aber sie fragte nicht weiter nach. Nachher kam wieder so etwas Beunruhigendes heraus wie bei Tante Marthe.

Als sie die gleiche Frau nach ein paar Tagen wieder traf, grüßte sie höflich und erklärte, sie hätten all die Pilze gegessen und seien wohlauf.

Die Frau sah sie mißbilligend an. „Pilze, das sind Maronen, Steinpilze und Pfifferlinge!“, erklärte sie bestimmt. „Alles andere ist Giftkram. Na, vielleicht habt ihr besondere Mägen.“

Die Bemerkung erfüllte Corelli mit einem schwelenden Gefühl von Zorn, sie wußte nicht einmal, wieso.

II – 5

Franziska verließ die klägliche Behausung immer seltener. Das Plumpsklo suchte sie nicht auf, sondern der Nachttopf im Schlafzimmer, auf den sie sich setzte, in eine Decke gehüllt, war ihre Toilette. Wenn Hubert von der Arbeit kam, trug er den mit einem Deckel versehenen Topf zum Abort und reinigte ihn anschließend.

Ginge Franziska wirklich einmal zum Einkauf in den Dorfladen, frisierte sie sich sorgfältig, setzte den Hut auf und zog Handschuhe an, stöckelte auf hohen Absätzen durch Staub oder Schlamm der Straße. Corelli sah die neugierigen und spöttischen Blicke der anderen Frauen, mit denen sie keinen Gruß wechselte, wie es hier im Ort üblich war, wenn man sich begegnete, gleichgültig, ob man sich kannte oder nicht. Sie schämte sich für Franziska, die „Stadtfrau“ spielte, und erbot sich häufig, ihr die Einkäufe abzunehmen, obwohl sie selbst nur ungern in den Laden ging.

Franziska kochte, nähte und strickte. Die Zimmer zu putzen, fühlte sie sich zu krank. (Das erledigte ein ältliches Fräulein aus der Nachbarschaft, Sklavin ihrer bettlägerigen Mutter, das froh war, einmal für ein paar Stunden der häuslichen Misere zu entfliehen.) Sie lag viel im Bett, nahm ihre Medizin, las wieder und wieder die wenigen Lieblingsbücher, die sie hatten, die Brille auf der kleinen Nase, das Vergrößerungsglas zwischen Gesicht und Buch.

Am Sonntag, wenn das Wetter danach war, zogen sich Hubert und Franziska sorgfältig an und machten Arm in Arm einen Spaziergang zum nahen Kiefernwald – der Buktum, ein schöner, wasserdurchrieselter Mischwald, war Franziska zu weit entfernt.

Ihnen folgten verwunderte Blicke. Niemand im Ort sonst tat dergleichen.

Von ihnen allen litt Franziska wohl am meisten.

Corellis Umgang beschränkte sich außer der Familie und der Schule, deren Kinder sie links liegen ließen, auf ein paar Gestalten, wie sie unterschiedlicher nicht sein konnten.

Das alte Ehepaar, dem der Hof gehörte, genoß im Ort keine Achtung, das merkte Corelli aus der Art, wie man über die beiden sprach, wenn sie beim Dorfladen oder beim Fleischer in der Schlange stand.

Der Mann war früher Viehhändler gewesen und galt als Aufschneider, unfähig, eine Bauernwirtschaft zu führen, die Frau, „Tante Minna", ein dürres altes Weib, das graue Haar mit vielen Eisennadeln zu einem Dutt aufgesteckt, kam aus ihrer Küche genauso wenig heraus wie Franziska aus der Wohnung. Sie war für ihren Geiz verschrieen.

Zwei dicke schwerfällige Kinder, Junge und Mädchen, beide kleiner als Corelli, fanden sich öfters auf dem Hof ein: Es waren die Sprößlinge des Mannes, bei dem Hubert arbeitete, und, wie auch immer, mit „Tante Minna" verwandt. Hauptsächlich kamen sie, um sich von ihr durchfüttern zu lassen. Der Ruf: „Ta' Minna, haste mal de Stulle!“ erscholl an einem Vormittag mindesten zwei- oder dreimal.

Die alte Frau schmierte den Kindern Brote dick mit Butter oder Schmalz und legte noch Wurststücke obenauf. Für die Leute, die bei ihr im Stall oder auf dem Feld tätig waren, verstrich sie ein einziges blubbernd weichgekochtes Ei über sechs Brotscheiben und kochte dazu einen Zichorienkaffee, der so dünn war, daß man auf den Grund der Tasse sehen konnte.

Es blieb nicht aus, daß Corelli mit diesen Kindern zu tun bekam. Sie waren stumpfsinnig und dumm wie Bohnenstroh, aber das war ihr gerade recht. So hatte sie doch wieder Material für ihre Spiele, ihre Inszenierungen. Ein Leiterwagen auf dem Hof diente als Ritterburg, die man verteidigen mußte. Die beiden spielten mit, ohne etwas zu verstehen, sie folgten ihren Anweisungen. Wenn sie etwas falsch machten, wurden sie von Corelli angeschrieen und bestraft, sie mußten sich mit gefesselten Händen hinknien und Besserung geloben.

Das Mädchen, vielleicht fünf Jahre alt, ließ sich alles gefallen. Der Junge (er mußte gerade die erste Klasse wiederholen, da er sich beim Rechnen anstellte wie der Ochs vorm Tor) muckte schon einmal auf und erklärte, er hätte keine Lust mehr zu den blöden Spielen. Dann schmeichelte Corelli ihm, ernannte ihn zum Prinzen oder Heerführer und flocht ihm eine Krone aus Löwenzahnblüten, die sich über seinem dümmlichen pausbackigen Gesicht ganz und gar lächerlich ausnahm.

Sie verachtete die beiden wegen ihres Mangels an Phantasie, aber andererseits war ihr das auch wieder recht. Keiner sollte ihr hineinreden.

Manchmal kamen von draußen noch andere Kinder dazu, die mitmachen wollten bei den heroischen Stücken, die Corelli aufführte, aber sie nahm sie nur an, wenn sie jünger als sie selbst und nicht allzu geschwätzig waren; schließlich sollten sie nicht fragen, sondern nur den Text aufsagen, den sie ihnen in den Mund legte.

II – 6

Auf dem Hof lebten außerdem zwei Mägde, Mutter und Tochter, die alle Arbeit machten. Wie lange sie schon bei dem Ehepaar waren, erfragte Corelli nicht, aber nach der harten Aussprache und der abenteuerlichen Art, Sätze zu bilden, gehörten sie auch zu den Flüchtlingen aus dem Osten.

Die Mutter, Olga, war schwarzhaarig, mit einem männlich harten Gesicht. Sie hinkte. Irgendwann, so erklärte sie, hatte sie sich das Bein gebrochen und es sei falsch zusammengewachsen. Die Tochter Hilde, klein, rundlich, kraushaarig, hatte aufgeworfene Lippen und strahlend blauen Augen, die ständig hin und her huschten, unstet wie Wasserspinnen.

In ihrer Langeweile schloß sich Corelli den beiden an, begleitete sie auf ihren Verrichtungen, sah zu, wie man Kühe melkte und versuchte es selbst, lernte, daß man die Hühner einfing und ihnen den Finger in den Hintern steckte, um festzustellen, ob sie an diesem Tag ein Ei legen würden, probierte sich an Olgas Spinnrad und sah mit Entsetzen, daß Hilde die Kirschen mit Stein verschluckte – man hatte ihr immer erklärt, daß man daran sterben könne.

Hilde trug keinen Schlüpfer, sie hockte sich zum Scheißen, wie sie sagte (Corelli lernte dies Wort erst hier) einfach in den Garten hinter der Scheune und wischte sich mit ein paar Blättern ab.

Abends stahl sie sich manchmal aus dem Haus und ging in die Felder.

Einmal war Corelli ihr hinterher gelaufen. Sie nahm an, daß das Mädchen nur frische Luft schnappen wollte und wäre gern mitgegangen.

Es wurde schon dämmrig, die Stunde zwischen Hund und Wolf, am Himmel stand ein käsebleicher Mond, vom Wäldchen drang der schnarrende Ruf eines Ziegenmelkers herüber und Hilde blieb stehen und bekreuzigte sich. Corelli hatte gehört, wie Olga behauptete, dieser Vogel sei vom Teufel und würde nachts in die Stallungen eindringen und die Euter der Ziegen leer saugen. (Als sie Hubert danach fragte, tippte der nur mit dem Finger an Stirn.)

Der Vogelruf verstummte. Hilde setzte sich wieder in Bewegung und lief vor Corelli den Feldweg entlang, sehr schnell, zu der Kuhweide mit der Haselnußhecke und dem Staketenzaun. Corelli wollte sie gerade anrufen und sie bitten, zu warten, da kam hinter dem Zaun ein Mann hervor.

Corelli, heiß erschrocken, sprang vom Weg und hockte sich in den Straßengraben. Feuchtigkeit netzte ihr die Füße, die harten Stängel eines Gewächses, vielleicht Schafgarbe, stachen ihre Beine.

Sie kannte den Mann, erkannte ihn im halben Dämmerlicht an seiner gedrungenen Statur mit den breiten Schultern und krummen Beinen. Er arbeitete auf einem anderen Hof als Knecht; ein sehniger Kerl, dessen Armmuskeln wie dicke Stränge waren. Sie war ihm immer aus dem Weg gegangen, weil sie seine kleinen dunklen Augen ängstigten: Er schielte.

Der Mann ging direkt auf Hilde zu, packte sie an der Schulter und zerrte sie zu dem Staketenzaun.

Das Mädchen griff zu, hielt sich mit beiden Händen am Zaun fest, beugte sich vornüber und reckte die Kruppe hoch. Der Mann knöpfte an seiner Hose herum. Dann hob er Hildes Rock, schlug mit beiden Händen klatschend auf ihren Hintern und begann sie zu bearbeiten. Monoton und gleichmäßig stieß er seinen Unterleib vor und zog ihn wieder zurück, im Takt dazu stöhnte Hilde dumpf und tief aus der Kehle heraus.

Corelli biß sich auf die Fingerknöchel. Sie wollte fortlaufen und konnte sich nicht von der Stelle rühren.

In der Ferne begann wieder der Ziegenmelker zu schnarren, aber die beiden schienen ihn nicht zu hören. Sie waren mit ihrer eigenen Musik beschäftigt; auch der Mann stieß jetzt eine Art rhythmisches Röcheln aus, und das Mädchen stöhnte nun nicht mehr, sondern jaulte wie eine Hündin. Dann blökte der Mann noch einmal auf und zog sich zurück. Er gab Hilde noch einen Schlag auf die Hinterbacken, drehte sich um und ging.

Entsetzt und fasziniert zugleich hatte Corelli dem Vorgang zugeschaut. Sie merkte, daß sie zitterte und ihr Bauch sich zusammenkrampfte. Vorsichtig, mit steifen Beinen stieg sie aus dem Graben und näherte sich Hilde, ohne daß sie wußte weshalb.

Die stand noch immer in der gleichen Haltung, das Kleid hochgeschoben bis zu den Hüften, und atmete schwer. An dem dunklen Haarbuschen, der zwischen ihren Schenkeln zu sehen war, glitzerte es wie die Schneckenspuren im Keller.

Dann, mit einem tiefen Seufzer, richtete sie sich auf, drehte sie sich um – und erstarrte, als sie das Kind sah.

Ihre üppigen Lippen öffneten und schlossen sich, ohne daß ein Ton herauskam. Schließlich sagte sie heiser: „Was machst du hier?“

Corelli hatte einen trockenen Mund. „Ich wollte mit dir spazieren gehen“, erwiderte sie zaghaft.

„Hast du zugeguckt?“

Sie nickte.

Hilde holte tief Luft. „Wenn du petzest, sag ich das dem Hansjörg, und der haut dich windelweich.“

Daß es sich bei Hansjörg um den Kerl handeln mußte, den sie eben am Werk gesehen hatte, war ihr augenblicklich klar.

„Ich verrate nichts Geheimes“, sagte sie, weniger von der Drohung beeindruckt als von Hildes Angst, daß jemand erfahren könnte, was verborgen war. „Ich schwöre mit heiligen Eiden.“ (So sagten sie in den Romanen der gelben Hefte.)

Die Formulierung schien Hilde zu irritieren. „Schwören?“, wiederholte sie. Und dann: „Ja, los, schwör bei der Heiligen Jungfrau!“

Die Heilige Jungfrau, wußte Corelli, war die Mutter Maria. Sie sah nicht ein, warum sie nicht auch bei der schwören sollte, hob pathetisch die Hand mit zwei ausgestreckten Fingern und schwur, was Hilde ungemein zu beruhigen schien. Sie pflückte ein paar Huflattichblätter und wischte sich damit die Schneckenspuren von Schamhaar und Beinen weg, dann gingen sie nebeneinander nach Haus. Es war inzwischen Nacht geworden, der Mond schwamm zwischen Wolken.

„Wie heißt das, was ihr da gemacht habt?“ fragte Corelli.

Hilde blieb stehen. „Was geht dich das an? Du bist viel zu klein für so etwas.“

„Ich will es aber wissen.“

Hilde riß einen Zweig vom Holunder ab, der am Weg wuchs. „Ficken“ sagte sie dann heiser.

„Warum macht man es, wenn man dabei so schreien muß?“ erkundigte sich Corelli. (Sie war schließlich im Geheimnis mit dem Mädchen, da hatte sie das Recht auf Fragen.)

„Halt endlich den Mund! Hast du den Teufel im Leib, daß du solche Fragen stellst?“

„Aber ...“

„Sei stil!“

Sie gingen weiter.

Vom Hof her hörten sie Hermine, die nach dem Kind rief.

Corelli antwortete. Sie mußte sich anhören, daß man sich Sorgen um sie gemacht hatte.

Sie sei nur mit Hilde spazieren gegangen, erwiderte sie.

Nun war Hilde an der Reihe, Vorwürfe anzuhören. Sie lächelte schief, erklärte, sie habe gedacht, Friedchen hätte Bescheid gesagt.

Es war alles alltäglich.

Kurz bevor Corelli mit Hermine in ihre Bruchbude hinüberging und Hilde noch einmal in den Kuhstall, um nach dem Rechten zu sehen, beugte sich die Magd zu dem Kind.

„Man schreit, weil, es gibt nichts auf der Welt, was so schön ist“, sagte sie mit gedämpfter Stimme.

Da hatte Corelli ihre Antwort.

Konnte es mehr geben als die Lust, die sie sich selbst bereitete? Sie ging gleich zu Bett; zum Glück kamen die anderen nicht sofort nach. Drei-, viermal gelangte sie auf den Punkt, wo ihr die Sinne vergingen, dann kam Franziska, um sich als Erste schlafen zu legen. Sie war gerade auf halber Strecke. Mit angehaltenem Atem wartete sie, bis es neben ihr schnarchte. Dann holte sie sich den Rest, explodierte vor Wonne. Sie wußte ja, daß es noch schöner war, wenn man zwischendurch innehielt.

Auch wenn sie nicht schreien mußte.

II – 7

In diesem Dorf stahlen alle wie die Raben, ganz gleich, ob sie arm waren oder reich, ob Flüchtlinge oder Alteingesessene. Die Familie natürlich auch.

Wenn Hermine mit Corelli aufs Feld ging, um Futter für die Kaninchen zu holen, die sie sich inzwischen in lächerlich kleinen Boxen zum Schlachten hielten (mit Vorhängeschloß, versteht sich, damit sie nicht geklaut werden konnten!), dann war es selbstverständlich, daß sie unter dem Gras oder Kraut, das sie am Wegrain zupften, noch paar Handvoll Möhren oder Schoten von den uneingezäunten Gärten in der Nähe nach Haus brachten.

Sie pflückten die Äpfel und Kirschen aus dem Gärtchen hinter der Scheune und trugen das Obst, unterm Kleid verborgen, über den Hof nach drinnen.

Corelli, nachdem sie sich versichert hatte, daß weder der Bauer noch Tante Minna in der Nähe waren, schlüpfte früh in den Hühnerstall und stahl die frisch gelegten Eier, die noch warm waren, bevor gegen Mittag Olga die Nester leerte.

Einmal hatte der Bauer Kohlen bekommen: der Berg Brennstoff lag nachts über auf dem Hof. Hubert und Hermine schlichen sich heraus und heimsten einen ordentlichen Sack voll ein. Am anderen Morgen sahen sie mit Schrecken, daß es vor ihrer Aktion Raureif gegeben hatte. Nun klaffte in dem silbern überzogenen Haufen ein schwarzes Loch. Aber niemand machte eine Bemerkung.

Dafür ertappte Corelli, zum Brennholz-Holen auf den Boden geschickt, Tante Minna, die in aller Seelenruhe und ohne das mindeste Erschrecken ihren Korb mit Spänen und Holzscheiten aus dem Vorrat der Familie füllte und mit dem Kommentar: „Schön trocken, das Holz!“ an dem Kind vorbei die Treppe hinunterstieg.

Welche Abmachung die Familie mit Olga, der Mutter von Hilde, getroffen hatte, wußte Corelli nicht. Jedenfalls stand jeden Morgen nach dem Melken eine verbeulte Blechkanne voller kuhwarmer Milch in ihrem Flur vor der Zimmertür.

Diese Milch war die Ernährungsgrundlage der Familie – und Corellis Schrecken. Allein der Geruch – wie sie fand: Gestank – der weißen fettigen Flüssigkeit erregte ihr Brechreiz. Es gab Milchsuppe mit Nudeln und Milchsuppe mit Mehl (Klümpchen, entsetzlich!), mit Haferflocken, mit Grütze, Milchsuppe süß und Milchsuppe herzhaft mit einem Sellerieblatt und Suppenwürze. Es gab Dickmilch mit Schwarzbrot und Dickmilch mit Blaubeeren. Manchmal hatten sie so viel, daß sie Quark machen konnten; den aß Corelli mit Widerwillen, wenn er stark genug gesalzen und gewürzt war. Einmal versuchten sie sogar, Käse herzustellen. Es mißlang gründlich. Die auf dem Büffet zum Trocknen ausgebreiteten Käseleibe schrumpften und dorrten und wurden schließlich Beute einer nächtlichen Mäuseattacke.

Corelli hat ihre Aversion gegen Milch ihr ganzes Leben lang nicht ablegen können – genauso wenig wie ihre Gier nach Fleisch.

Ein Festtag für sie wurde das Schlachten auf dem Hof.

Vorsorglich hatte man sie ferngehalten vom Vorgang des Tötens.

Die Verarbeitung des Fleisches jedoch fand in der Waschküche des Hauses statt, das Zerkleinern, das Einpökeln und Einwecken, das Braten der frischen fettigen Stücke, das Kochen der Wurst im Waschkessel – der Geruch ließ ihr das Wasser im Mund zusammenlaufen.

Als der Schlachter und die Bauernfamilie mit ihren Helfern sich zum Mittagessen in ihrem Teil des Hauses versammelten, war die große Stunde gekommen.

Natürlich hatten sie die Waschküche zugesperrt – die Tür auf der einen Seite mit einem Schloß, auf der anderen, die zu den Räumen der Familie führte, mit einem Riegel.

Hubert hebelte den Riegel aus. Mit einer großen Emailschüssel bewaffnet, holten sie sich von dem, was da war: Einen Klumpen aus der Masse von Hack, eine Girlande der frisch gebrühten Würste, ein großes Stück Fett. Die eigentlichen Fleischstücke waren zu groß, sie trauten sich nicht, so ein Teil verschwinden zu lassen.

Gegen Abend – der Geruch nach dem gebratenen Hackfleisch hing in den Räumen – klopfte es. Erschrocken warf Franziska ein Tuch über die Reste der Beute. Hubert öffnete mißtrauisch. Da stand Tante Minna mit einer großzügigen Gabe vom Schlachtfest: einem Topf mit Wurstbrühe, also dem Sud, in dem man die Wurst gekocht hatte, und einem Stück Stichfleisch, nicht größer als eine Untertasse. Hubert dankte höflich.

II – 8

Bei den Dorfkindern kam ein Spiel auf, ein Spiel um Geld. Die akrobatischen Verrenkungen gerieten darüber für eine Zeit fast in Vergessenheit.

Das Spiel lief so: Ein Geldstück, im allgemeinen ein Groschen (also zehn Pfennig), mußte aus einer bestimmten Entfernung gegen eine Mauer geworfen werden. Derjenige, dessen Geldstück dieser Mauer oder Wand am nächsten landete, hatte das Recht, alle anderen Geldstücke zu „fangen". Das heißt, er mußte alle vorhandenen Groschen zunächst hochwerfen und auf dem Handrücken auffangen, sie dann wieder hochschleudern und endgültig „krallen". Verlor er eins oder mehrere Münzen, war der Nächstplatzierte an der Reihe. Fing er alles, gehörte der Wurf ihm. Man nannte das Schangeln.

Der Junge, der immer auf den Hof kam, machte Corelli mit dem Spiel vertraut. Damit es zu zweit nicht zu langweilig wurde, nahm jeder drei Groschen. Sicher hoffte er, das merkwürdige Mädchen ausnehmen zu können, aber es erwies sich, daß Corelli binnen kurzem ein fast hexenhaftes Geschick im Werfen und Fangen entwickelte. Die Hosentasche des Jungen leerte sich schnell.

Verblüfft berichtete er den Dorfkindern von Corellis Talent, und plötzlich wollten es viele wissen und forderten sie zum Spiel auf, denn das ging in ihrem Verständnis ja nicht an, daß dies Mädchen von irgendwoher, dies „Flüchtlingskind", etwas besser konnte als sie.

Sie schlug sie alle. Noch staunenswerter als ihre Fähigkeit, das Geldstück aus dem Handgelenk und mit sicherem Augenmaß dicht, meist sogar hochstehend, an der Wand zu plazieren, war die Kunst, mit der sie sieben oder acht Münzen ganz sachte in die Höhe warf, sodaß sie auf ihrem Handrücken landeten, ohne zu verrutschen. Wenn es so weit war, wehte bereits ein Stöhnen durch die Gruppe der Mitspieler, denn sie wußten schon, daß sie nun die erneut hochgeworfenen Groschen mit der gleichen Hand auch fangen würde wie eine Katze, die ihre Beute mit zuschlagender Tatze greift.

Für einen Tag war Corelli die Schangelkönigin des Dorfes. Sie räumte das Taschengeld all der Jungen und Mädchen ab, die es mit ihr aufnahmen. Immer wieder tauchten drei, vier auf, die es nicht glauben wollten und sich allemal für besser hielten. Aber sie gewann und knüpfte das Geld in ihr Taschentuch ein.

Als sie zu Hause ihre Beute zählte, sah sie: Sie hatte fast fünf Mark gewonnen.

Aber am nächsten Tag wollte keiner mehr mit ihr spielen. Sie hatten ja schließlich keine Lust, anzutreten mit der Gewißheit, ihre Zehner zu verlieren. Sie wollten selbst gewinnen ...

II – 9

Ungefähr zu dieser Zeit erschien ein Schausteller im Dorf. Er baute ein Karussell für die Kleinen auf, mit hölzernen Pferden und Schwänen, Feuerwehrwagen, Autos und Motorrädern mit Beiwagen. Außerdem hatte er eine sogenannte amerikanische oder Schiffsschaukel. An einem Gestell aus Eisenträgern und mit hölzernem Boden war an einer kräftigen Querstrebe mit Metallstäben eine Gondel befestigt. War der Passagier oder die Passagiere (meist waren es zwei) eingestiegen, gab der Schausteller der Schaukel drei bis vier kräftige Anstöße. Das Vehikel weiter in Schwung zu halten und so hoch wie möglich zu bringen, war der Muskelkraft und dem Geschick der Insassen vorbehalten, die es mit tiefen Kniebeugen immer weiter nach oben trieben. Die meisten stoppten kurz vorm Zenit und ließen sich zurückfallen. Aber das mußte man nicht! Man konnte die Gondel zum Überschlag bringen. Für einen endlosen Moment stand der Passagier Kopf, festgeklammert an die Metallstäbe, gewärtig, zu rutschen und zu stürzen, nur vom Sog der Fliehkraft gehalten, dann, eher träge, entschloß sich die Gondel, zu kippen und auf der anderen Seite wieder herunterzuschwingen.

Das Kinderkarussell mit seiner lauten Klingel und seiner einfältigen Musik begeisterte die Dorfjugend. An die Schaukel wagten sich zuerst nur die Halbwüchsigen. Junge Männer, gern auch mit ihren Mädchen, bestiegen lässig die Gondel und freuten sich am Gekreisch ihres Schatzes, wenn sie wirklich einmal einen Überschlag riskierten.

Corelli hatte kaum einen Blick für das kleine Karussell. Von Anfang zog die Gondel sie an.

Es war wie ein Sog. Die Gondel kam ihr vor wie ein riesiges schwingendes Pendel, wie die Pendule eines Uhrwerks, dessen Zeitmaß man selbst bestimmen konnte.

Am Wochenende waren die beiden Fahrwerke den ganzen Tag über belagert; am Karussell standen die Kinder sogar Schlange, ihren Groschen in der Hand.

Die Schiffsschaukel kostete das Dreifache, dreißig Pfennig.

Während der Woche öffnete der Schausteller immer erst am Nachmittag. Aber da kamen nur die Kinder, die nach der Schule ihr letztes Taschengeld fürs kleine Karussell ausgeben wollten; die Schaukel wurde von den Halbwüchsigen erst okkupiert, nachdem sie mit ihrer Arbeit im Stall oder auf dem Feld fertig waren und dann, frisch gewaschen und im sauberen Hemd, herbei kamen, um ihren Mädchen zu imponieren.

Zu dieser Zeit nun trat Corelli das erste Mal an die Schaukel heran und wartete darauf, daß der Besitzer sie wahrnahm. Er kam zu ihr, nachdem er das Karussell abkassiert hatte, etwas verwundert vielleicht, musterte das dünne Mädchen mit den langen Beinen von Kopf bis Fuß, aber sagte nichts, als sie ihm die drei Münzen entgegenstreckte. Er half ihr in die Gondel und löste die Bremse. Dann gab er ihr Anschub, vier oder fünf wuchtige Stöße, die das schwere Gerät in Bewegung versetzten.

Corelli ging in die Knie, bog den Körper durch, holte Schwung. Ja, sie konnte die Bewegung halten und sie sogar noch steigern. Die Luft sauste um ihre Ohren, die Zöpfe wehten ihr hinterher. Ihr Mund wurde trocken und das Schlucken fiel schwer. Sie schloß die Augen. Sauste hoch in den Himmel und fiel rauschend nieder zur Erde. Immer weiter. Tief und immer höher. Am höchsten Punkt verloren ihre Füße die Haftung mit dem Boden der Gondel, sie schwebte, angeklammert an die Streben.

Und dann geschah es. Der Überschlag. Für einen Moment war ihr Körper schwerelos. Wenn sie jetzt die Hände öffnete, würde sie abstürzen, würde fallen bis zum Mittelpunkt der Welt.

Sie hielt die Luft an, dann raste die Gondel mit ihr auf der anderen Seite herunter, und sie schaffte es ein zweites Mal, bevor der Schausteller die Bremse zog und die Schaukel zum Ausschwingen brachte.

Er half ihr heraus, kopfschüttelnd; ihre Knie zitterten und sie mußte sich auf die Stufen setzen.

„Na, haste jetzt den Drehwurm?" sagte der Mann. Dann ging er wieder hinüber, um die Runde am kleinen Karussell zu beenden.

Corelli stützte den Kopf in die Hände, sie mußte husten. Ihre Kehle war wie ausgedörrt.

Sie wußte, daß das Gefühl des Überschlags wieder und wieder erleben wollte. Wieder und wieder.

Sie lernte, die Luft durch die Nase einzuziehen und so zu schlucken, daß ihr Atem ruhig ging und ihr Hals frei blieb. Auch schwindlig wurde sie nicht mehr. Es war einfach nur eine süße Höllenfahrt.

Gleich, wenn die Schule zu Ende war, noch vor Franziskas Mittagessen, ging sie auf zwei Schaukelgänge auf den Platz.

Der Schausteller kam aus seinem Wohnwagen, sobald sie erschien; er warf die Gondel für sie schon vor Beginn der offiziellen Öffnung an. Schließlich gab es keinen Grund, das Geld zu verschmähen, und mehr als Anstoßen und zum Schluß Bremsen hatte er ja nicht zu tun.

Sie erledigte hastig ihre Hausaufgaben, dann war sie wieder da und schaukelte, schaukelte.

Ihr Geld schwand wie Tau vor der Sonne. Einmal gab ihr Franziska noch eine Mark, dann weigerte sie sich, mehr herauszurücken. (Natürlich wußte sie nicht, daß das Mädchen mit Überschlag schaukelte).

Corelli war verzweifelt. Sie war süchtig.

Schließlich verfiel sie auf die Idee, mit der fünfjährigen Verwandten des Bauernpaars zu schangeln.

Das Mädchen fühlte sich geehrt; bisher hatte man sie bci diesem Spiel immer stehen lassen, weil sie zu ungeschickt und zu klein war. Sie ließ sich von Tante Minna ein paar Groschen geben, die sie natürlich im Handumdrehen verlor.

Corelli stachelte sie an, mehr Geld zu holen. Sie wisse doch, wo das Portemonnaie der Tante liege!

Wirklich ging das Kind hin und kam mit ein paar Münzen zurück, es waren Groschen, Fünfziger, ein Markstück – offensichtlich kannte sie die Werte der Geldstücke gar nicht. Corelli war das egal. Sie nahm dem Mädchen alles ab, dann rannte sie auf den Platz, um es zu verschaukeln.

Als sie am nächsten Tag wieder mit der Kleinen spielen wollte, erklärte die, Tante Minna hätte es ihr verboten. Eigentlich war es ein Wunder, daß sie Corelli nicht zur Rede stellte.

Aber es war ohnehin alles aus.

Am Tag darauf, als sie aus Franziskas Geldtasche eine Mark gestohlen hatte und zur Schaukel rannte, war der Schausteller fort. Auf dem Platz mit dem niedergetretenen Gras und den Lachen aus Staub waren noch die Abdrücke des Karussells zu sehen, ein Kreis Verwelktes. Der Fleck, wo die Schaukel gewesen war, trug noch das Muster der Bretterauflage und der vier Pfosten.

Sie stand wie vom Donner gerührt, mit einem merkwürdigen Ziehen unterm Brustbein. Himmel und Hölle hatten sie verlassen.

DAMALS HAST DU MIT MIR GESPIELT

Wo kommst DU her? Ich habe DICH nicht gerufen.

MEIST KOMME ICH NICHT, WENN MAN MICH RUFT. DAS IST UNVERHOFFTES GLÜCK.

Willst DU mir etwas sagen?

DAS HABE ICH SCHON GETAN. DAMALS WAR ICH JEDEN TAG DABEI.

Auf der Schaukel?

WUSSTEST DU DAS NICHT? DER ÜBERSCHLAG HAT MIR GEHÖRT.

Aber – es war Leben! Es damals die exzentrischste, die sinnlichste, die intensivste Form des Lebens!

VIELLEICHT BIN ICH DAS.

DU? DU bist ein Übergang.

DAS DA OBEN IN DER SCHAUKEL – WAS WAR DAS ANDERS?

Meinst DU wirklich, ich hätte „Komm, süßer Tod" geschrieen?

NEIN. DU HAST KOMM SÜSSES LEBEN GESCHRIEEN. DAS IST MANCHMAL DAS GLEICHE.

Ich mag mir das nicht anhören. Hast DU nichts anderes zu tun?

IMMER.

II – 10

Das Dorf lag direkt an der Bahnstrecke nach Potsdam. In Potsdam steigt man in die sogenannte S-Bahn um. Dann mußte man nur noch zwei Stationen weiterfahren, und man war in der anderen Welt. Dic andere Welt hieß Westberlin.

In diesem Sommer ging es los. In Westberlin gab es alles – nur nichts Frisches vom Bauernhof. Wenn man etwas Frisches in Westberlin verkaufte, bekam man dafür „Westgeld". Damit ging man in eine Wechselstube und bekam fünfmal oder siebenmal soviel „Ostgeld". Man konnte allerdings auch in Westberlin einkaufen, was es auf dem Dorf nicht gab, entweder für sich selbst oder um es zu verkaufen.

Das alles nannte sich Schwarzhandel.

Die Züge nach Potsdam waren überfüllt von jungen, nervösen Frauen mit Rucksäcken, aus denen der Duft von reifen Augustäpfeln strömte, von seriösen Herren mit Aktentaschen, die nach Wurst und Speck rochen, und älteren Bäuerinnen, die hartnäckig auf einen Sitzplatz verzichteten, denn unter ihrem weiten Kleid trugen sie einen Unterrock mit vielen Taschen, in denen sich Eier befanden.

Auf der Rückfahrt waren die Düfte andere. Es roch hauptsächlich nach Kaffee und Räucherfisch.

Hermine gab ihre Buchhalterstelle bei Huberts Chef auf und verlegte sich aufs Geschäft. Aber womit sollte sie handeln? Die Familie besaß weder Feld noch Garten, und ihre Kaninchen aßen sie selbst. Da kamen Corellis Pilze ins Spiel.

Auf einmal sammelte sie nicht mehr für den heimischen Kochtopf, sondern für den Handel. Am Vorabend saßen die Frauen und das Kind am Tisch und sortierten aus: Steinpilze, Maronen und Pfifferlinge, gemäß dem Kanon der „bekannten Pilze“, für Westberlin, die anderen für sie selbst. Die „Westpilze“ wurden sorgfältig geputzt, nach Maden durchsucht und schließlich in einem mit einer Serviette ausgeschlagenen Korb verstaut. Am nächsten Morgen in aller Frühe stieg Hermine dann in den Zug und fuhr unter Zittern und Zagen nach Westberlin – denn der Schwarzhandel war gefährlich.

Die erste Falle konnte schon im Zug zuschnappen, wenn es eine Razzia gab. Man nahm den Reisenden gnadenlos ab, was sie bei sich hatten. Aber es waren viel zu viele Schmuggler im Zug und zu wenig Polizisten. Die meisten kamen durch.

Die nächste Hürde wartete in Potsdam: An der Sperre wurden die Aussteigenden ebenfalls von Volkspolizisten empfangen. Man machte Stichproben. Währenddessen strömten die anderen hastig an Filzern und Gefilzten vorbei zur wartenden S-Bahn.

In der Station vor Westberlin kam dann die Ausweiskontrolle, und damit verbunden konnten wieder peinliche Fragen über den Tascheninhalt auftauchen. Wieder verschwand der eine oder der andere mit seinem Rucksack oder seinem Koffer im Gefolge der „Bullen“ aus dem Waggon.

Großes Aufatmen, wenn die S-Bahn anfuhr. Die nächste Station war bereits Westberlin. Obwohl die eigentliche Arbeit jetzt erst begann.

Manche stellten sich mit ihrer Ware einfach auf die Märkte. Aber da mußte man höllisch aufpassen, denn es gab eine Marktaufsicht, und wenn man sich erwischen ließ, konnte man sich auch hier, in Westberlin, noch Konfiskation oder gar Bußgeld einhandeln.

Besser: Man mußte sich eine S-Bahn-Station aussuchen, von der man annehmen konnte, daß sie nicht so von Händlern überlaufen war. Was bedeutete, weiterzufahren, wenig bekannte und vor allem begüterte Viertel zu finden und dann von Haus zu Haus gehen, an den Türen klingeln und die Ware feilbieten.

Wenn man Glück hatte, wurde man sein „Frisches“ gleich los und konnte Dinge einkaufen, die man mit zurücknahm. Mußte man allerdings längere Zeit Klinken putzen, wurde es knapp, und man konnte nur noch zum letzten Zug zurückhasten. Und dann die gleiche Prozedur noch einmal in umgekehrter Reihenfolge.

Hermines Nerven lagen blank. Sie war für dergleichen nicht geschaffen.

Wenn Corelli sie – was meist geschah – abends vom Zug abholte, stieg sie häufig als erste aus und stürzte zunächst auf die verdreckte Bahnhofstoilette, entweder, weil sie sich übergeben mußte, oder weil sie Durchfall hatte vor Aufregung.

Dann ging sie mit der Tochter nach Haus und ließ sie die Tasche tragen, aus der meist der verlockende Duft von Räucherfisch aufstieg.

Es grenzte an ein Wunder, daß sie bei all ihrer Angst, die ihr aus den Augen sprang (sie erzählte, daß sie manchmal bei den Razzien so zitterte, daß sie eigentlich jedem auffallen mußte), nie gefilzt wurde.

Im Dorf waren sie bald als illegale Lieferanten für Bücklinge und Makrelen bekannt. (Daß es speziell Räucherfisch war, den Hermine mitbrachte, so lag das einfach daran, daß der Fischladen gleich neben dem Markt lag, auf dem sie angstvoll ihre Pilze anbot.) Oft klopfte noch jemand zu später Stunde ans Fenster der Familie und holte sich etwas zum Abendessen. Freilich war der Markt bald gesättigt und die Handelsspanne, wie die Leute fanden, unverschämt hoch. Man war zwar ausgehungert nach dergleichen, konnte es sich aber nicht alle Tage leisten. Die winzige Behausung der Familie war erfüllt vom Geruch nach Räucherfisch. Was Corelli zunächst köstlich gefunden hatte, erregte nun ihren Brechreiz, und auch Franziska rannte nur noch mit einem in Eau de Cologne getränkten Taschentuch vor der Nase herum.

Franziska war es auch, die den Vorschlag unterbreitete: „Wir können das Zeug doch nicht verkommen lassen! Friedesinchen fährt doch soviel mit dem Rad herum! Warum soll sie nicht mal versuchen, auf den Dörfern ...?“

Hubert schüttelte den Kopf. Aber Corelli sah die verzweifelte Hoffnung in Hermines Augen: Sollten ihre Ängste sich nicht einmal gelohnt haben?

Sie wollte es machen.

Es waren Schulferien. Am nächsten Morgen, während Hermine ihre Mutter, wieder ihrem Martyrium entgegenfuhr, schwang sie sich auf ihr Fahrrad, die Tasche mit den einzeln in Ölpapier eingewickelten Bücklingen auf dem Gepäckträger, die Geldbörse mit dem Wechselgeld in der Rocktasche.

Während sie die Chaussee zum nächsten Dorf ohne Bahnstation entlang radelte, hindurch zwischen den Stoppelfeldern und den üppig aufblätternden Kartoffeläckern, fiel ihr die Geschichte ein, die Hermine ihr über Tante Marthe erzählt hatte, mit so einem verächtlichen Unterton in der Stimme: Wie diese Marthe zu den Bauersfrauen gegangen und ihnen die Geschichten aus den gelben Romanheften erzählt hatte.

Sie beschloß, Tante Marthe zu spielen – freilich mit umgekehrten Vorzeichen.

Es ging gar nicht so schlecht.

Die erste Frau, die sie in ihrer heißen Küche beim Kochen von Pflaumenmus antraf, war gerührt von ihrer Geschichte, die sie schüchtern, mit zittriger Stimme vortrug: Daß ihre Eltern krank geworden seien und sie nun das Geschäft weiterführen müsse. Obwohl sie sieben Mark für einen einzigen Bückling zu teuer fand, kaufte sie dem armen Kind drei Stück ab und bot ihm – zu Corellis Entsetzen, sie aß nichts von fremden Leuten – einen Teller Suppe an. Mit Mühe gelang es ihr, sich da herauszuwinden.

Bei der zweiten Kundin, die sie ungehalten vom Hof schicken wollte, begann sie zu weinen. Mit Erfolg.

Die dritte wollte die Polizei einschalten, weil es doch eine Schande sei, Kinder arbeiten zu lassen. Sie kam ihr wieder mit der Geschichte von den kranken Eltern und tat sich selbst leid dabei.

Der Vormittag war um, und sie war ihre Fische losgeworden – zumal sie inzwischen derart mit diesen Tieren vertraut war, daß sie durch bloßes Betasten feststellen konnte, ob sie „Milchner“ oder „Rogener“ waren und also Spezialwünsche erfüllen konnte.

Nun gab es allerdings ein Problem: Sie war ja nicht in den Pilzen gewesen! Womit sollte Hermine am Tag drauf losziehen?

Als sie an einer Obstplantage vorbeikam, sah sie, daß gerade Cox Orange geerntet wurden – ihre Lieblingssorte.

Kurz entschlossen betrat sie die Plantage und begann wieder mit zittriger Stimme ihre Geschichte von den kranken Eltern.

Sie handelte einen prall gefüllten Sack mit Äpfeln ein, so üppig, daß er ihr auf dem Rückweg immer vom Gepäckträger zu rutschen drohte.

Am nächsten tag fuhr Hermine mit den „Edeläpfeln" los. Die waren zwar schwerer als Pilze, aber viel einfacher zu transportieren und nicht so schnell verderblich.

II – 11

Hubert hatte zwar nichts gesagt, aber es schien, als könne er sich diesen elenden Kleinhandel, der Tochter und Enkelin in einen eisernen Kreislauf eingeschlossen hatte, nicht mehr länger mit ansehen.

An den Abenden saß er einmal wieder mit Papier und Tinte, verschickte Briefe, die Hermine in Westberlin einzuwerfen hatte und deren Antwort sie postlagernd dort abholte.

Dann war es soweit. Ein Geschäftsfreund von früher hatte sich gemeldet. Hubert war bereit, sich von einem Teil seiner „eisernen Bestände“, von den Dingen, die sie damals aus dem Keller des Trümmerhauses gerettet hatten, zu trennen – wohlweislich hatte er davon nicht allzu viel ins Geschäft seines Arbeitgebers stecken müssen.

Nun hatte Hermine nicht mehr „Frisches“ nach Westberlin zu bringen, sondern Portion für Portion Radioröhren und Kupferdraht, Kondensatoren und Widerstände.

Als Schutzbrief vor den Razzien diente ihr ein Schreiben eines Ostberliner Betriebs RFT, der von Hubert einen Posten Material angefordert hatte.

Hermine konnte ihre Ängste abbauen; ganz gelang es ihr nicht, noch immer konnte es geschehen, daß sie aus dem Zug stürzte und aufs Bahnhofklo rennen mußte. Und Corelli hatte „frei“.

Sie merkte sehr schnell, daß sie sich schrecklich langweilte. Bei aller Aufregung und allen Demütigungen, bei allen Lügen und Spinnereien hatte ihr der Handel irgendwie Spaß gemacht; sie konnte eine Rolle spielen.

Zu Haus gab es nun Corned Beef und Ovomaltine, Bohnenkaffee für Franziska und Lucky Strike für Hubert.

Einmal brachte Hermine eine glänzend bunte Zeitschrift mit Kleidern, von denen man nur schwärmen konnte: Schöne Damen, hingelehnt an Autos, Witzbilder von Familien, wo die Frauen so pralle Brüste und Ärsche hatten, daß es Corelli zwischen den Beinen zu kribbeln begann, Rezepte, in denen man vorschlug, Käse mit Bananen zu essen. Es war eine Traum- und Zauberwelt. So also vermochten Menschen zu leben? Sie konnte es nicht fassen.

Und dann kam der Tag, wo sie mitfahren durfte. Hubert hatte es bestimmt. Ihre Sandalen mit den Holzsohlen und den Riemen aus rissigem Leder fielen ihr fast von den Füßen. Corelli sollte neues Schuhwerk aus Westberlin bekommen.

Im Zug ergatterten sie mühevoll einen Sitzplatz, Corelli mußte zu Hermine auf den Schoß und wußte nicht, wohin mit den Beinen. Trotzdem schlief sie ein im Duft der Schwarzmarktware und dem Schweißgeruch der ungewaschenen Leute um sie herum, den Kopf auf Hermines Schulter gebettet.

Razzia kam keine; aber die Kontrolle in Potsdam pickte sie diesmal heraus und fragte nach dem Inhalt von Hermines Koffer.

„Ware für RFT“, sagte sie und die Stimme knickte ihr weg. Mit zitternden Händen holte sie den „Schutzbrief“ hervor und wurde durchgewinkt.

Für Corelli war die Panik ihrer Mutter rätselhaft. „Wovor hast du denn Angst, Mami?“, fragte sie, als sie in der S-Bahn saßen; auf Hermines Oberlippe standen Schweißperlen. „Du hast doch diesen Brief, da konnte doch gar nichts passieren!“

Hermine atmete tief durch. „Das verstehst du nicht, Kind!“, erwiderte sie. Weiter nichts.

Die Prüfung der Ausweise in der Bahn verlief ohne Probleme.

Und dann waren sie im Westen.

Das erste, was Corelli auffiel, war der Geruch. Es roch völlig anders als auf dem Dorf und auch anders, als es in Potsdam auf dem Bahnhof gerochen hatte. Es roch – elegant. Vornehm. Erhebend. Es roch nach Benzin. Einem anderen Benzin, als dem, was die paar Autos im Osten verbrannten.

Dann war da ein Automat, aus dem man sich Kaugummi und Schokolade holen konnte. Ein Kiosk mit unzähligen jener bunten Zeitschriften. Ein Stand mit Eis. Viele Sorten Eis.

„Nachher bekommst du eins, wenn ich das Geld habe“, sagte Hermine.

Sie fuhren. Und dann gingen sie. Straßen mit Schaufenstern voller unglaublicher Dinge, bunt, anmutig, verführerisch. Alleen, beschattet von großen dunkelgrünen Bäumen. („Platanen“, sagte Hermine.) Leute, die Kleider trugen, wie aus dem Journal. Faltenröcke. Baskenmützen. Blusen mit weiten Ärmeln. Bunte Söckchen in Absatzschuhen.

Riechen. Hören. Sehen.

Corelli war offensichtlich im Paradies gelandet.

Von den Geschäften, die Hermine tätigte, bekam, Corelli nichts mit. Sie blieb vor dem Laden draußen stehen, geblendet und verblendet von dieser Welt der, wie sie glaubte, Glücklichen.

Sie folgte Hermine auf eine Bank, wo sie Geld auf ein Sparbuch einzahlte, und bekam dann das Eis. Es war süß und cremig und der Inbegriff dessen, was das alles hier für sie bedeutete; an den Geschmack konnte sie sich später nicht mehr erinnern.

Sie aßen in einem Restaurant Linsensuppe mit Würstchen; Corelli, die sich sonst vor jedem Essen außerhalb der Familie ekelte, erachtete das als eine der größten Köstlichkeiten.

Dann kauften sie die Schuhe. Sie hatte keinerlei Erinnerung an den Kauf; wußte nur, daß sie als kleines Mädchen immer die Schuhe gewollt hatte, die sie nicht bekam, und am meisten den gläsernen Pantoffel, mit dem man die Schuhgröße maß.

Hier nun bekam sie, was sie wollte. Es waren rote Sandalen aus weichem Leder mit dicken Kreppsohlen; solche Sohlen an den Schuhen hatten in ihrem Dorf nur zwei, drei junge Kerle, die immer lässig winkend im letzten Moment in den Zug sprangen, um „Geschäften" in der Stadt nachzugehen.

Sie lief mit diesen Sandalen zum Neid aller Einheimischen und Flüchtlinge durch das Dorf.

Merkwürdig: Noch einmal nach Westberlin mitzufahren, begehrte sie nicht. Vielleicht ist es ja mit dem Paradies so, daß ein Blick durch die Tür einen schon satt macht.

II – 12

Dann wurde es Winter.

Die Züge, unbeheizt und starrend vor Dreck, blieben oft stundenlang auf offener Strecke stehen, weil die Weichen eingefroren waren. Hermine erzählte, daß der Schnee durch die schlecht schließenden Fenster ins Abteil stiebte und in kleinen Verwehungen auf den Holzbänken lag. Sie hustete rasselnd in den Nächten; nun war sie fast die Einzige, die noch nach Westberlin fuhr, denn „Frisches“ war rar geworden und es gab kaum etwas zu verschachern.

Kurz vor Weihnachten ereignete sich die Sache mit dem halben Hammel.

Hubert hatte – mit seinen mitgebrachten Ersatzteilen und seinen geduldigen und geschickten Fingern – einen großen Rundfunkempfänger für einen Kunden zusammengebastelt, einen Super mit magischem Auge, wie es ihn einst in der verbrannten Wohnung gegeben hatte. Angeregt erzählte er zu Hause, daß der Kunde, ein reicher Bauer, dafür als Entlohnung einen halben Hammel versprochen hatte, und sein Chef ihm, seinem Meister, seinen Anteil daran versprochen habe. Halber Hammel, viertel Hammel! Es hörte sich an wie eine Unmenge Fleisch. Franziska überlegte, wie viel man davon einpökeln und wie viel einkochen sollte und schickte Corelli noch am gleichen Tag in den Laden, um Weckgläser zu kaufen, und Hubert erklärte händereibend, er werde den Festtagsbraten selbst zubereiten wie früher.

Am Morgen hatte er für den „großen Transport" den Handwagen mitgenommen.

Er kam schon am Mittag nach Haus. Auf dem Wagen befand sich aber kein Viertel Hammel. Einzig die Reste seines einst geretteten Rundfunkbedarfs nebst dem Röhrenprüfgerät, sein „Kapital", sofern er es nicht nach Westberlin verschoben hatte.

„Hilf mir abladen", sagte er zu Corelli, die ihm entgegengelaufen war. „Ich habe gekündigt."

Sein Schlips hing schief, und der Ärmel seines Sakkos war zerrissen.

Die Frauen und das Kind befolgten schweigend, mit der Hast gejagter Mäuse, seine knappen Anweisungen, trugen die Geräte und Kästen in das ohnehin gedrängt mit Möbeln gefüllte Wohnzimmer.

Hubert mußte seine Medizin nehmen. Einen Festtagsbraten gab es nicht.

Franziska erzählte ihr später, was vorgefallen war.

Als Hubert mit seinem kleinen Wagen angekommen war, lag für ihn schon ein Päckchen bereit. In Zeitungspapier eingewickelt. Hubert öffnete und fand darin Hals, Rippen und ein paar minderwertige Bauchlappen vom Hammel, außerdem einen Klumpen Fett. Das war sein Anteil. Aus der Küche kam bereits der Duft des bratenden Fleisches; andere Stücke, so erfuhr man später, waren überall ringsum im Dorf verkauft oder gegen andere Lebensmittel eingetauscht worden.

Hubert nahm das Päckchen und warf es seinem Arbeitgeber vor die Füße. Dann erklärte er, fristlos zu kündigen. Als er seine Werkzeuge und Geräte aus der

Werkstatt holen wollte, versuchte sein Chef, ihn daran zu hindern, und es kam zu einer Rangelei. Immerhin konnte er sein Zeug abtransportieren ...

Daß Hermine eine doppelseitige Lungenentzündung bekam und mit dem Krankenwagen ins Hospital der nahegelegenen Kreisstadt gebracht wurde, konnte man im Nachhinein als Glück bezeichnen. So blieb Huberts „Kapital“ doch wenigstens noch teilweise erhalten und konnte nicht nach Westberlin gebracht werden ...

Aber der Segen mit Kaffee, Zigaretten und Corned Beef blieb natürlich auch aus.

Es war Corellis traurigstes Weihnachtsfest.

Hermine mußte über die Feiertage in der Klinik bleiben. Franziska kümmerte sich um Hubert, aber meist lag sie selbst neben ihm im Bett; jeder brauchte eine andere Medizin, und die beiden Gerüche vermischten sich auf eine angsteinflößende Weise. Einen Baum hatten sie nicht, wer hätte ihn holen sollen?

Die Bescherung für das Kind bestand aus ein paar von Franziska umhäkelten Taschentüchern, einem Wandkalender aus dem Dorfkonsum und wollenen Strümpfen, die es auf Bezugschein gegeben hatte.

Sie stellten Kerzen auf, Franziska nahm Corelli in den Arm und sang mit vom Weinen erstickter Stimme: „Vom Himmel hoch“. Das Kind weinte mit, und im Bett warf sich Hubert ächzend von einer Seite auf die andere. –

Auch über Neujahr mußte Hermine noch in der Klinik bleiben.

Niemand besuchte sie. Hubert und Franziska waren zu krank, und selbst wenn Corelli sich zugetraut hätte, allein in die Kreisstadt zu fahren und die Klinik aufzuspüren: Sie wollte nicht. Es grauste sie bei der Vorstellung, nun auch noch Hermine hingestreckt auf einem Bett zu sehen, mit feuchter Stirn, wie Hubert, oder schwer atmend wie Franziska. Voller Schrecken wartete sie darauf, daß man sie aufforderte, die Mutter, also „Mami", doch einmal zu besuchen. Sie legte sich schon zurecht, was sie in dem Fall machen würde. Hinfahren, sich im Wartesaal auf die Bank setzen, zwei oder drei Stunden warten, zurückfahren und sich eine Geschichte über das Hospital und den Besuch ausdenken. Aber das war unnötig. Die beiden Eltern waren vollauf mit sich beschäftigt und verschwendeten keinen Gedanken an eine Visite bei der Tochter.

Hermine kam auch im neuen Jahr nicht sofort nach Haus. Die Ärzte, so schrieb sie im Brief, hatten ihr gleich im Anschluß eine Kur verordnet, damit nichts zurückblieb. Die trat sie direkt vom Krankenhaus her an.

Hubert ging es besser. Er fuhr in die große Stadt, um sich eine andere Arbeit zu suchen, und das Wunder geschah: Er konnte beim nächsten windigen Geschäftemacher als Meister einsteigen.

Nun war er es, der jeden Morgen aus dem Haus ging und zum Bahnhof eilte. Franziska und Corelli sahen ihm nach, wenn er am Dorfteich vorbei zur Bahnhofstraße ging. Vor dem Kriegerdenkmal blieb er stehen, drehte sich um und winkte noch einmal. Dann, sobald er hinter das Denkmal getreten war, glaubte er, außer Sicht zu sein. Er zog seine Medizinflasche hervor und schüttete sich die erste Ration des Tages auf die Zunge. Franziska wendete sich mit einem unterdrückten Seufzer ab.

So kam es, daß Corelli diese langen eisigen Wintertage mit ihrer Großmutter Franziska allein war. Wen sie aus der Schule kam, stand die alte Frau schon am Fenster und hielt Ausschau nach ihr. Hatte sie sich in den Zeiten, in denen alle beisammen und gesund waren, kaum darum gekümmert, was Corellis Tun und lassen war, so klammerte sie sich jetzt an das Mädchen, als fürchte sie, auch noch das letzte Familienmitglied könne ihr abhanden kommen. Kaum, daß sie erlaubte, daß Corelli mal für eine halbe Stunde zu Hilde in den Kuhstall oder zu Olga ans Spinnrad gehen durfte. Sie wollte ihr Friedesinchen um sich haben.

Franziska kochte für sie ganz allein, denn Hubert aß in der Stadt und war, wenn er nach Haus kam, so erschöpft, daß er nach einer flüchtigen Begrüßung Mantel und Jackett auszog, die Schuhe von den Füßen und die Hosenträger von den Schultern streifte, die Krawatte abband und nur halb ausgezogen ins Bett fiel.

Falls sie selbst nicht auch zwischen den Kissen lag und, die Decke bis zum Kinn hochgezogen, beide Hände in Fingerhandschuhen, ungeschickt an einem Strickzeug arbeitete, saß Franziska mit Corelli eng an den lauen Ofen geschmiegt, den sie, um zu sparen, nie wirklich durchheizten, und wollte ihr etwas erzählen.

Corelli hatte nichts gegen Franziskas Erzählungen. Als sie kleiner war, hatten die Geschichten vom Hündchen und vom Kätzchen sie entzückt, und „von früher“ – eine Welt, in der es noch keine elektrischen Straßenbahnen gegeben hatte, sondern die Waggons von Pferden gezogen wurden, in der die Mädchen Knöpfstiefel trugen und eine Nacht vor dem Tanzstundenball Bleiwasserkompressen auf das Gesicht legten, um den Teint schön blaß zu bekommen.

Aber jetzt kam es ihr so vor, als ob Franziska diese Geschichten irgendwie auswendig gelernt hatte, oder anders, als wenn sie nur durch einen schmalen Schlitz in eine Welt hineinschaute, und ringsum war alles dunkel. Sie, Corelli, war doch inzwischen auf dem Dachboden in H. gewesen, sie kannte doch den Putz und Tand aus den großen Schrankkoffern und Marthes gelbe Romanhefte. Marthe, das war klar, mußte Franziskas Schwester gewesen sein. Von ihr hatte sie noch nie ein Wort gehört – ebenso wenig wie von den Reisen, die man ja wohl unternommen hatte. Und inzwischen fragte sie sich, wieso auf den Bildern der alten Wohnung, die sie abgemalt hatte, Franziska, Hubert und Hermine dargestellt waren.

Warum sprach Franziska nicht über – die Wirklichkeit?

Fragen? Fragen war verpönt in der Familie, wo jeder sein Geheimes hatte.

Stattdessen verfiel Corelli darauf, die uralten Fotoalben hervorzukramen, die sie bisher immer linksliegen gelassen hatte. Vielleicht konnte sie mit den vergilbten Bildern zwischen den dicken Pappen, die sich nur für einen ovalen Bildausschnitt öffneten, als seien sie mit einer eiförmigen Linse fotografiert worden, irgendwelche anderen Geschichten heraufbeschwören.

Die Geschichten kamen dann auch. Aber es waren keineswegs die von Glanz und Glorie.

II - 13

Corelli fing an, Franziska nach den Leuten auf den Bildern zu fragen – nach diesen bärtigen Männern und wohlfrisierten Frauen in hochgeschlossener Kleidung, die mit starrem Blick in die Kamera sahen, als würden sie befürchten, daß man sie nicht ablichten, sondern standrechtlich erschießen wolle.

Aber Franziska reagierte nur mit Kopfschütteln.

„Das sind alles Vatis Verwandte“, sagte sie. „Die kenne ich nicht.“

„Dann zeig mir doch dein Album!“ beharrte Corelli.

Franziska sah sie nicht an. „Mein Album ist verlorengegangen“, erwiderte sie und kniff die Lippen schmal.

Corelli war enttäuscht. Sie hätte so gern die bewußte Marthe gesehen, die mit den gelben Heften und der geläufigen Zunge.

„Wir können uns doch einfach Namen für die Leute auf den Bildern ausdenken und Geschichten dazu!“ schlug sie vor. Dazu schien Franziska jedoch keine Lust zu haben. Durch ihren „Gucker“, das Vergrößerungsglas, betrachtete sie die fremden Gestalten eher mißtrauisch, mit gerunzelter Stirn.

Das Album war schwer, weniger, weil die Fotosammlung so umfangreich war, sondern wegen des Materials: Der Einband aus gepunztem Leder, abblätternd bereits, die Doppelseiten aus dicker Pappe, die Verschlüsse aus Metall. Es rutschte Corelli vom Schoß, und als sie es wieder aufhob, fiel ein einzelnes Bild heraus, das offenbar nicht eingefügt war, sondern lose zwischen den Seiten gelegen hatte. Es stellte eine junge Frau dar, die ein Bündel in der Hand hielt und auf dem Kopf so etwas wie ein Häubchen trug. Im Hintergrund ein paar niedrige Katen.

Franziska hob überrascht ihre Lupe hoch. „Ach, wie kommt die denn hierher?"

„Du kennst die?" fragte Corelli.

„Nein. Es ist mir nur so vorgekommen, weil sie auch ein Beiderwandkleid trägt."

„Was ist ein Beiderwandkleid?" fragte das Mädchen.

Aus Leinen und Wolle gewebt, erklärte Franziska, und sie kam Corelli irgendwie verlegen vor. „Leinenaufzug, Wolleeinschlag. Das trugen sie für gut."

„Wer trug es für gut?"

„Die armen Mädchen, die in die Stadt kamen."

Corelli besah sich das Bild genau. Das Kleid, das Beiderwandkleid, schien grob und glänzend zugleich zu sein; es fiel in steifen, feierlichen Falten von der schmalen Taille bis zu den Füßen, nur die Zehenspitzen sahen darunter hervor. Das Oberteil war verborgen unter einem Umschlagtuch.

„Und wer ist die andere mit so einem Kleid? Die, die du kennst?"

Statt einer Antwort legte Franziska ihr Vergrößerungsglas beiseite und schloß die Augen. „Kind, ich bin müde." –

Erst viel später wurde mir klar, daß DU damals schon DEINE Hände nach meiner Mutter ausgestreckt hattest.

Sie war krank, im Krankenhaus, gut aufgehoben, wir mußten uns um sie keine Sorgen machen, sie wurde sogar zur Kur geschickt ... Je länger sie fort war, desto weniger wurde sie vermißt. Ab und an kam eine Postkarte. Als sie schließlich zurückkehrte, wurde es bereits Sommer. Sie erschien fremd, dürr und aufgedunsen zugleich, ihre Haut, sonst selbst im Winter mit einer Verheißung von Braun schattiert, erschien fahl und wie ausgewaschen. Und sie sang zunächst nicht.

Später erfuhr ich von ihr, was es mit dem langen Aufenthalt in Klinik und Kurhäusern auf sich gehabt hatte.

Sie war gerade dabei, sich einzusingen, sehr vorsichtig, anders als früher. Auch ihre Stimme klang anders. Das wilde Fortissimo, zu dem sie fähig war, das ersterbende Subito Piano – das schien sie eingebüßt zu haben. Ihr Singen war nun ein steter, gleichmäßiger Strom, warm und schmelzend, aber nicht mehr so aufregend.

Es war das erste Mal, daß ich so aufmerksam hinhörte – es gab auch kaum Gelegenheit. Meist sang sie gar nicht, oder nur andeutend, markierend. Die großen Aufschwünge fehlten.

„Hast du einen anderen Stil?“, frage ich sie und gucke ihr über die Schulter in die Noten; sie hat einen Händel aufgeschlagen. Sie läßt ihre Hände in einem wilden Glissando über die Tasten des Klaviers gleiten.

„Für immer mezza voce“, sagt sie mit einem halben Auflachen. „Vielmehr mezza polmone.“

Ich kenne das italienische Wort nicht, traue mich nicht zu fragen. Schlage später am Tag nach.

Polmone heißt Lunge, und ich begreife nicht.

„Was meinst du mit halber Lunge?“ frage ich sie am nächsten Tag. Sie sitzt am Tisch und ist dabei, eine Einkaufsliste zu schreiben; im Gegensatz zu Huberts schwungvollen Schriftzügen setzt sie kleine, spitze, wie gestochen wirkende Buchstaben aufs Papier.

Ohne aufzusehen, ja, auch ohne ihr Schreiben wirklich zu unterbrechen, antwortet sie hart und trocken: „Das bedeutet, das man mir einen Lungenflügel stillgelegt hat. Pneumothorax nennt man das.“

Ich starre sie an. Nun hebt sie doch den Kopf.

„Das wußtest du nicht?“ Sie verzieht die Mundwinkel. „Ich hatte die Motten.“ Und, da ich wohl immer noch verständnislos dreinschaue, skandiert sie: „Lungentuberkulose, TBC. Sie haben es dir nicht gesagt, wie? Na, das war ja vielleicht auch besser. Wozu sollte sich das Kind Sorgen machen.“

Ja, wozu sollte sich das Kind Sorgen machen. Da war sie also mit einer Lungenentzündung ins Krankenhaus eingeliefert worden, und dann wurde es das ...

Hubert krank oder beschäftigt, Franziska krank, und das Kind, das man zwar mit dem Fahrrad über die Dörfer fahren ließ zwecks An- und Verkauf, wollte man nicht allein dahin zu Besuch schicken, wo die Mutter „zur Kur“ war, nämlich in die Lungenheilanstalt.

Habe ich ihr damals überhaupt geschrieben? Ich kann mich an nichts erinnern als an die Grüße, die ich unter einen Brief von Franziska oder Hubert setzte, mit besten Wünschen zur Genesung, und komm bald wieder. Kein Wort davon, wie es mir erging, daß ich sie vermißte – ja, vermißte ich sie denn wirklich?

War ich es nicht gewohnt, daß „Mutti" und „Vati" um mich waren, daß „Mami" immer die Ausnahme war, die kam und ging wie ein Gast und Geschenke herbeitrug: Opern und Lieder, verbotene Getränke, heimlich gelutschte Honigkuchen und Verstecke auf Dachböden? Sie war die Überschreitung, die anderen der Alltag.

Und während ich einen elenden Winter und einen lauen Frühling dahintrieb, hattest DU, Sauhund, sie an der Kehle, nein, am Atem gepackt und versuchtest, ihr die Luft abzudrücken. Ihr, deren Leben das Singen war.

Und ich – ahnungslos. Nichts, was mich warnte.

Corelli ließ das Bild mit dem Beiderwandkleid nicht los.

Schließlich konnte sie Franziska doch bewegen, zu erzählen. Es war auch „von früher", aber nicht mehr die netten Geschichten der vier Schwestern, von denen sie ja eine gewesen war, die Schwestern, die am Sonntag abends zum Tanz ausgingen bis in die Morgenfrühe, aber am Tag darauf brav ihrer Arbeit nachgehen mußten, egal, wie müde sie waren. (Was für einer Arbeit ging Franziska nach?, fragte sich Corelli jetzt. War nicht ihre einzige Lebensbestimmung, mit Hubert verheiratet zu sein? Und – gehörte jene Marthe, die mit den Romanheften über Land zog und dann im Lager starb, auch zu den Schwestern?) Und auch nicht die Geschichten von den alten Hunden und den jungen Hündchen, die die Familie früher einmal besessen hatte, oder die süße Geschichte von der Freundschaft zwischen Hund und Kätzchen.

Es war ein besonders trüber Tag irgendwann zum Jahresbeginn, Hermine war fort und Huberts Zug hatte Verspätung von unbekannter Dauer, wie so häufig. (Corelli mußte jeden Abend zum Bahnhof laufen und sich erkundigen; Franziska wollte es so, damit das Abendessen rechtzeitig bereitstand.)

Sie hatte Äpfel mit Speck und jener Blutwurst gekocht, die es manchmal ohne Lebensmittelmarken gab, und das Gericht nun zum Warmhalten eingewickelt ins Bett gestellt, trotzdem roch der ganze Raum danach. Es war dunkel; sie hatten sich angewöhnt, „Dämmerstunde" zu halten, um Strom oder Kerzen zu sparen. Corelli hätte gern gelesen, aber das war unmöglich. So kroch sie zu Franziska ins Bett; beide wärmten ihre Füße an dem Topf mit dem Essen.

Corelli fühlte sich zunächst fremd neben ihr, sie vermißte das Birkenhaarwasser, mit dem sich Franziska sonst abends ihr Haar in kleine Zöpfe geflochten hatte, damit es am anderen Morgen kraus war; sie pflegte sich nicht mehr. Aber zumindest war da ein schwacher Geruch nach Kamille: Die Hamamelis-Salbe, mit der sie sich Hals und Gesicht cremte. Das war vertraut. Das Mädchen erinnerte sich, wie sie Franziska früher geküßt hatte, zärtlich, spielerisch, auch bedrängend. Danach war ihr nicht mehr. Stattdessen preßte sie ihren Kopf gegen Franziskas und flüsterte in die Dunkelheit: „Erzähl mir vom Beiderwandkleid."

Vielleicht war es ja der Essensgeruch und die Dunkelheit, daß Franziska wirklich begann:

„Meine Mutter hat so eins gehabt. Ganz unten in der Schublade. Damit angetan ging man in die Kirche. Sie hat es angezogen und ist fortgelaufen, in die Stadt, um eine Stellung zu suchen. Sie war erst vierzehn."

Sie machte eine Pause, und Corelli fragte leise: „Warum ist sie denn fortgelaufen?"

„Wegen der Stiefmutter", erwiderte Franziska und holte Luft.

Corelli wollte weiter nachfragen, aber das war unnötig. Jetzt waren die Schleusen geöffnet.

„Meine Mutter und ihre Geschwister, deren Mutter war gestorben, als sie noch klein waren. Und der Vater hatte schnell wieder geheiratet. Es mußte ja eine Frau ins Haus. Der Vater war Zöllner. Damals gab es in Deutschland noch ganz viele Grenzen. Und ein Zöllner muß immer viel unterwegs sein, der jagt hinter Schmugglern her und so etwas. Dann waren die Kinder bei der Stiefmutter allein, und das war eine böse Frau. Hat die Kinder geschlagen und ihnen kaum was zu essen gegeben, aber schuften mußten sie den ganzen Tag. Und damit sie dem Vater nichts erzählten, hat sie gedroht, wenn er wieder weg ist, dann gibt sie ihnen nur noch Brotrinden zu essen oder setzt sie im Wald aus. Wie bei Hänsel und Gretel.

Sie war ganz unvorstellbar böse, diese Stiefmutter, hat meine Mutter mir erzählt. Einmal hat sie die Kinder alle mitten in der Nacht aufgeweckt und hat gesagt: ‚Euer Vater ist tot. Den haben die Schmuggler erschossen.' Die Kinder haben angefangen, zu jammern und zu klagen und haben geschrieen: ‚Nun sind wir ganz allein auf der Welt!' Und sie hat sich das eine Weile angesehen. Dann hat sie gelacht und hat gesagt: ‚Ihr könnt wieder zu Bett gehen. Das hab ich mir bloß ausgedacht.'

Und als meine Mutter vierzehn war, nach ihrer Konfirmation, da hat die Stiefmutter sie verkauft, an einen Gutsbesitzer, für drei Taler. Der hatte nichts Gutes im Sinn. Dem Vater wollte sie sagen, das Mädchen hätte eine Stelle in der Stadt angenommen. Aber am Morgen, als sie abgeholt werden sollte, da saß sie in der Stube und hatte ihr Beiderwandkleid an und die Haube auf und war schön gewaschen, und ihre anderen Sachen hatte sie in einem Bündel. Von ihren Geschwistern hatte sie sich schon verabschiedet. Und sie hatte Angst und weinte. Aber dann hat sie sich ein Herz gefaßt und sich gesagt: Warum soll ich nicht das machen, was dieses böse Weib meinem Vater erzählen will? Die drei Taler, die soll sie nicht kriegen! Und in einem unbewachten Augenblick, als die Stiefmutter nach draußen gegangen war, hat sie die Beine in die Hand genommen und ist losgelaufen in die Stadt."

„Und sie hat es geschafft?"

„Ja", sagte Franziska, „sie hat es geschafft. Aber gut ist es ihr da auch nicht gegangen. Sie ist Wäschermädchen gewesen bei fremden Leuten, überall hat sie die schwere Arbeit gemacht. Und dann hat mein Vater sie gesehen und geheiratet."

„Und dann seid ihr gekommen?"

„Dann sind wir gekommen, ein Mädchen nach dem anderen. Das hat den Vater nicht sehr gefreut."

„Warum nicht?"

„Mädchen, die muß man verheiraten, und die brauchen Mitgift."

(Das kannte Corelli aus ihren Romanen, wo die armen Mädchen immer „sitzenblieben".) „Aber wir waren immer fröhlich. Sonntags sind wir alle vier zum Tanz gegangen ..."

Nein, das waren die Geschichten, die Corelli nicht hören wollte. Das war das alte Fahrwasser. Sie unterbrach: „Und deine Mutter, die mit dem Beiderwandkleid? Hat die sich über euch gefreut?“

„Doch, schon. Aber das Geld hat nie gereicht. Vater war Hausmeister. Und Mutter mußte weiter waschen gehen. Sie hatte nachher einen ganz krummen Rücken von den schweren Waschzubern, die sie schleppen mußte.“

„Und dann? Seid ihr dann doch verheiratet worden?“

„Nein“, sagte Franziska leise.

„Aber du hast doch dann Hubert geheiratet.“

„Ja, ich.“

„Und die anderen ...“

„Die haben alle keinen abgekriegt. Die waren nicht so hübsch.“

„Nicht so hübsch wie du?“

Franziska kicherte. „Na ja. Marthe hatte rote Haare. Und die beiden anderen krumme Beine.“

„Hat deine Mutter noch bei dir gelebt?“

„Bei mir? Du meinst bei uns? Nein, Kind. Hubert hat das nicht gewollt.“ Sie zögerte einen Moment. „Hubert konnte die nicht auch noch alle durchfüttern. Meine Mutter ... meine Mutter hat er richtig rausgeworfen. Sie ist dann bald gestorben.“

Hubert schmiß Franziskas Mutter raus? Corelli holte erschrocken Luft. Aber das konnte doch nicht sein! Hubert, ihr liebevoller „Vati“ ...

„Und deine Schwestern?“

„Wir haben uns aus den Augen verloren. Nur Marthe kam manchmal vorbei, aber auch nur, wenn Hubert nicht da war. Er konnte meine Verwandtschaft nicht leiden."

Von draußen klang der schrille Pfiff der Lokomotive herüber. Der Zug war angekommen.

Franziska schälte sich aus der Steppdecke, ging zum Lichtschalter. „Vati kommt! Schnell, hilf mir den Tisch decken!" Sie zögerte einen Moment. „Erzähl ihm nichts davon", sagte sie schnell. „Er liebt diese Geschichten nicht."

Das hätte sie nicht erwähnen müssen. Corelli wußte sehr genau die Geheimnisse aller Welt zu respektieren. Sie hatte Franziska in diesem Augenblick sehr lieb.

II – 14

Der Frühling war launisch und naßkalt. Auf den ungepflasterten Nebenstraßen des Dorfs und auf den Waldwegen versank man an manchen Stellen bis zu den Knöcheln im Matsch; wenn man hinaus wollte, lieh man sich ein paar Holzpantoffeln von Olga, in die man mitsamt den Schuhen hineinschlüpfte.

Hilde lief im Kuhstall herum mit einem Tuch, das sie sich seitlich um Kopf und eine Wange gebunden hatte, sie wandte das Gesicht ab und erklärte undeutlich, sie habe Zahnschmerzen. Es war aber anders. Abends hockte sie auf der Futterkiste neben Corelli, die ihr zuredete, zu einem Arzt in die Kreisstadt zu fahren.

Hilde schielte sie von der Seite an, dann riß sie mit einem Ruck ihr Tuch herunter. Ihre Wange war dunkelviolett verfärbt, ein Auge fast zugeschwollen, die Lippe dick.

Sie war mit ihrem Hansjörg, in Ermanglung anderer Möglichkeiten, auf den Heuboden gegangen und ihre Mutter hatte sie erwischt.

„Mit dem Knauf von der Pferdepeitsche hat sie zugeschlagen!“, nuschelte sie klagend. „Einfach ins Gesicht! Meine Zähne hätten hin sein können!“

„Und Hansjörg?“ fragte Corelli mitfühlend.

„Pah, Hansjörg! Meinst du, an den traut sie sich ran? Der kann sie doch mit links zu Brei hauen!“

Corelli hatte eigentlich wissen wollen, ob ihr der Mann beigestanden oder sie zumindest getröstet hatte, aber das schien wohl nicht an dem zu sein. Hansjörg, so erfuhr sie, hatte sich einfach verzogen.

„Den bin ich los!“, schloß Hilde ab. „Es gibt genug Mädchen im Dorf, mit denen es einfacher geht als mit mir. Im Winter fand er es sowieso nicht mehr so gut, weil ich jetzt wollene Schlüpfer trage. Der wollte immer gleich meinen Nackten betatschen.“

In der Hinsicht konnte Corelli Hansjörg verstehen. Aber es tat ihr leid um Hilde. Sie wollte ihr den Arm um die Schulter legen, als Olga in den Stall gehinkt kam.

„Hurenstück!“ schrie sie ihre Tochter an und schnarrte das R. Und zu Corelli: „Laß dich nicht ein mit Hurenstück! Lernt sich nur Dreck, das Mädchen!“

Sie faßte die Tochter am Arm und zog sie weg, hinaus aus dem Stall und zum Haus hinüber. Auf dem Hof machte das Mädchen sich los und rannte durch die Scheune in die Milchkammer, und Corelli hörte den Riegel gehen.

Olga stand da, und ihre schwarzen Augen funkelten, so wie Cäcilies Augen immer gefunkelt hatten, wenn sie sich mit Franziska stritt. „Hurenstück!“ wiederholte sie. „Mit Ausklopfer sollte sie kriegen!“

Fasziniert und erschreckt zugleich sah Corelli dem Ausbruch familiärer Gewalt zu. Schließlich war Hilde ja kein Kind.

„Sie wird es bestimmt nicht wieder tun!“, sagte sie eine Beschwichtigungsformel auf, wie sie in Kinderbüchern vorkam.

Olga sah sie mitleidig an. „Was weißt du schon von Mädchen, die haben Hummeln unterm Rock! Zunähen sollte man sie!“

Aber Hilde wurde weder zugenäht noch mit dem Ausklopfer verdroschen. Am nächsten Tag arbeitete sie wieder einträchtig mit ihrer Mutter Hand in Hand, sie misteten den Kuhstall aus, schnitten Häcksel und sangen zweistimmig; fremdartige Melodie, fremde Sprache. Alles schien vergessen, bis auf Hildes lädiertes Gesicht.

Es war nur wie ein Gewitter gewesen.

Corelli verstand das nicht. In ihrer Welt wirkten Streitereien noch lange nach, man ging sich aus dem Weg und war befangen. –

Als die Wege einigermaßen passierbar waren, fuhr Corelli mit dem Fahrrad in das nahegelegene Kreisstädtchen, um für Franziska „Aromen“ einzukaufen. Aromen gehörten zu den wenigen Produkten, die man nicht auf Marke oder Bezugschein bekam. Irgendwelche Chemiker waren auf die Idee gekommen, künstliche Duft- und Geschmacksstoffe herzustellen und sie der notleidenden Bevölkerung zwecks Anreicherung ihres Speiseplans zu verkaufen. Gehandelt wurden die bunten Aromen in kleinfingergroßen Glasbehältern, die mit einem Zellophanstöpsel verschlossen waren. Da gab es Bittermandel zum Backen und Waldmeister für die Bowle, oder Himbeere und Ananas; damit veredelte Franziska die endlosen Milchspeisen oder rührte zu einen sogenannten Serviettenkloß eine Sauce aus Mehl, Sacharin und Himbeeraroma an.

Bei diesem Besuch in der Stadt entdeckte Corelli etwas Wunderbares: Eine Leihbücherei!

Für dreißig Pfennig (das Geld für eine Fahrt auf der amerikanischen Schaukel!) konnte man da ein Buch auf vierzehn Tage ausleihen!

Corelli reduzierte die Aromenkäufe auf ein Minimum – die anderen waren ausverkauft, log sie zu Haus – und lieh Bücher aus, einen halben Einkaufskorb voller Bücher.

Franziska hatte, wie sich herausstellte, nichts dagegen. In ihrem Einsiedlerdasein fehlte ihr ebenfalls Lektüre. Den „Gucker" zwischen Brille und Buch, vertiefte sie sich sogleich in irgendeine Schmonzette von einer Autorin, die Felicitas Rose hieß.

Corelli war natürlich zunächst am Historischen interessiert. Das Buch „Zur Raa fuhr auf ein roter Schild" bot genug heroischen Stoff. –

Ungefähr zu dieser Zeit tauchte im Ort zum ersten Mal ein Verkaufswagen auf, mit der Inschrift HO.

HO war die Abkürzung für Handelsorganisation, eine staatliche Ladenkette, in der es Waren ohne Lebensmittelmarken gab – natürlich zu überhöhten Preisen.

Die Schlange ringelte sich um den halben Dorfplatz, und auch Corelli erhielt von Franziska den Auftrag, sich anzustellen, um zu kaufen, was immer es gab; sie ging mit Recht davon aus, daß da kein allzu großes Angebot sein würde.

Corelli war neugierig. Ob man ihre Räuchermakrelen für sieben Mark wohl überbieten würde? Aber es gab keine Räuchermakrelen, sondern die Leute trugen Fischbüchsen mit einer Aufschrift in kyrillischen Buchstaben in ihren

Netzen davon und in Wachspapier eingewickelte Käsestücke. Etwas anderes schien nicht da zu sein. Drei Kunden vor Corelli schloß die Verkäuferin ihre Luke.

„Ausverkauft!“

Murrend zerstreuten sich diejenigen, die nichts ergattert hatten.

Auch Corelli zog mit langem Gesicht ab.

Der HO-Wagen kam von nun an einmal in der Woche, und die Dörfler versammelten sich schon zwei Stunden vor seiner Ankunft, um irgendeine Ware abzubekommen.

Indessen gab es ein Lied, einen Boogie-Woogie, der folgendermaßen umgetextet wurde:

„Cíocíocíotschoh / Käse gibt es im HO / stundenlang muß man da steh'n /wennde dran kommst, kriegste keen'“.

Die Kinder sangen es mit Begeisterung auf dem Dorfanger und wackelten dazu mit den Hüften in einem obszönen Tanz, und die größeren Jungen ließen überdies ein Taschentuch aus ihrem Hosenschlitz heraushängen.

II – 15

Es war der letzte Sommer, den die Familie auf dem Land verbrachte.

Auch Hermine, nachdem sie aus der Lungenheilanstalt entlassen worden war, fand wieder eine Anstellung als Zahlenschreiberin in der Stadt. Sie fuhr gemeinsam mit Hubert jeden Morgen mit dem Zug fort, und beide kehrten erst wieder, wenn es dämmrig war.

Hubert, der diesmal offenbar bei einem nicht ganz so windigen Geschäftemacher als Meister angestellt war und gute Hoffnung hatte, dort auf Dauer Geld zu verdienen, sprach an den Wochenenden energisch von seinen Versuchen, eine Wohnung in der alten Heimatstadt zu finden, heimzukehren, damit diese elende Fahrerei aufhörte und Franziska nicht mehr die ganze Woche einsam war.

Heimkehren – Corelli wußte mit dem Wort nicht viel anzufangen. Sie hatte begriffen, daß der dritte Stock rechts nur noch in ihrem Kopf vorhanden war, daß der Garten ihnen nicht mehr gehörte und die vertrauten Straßen nichts als Zeilen zwischen Trümmerbergen waren. Wohin wollte man da heimkehren?

Aber immerhin. Eine Wohnung mit einem Klo und vielleicht sogar einem Badezimmer, eine, in der die Möbel nicht gedrängt wie in einem Speicher standen und einem die Mäuse nicht über die Füße liefen – das waren schon Aussichten.

Und vielleicht gab es ja ein Klavier, und vielleicht sang Hermine dann auch wieder.

Dabei war Corelli in diesem Sommer gerade dabei, sich einzugewöhnen.

Sie fand ein Mädchen bei den Flüchtlingskindern, der sie bei den Hausaufgaben half und mit der sie manchmal spielte.

Das Mädchen erklärte, es sei ihre Freundin, und wollte sich unbedingt in ihr Poesiealbum einschreiben.

So etwas hatte Corelli nicht, sie sah aber ein, daß es von größter gesellschaftlicher Wichtigkeit war. Bisher war sie zwei- oder dreimal gebeten worden, anderen etwas in ihr Album zuschreiben. Je mehr Einträge, desto beliebter war man. Die Sinnsprüche, die eingetragen wurden (am häufigsten erschien: Edel sei der Mensch, hilfreich und gut; vermutlich deshalb, weil es keinen größeren Aufwand bedeutete, diese Zeilen zu schreiben), verzierte man mit bunten Einklebbildern, Engelköpfen oder Blütensträußen, genannt Stammversblumen.

Corelli malte anstelle dieser Bildchen selber eine Blüte oder einen Kranz, aber das fand nicht viel Anklang. Die Besitzer der Alben wollten lieber die Einklebbildchen, und das war wohl auch der Grund, warum sie nicht so oft um einen Eintrag gebeten wurde, denn sonst war man nicht sehr exklusiv in der Wahl der Kandidaten.

Nun mußte also ein Poesiealbum her.

Für so etwas Geld auszugeben, war Franziska nicht recht, aber schließlich gab sie nach, und Corelli fuhr mit dem Rad in das nahegelegene Städtchen und erstand in einem Papierwarengeschäft ein in dunkelblaues Leinen eingebundenes Buch, dessen Seiten sich wie Seide anfühlten.

Eigentlich fand sie, so schönes Papier sei zu schade zum Beschriften, aber es half nichts. Nun mußten Eintragungen her, bevor sie das gute Stück dem anderen Mädchen zeigte. Franziska, Hermine und Hubert wurden genötigt; mit Sprüchen, die Corelli selbst aus „Des Mägdleins Dichterwald" aussuchte. Die beiden Schullehrer mußten sich ebenfalls verewigen.

Den Rest, noch vier oder fünf Eintragungen mehr, schrieb Corelli selbst, immer mit verstellter Handschrift und unter anderen fantastischen Namen. Es gab eine Freundin Swanhildis und eine, die Rose-Anemone hieß, einen Ingo (sie wußte, daß man sie so nennen wollte, falls sie ein Junge geworden wäre) und eine Tante Beryll.

Sie vergaß auch nicht, die Eintragungen mit Daten zu versehen, die etwas zurücklagen.

Ihre „Freundin" staunte nicht schlecht. „Was sind das für Leute?" fragte sie.

Corelli zuckte lässig die Achseln. „Gute Freunde von da, wo wir vorher zu Hause waren", erklärte sie. „Wir schreiben uns auch immer noch Briefe."

Das Mädchen jedenfalls begnügte sich mit „Edel sei der Mensch" und klebte ein Engelsköpfchen dazu.

Damit war die Angelegenheit Poesiealbum für Corelli abgeschlossen. Sie bat niemals jemanden anders mehr um einen Eintrag. Das Büchlein verstaubte in irgendeiner Ecke.

Der Sommer war heiß und trocken.

II – 16

In der Langeweile der sich endlos dehnenden Sommerferien erreichte die Familie ein Brief von Cäcilie, ein langer Klagebrief.

Huberts Schwester hatte im vorigen Jahr den Lehrerinnenberuf aufgegeben und war in Pension gegangen – mit verhängnisvollen Folgen.

Nun, da sie nicht mehr unabkömmlich war, fiel der Schutzschild ihres Renommés schnell von ihr ab. Die Untermieter, die anstelle ihrer Verwandten bei ihr eingezogen waren, begannen, sie zu tyrannisieren, ihre Kinder, die zu dem „Fräulein" immer nahezu devot höflich gewesen waren, machten sich nun vor ihren Augen über sie lustig und nannten sie eine alte Schraube, die sie rausgraulen würden.

Schließlich erreichten sie ihr Ziel, die Wohnung ganz an sich zu reißen. Cäcilie bat beim Wohnungsamt um ein neues Quartier – und bekam ein Zimmer mit Küchenbenutzung bei einer anderen Familie zugewiesen. Die Leute erwiesen sich als so unfreundlich, daß Cäcilie auf die Küchenbenutzung ganz verzichtete und sich mit einem Propangaskocher in ihrem Zimmer einrichtete.

Der Brief ließ Franziska vor Schadenfreude gleichsam leuchten. Mit erhobenem Zeigefinger zitierte sie: „Gottes Mühlen mahlen langsam / mahlen aber trefflich fein!"

Ihre Augen blitzten hinter den Brillengläsern. „Sie hat uns behandelt, als wenn wir Küchenschaben wären, die sich bei ihr eingenistet hatten! Sie hat alles im Überfluß gehabt, und wir hatten nichts und haben uns ducken müssen! Gott, was hat sie mich schikaniert! Nun merkt sie selbst, wie es ist, wenn man sich ducken muß und unterkriechen bei anderen Leuten!“

Corelli hatte Franziska noch nie so erlebt. Sie hatte sich nicht vorstellen können, daß sich soviel Haß in der sanften Frau gegen ihre Schwägerin angesammelt hatte, und sah sie mit Befremden und Scheu an.

(Hubert und Hermine stimmten nicht in die Rachehymnen ein, aber sie bezogen auch nicht Stellung für Cäcilie.)

Der Brief erhielt noch einen Nachsatz. Sie, Cäcilie, würde sich freuen, wenn Friedesinchen sie in den Ferien für eine Woche besuchen würde. Übernachten könne sie bei ihren Bekannten.

„Kommt nicht in Frage!“ sagte ihre Großmutter Franziska und kniff die Lippen schmal.

„Aber ich möchte!“ sagte Corelli. Sie sagte es, ohne zu überlegen. Eigentlich hatte sie mit Cäcilie nur einmal engeren Kontakt gehabt, das war, als man versucht hatte, ihr das Schwimmen beizubringen. Ihr kam in diesem Moment nicht in den Sinn, daß sie Franziska damit kränken würde. Sie wollte der Langeweile entfliehen, und sie war neugierig auf das Zimmer der Tante. Das war alles.

Franziska bekam ihre rote Nase. Sie griff sich ihr Buch und den „Gucker“ und war abgemeldet.

Hubert sagte: „Aber Fränzchen, meine Schwester ist jetzt ganz allein. Und denk doch mal an das Kind. Das ist noch nie in seinen Schulferien verreist!“

In seiner Stimme schwang zu Corellis Erstaunen ein zittriges Mitleid. Tat ihm Cäcilie so leid? Oder war es so erstrebenswert, daß jemand in den Schulferien verreiste? Verreisen war für sie eigentlich verknüpft mit überfüllten Zügen und eiskalten Wartehallen.

Aber es war ja jetzt Sommer. Und sie hatte Lust darauf. Es war ein Abenteuer.

Als sie auf dem Bahnhof in H. ausstieg, wurde ihr bewußt, daß sie hier manchmal in ihren Träumen spazieren ging. Öfters verirrte sie sich auf den Bahnsteigen, lief von den mit einem halbkreisförmigen Dach geschützten Perrons auf irgendeine andere, frei stehende Plattform, weil der Zug nicht dort hielt, wo er angekündigt war, verstand die Durchsagen nicht, irrte herum.

Dieser Bahnhof war kein guter Ort für sie; vielleicht, weil sie sich hier, als sie kleiner war, so unendlich vor der einfahrenden Lokomotive gefürchtet hatte, vor dem fauchenden, zischenden Stahltier mit den riesigen Rädern, zwischen denen Dampf hervortrat wie giftiger Schaum zwischen den Zähnen eines Drachen.

Es roch durchdringend nach Teer und Braunkohle, ein unverwechselbarer Geruch, der sich in Nase und Rachen zu einem Film materialisierte; sie hielt sich die Hand vor den Mund. Ihr Köfferchen in der Linken, trat sie auf den Vorplatz, wo Cäcilie sie erwartete.

Die Tante trug den gleichen gelben Strohhut mit braunem Samtband, den sie aufgehabt hatte, als sie mit Corelli zum Schwimmbad gegangen war. Im Gegensatz zu früher hatte sie den Hut mit einem Gummiband unterm Kinn befestigt; war ihr Kopf kleiner geworden?

Ihr sonst bräunliches Gesicht sah gelb aus, ihre Wangen schienen faltiger, als Corelli sie in Erinnerung hatte, und ihre Lippen waren gezeichnet von winzigen dunkelblauen Punkten. Sie versuchte, das Mädchen auf eine eigentümlich schlaffe Weise zu umarmen, wie wenn einem jemand statt eines Händedrucks nur mit den Fingern durch die Handfläche streift, und sie roch nach einer Tinktur zum Einreiben.

Corelli machte sich schnell los. Sie bedauerte schon jetzt, die Reise unternommen zu haben.

Während sie neben der schweigsamen Cäcilie durch die Straßen des Städtchens herging, begriff sie: Sie hatte diesen Ort eigentlich nie verlassen. Das Dorf, wo sie nun wohnte, war Abend und Morgen, Essen, Trinken, Schlafen. Aber die hier verbrachte Zeit hatte sich gleichsam in ihr verhakt, wie eine Klette, die man nicht los wird. Diese Zeit war leblos geworden, abgestorben, aber hing fest, hatte sich in die Kulisse ihrer Spiele und Träume verwandelt, so wie eine atmende Landschaft zu einem Bild erstarrt, einfriert, unbeweglich wird.

H. war in den knappen zwei Jahren, in denen sie den Ort verlassen hatte, bereits aufgerückt in die Räume ihres Inneren, in denen sie den dritten Stock rechts bewahrte, das brennende Haus, den Garten.

Nichts konnte irrealer sein, als das hier wiederzusehen. Sie ging durch Kulissen.

II – 17

Der Weg war viel kürzer als der zu der alten Wohnung. Cäcilies Zimmer befand sich in einem mehrstöckigen Mietshaus aus Backstein, direkt hinter dem Park und der alten Stadtmauer, mit Blick auf die stillgelegte Brauerei und das Kino „Gambrinus".

Es war genauso vollgestellt mit schweren Möbeln wie das Quartier der Familie auf dem Dorf; einiges hatte Cäcilie auch noch auf einem Speicher untergebracht. Zum Schlafen gab es eine Couch. Eine rote Gasflasche mit dem Schlauch stand daneben und führte zu einem zweiflammigen Kocher auf einer Metallkonsole.

Es gab Mittagessen. Corelli konnte es kaum fassen: Hühnerbrühe, Frikassee mit Reis, Zitronenkuchen. Das gleiche Menü, das der Familie früher bei ihren Besuchen in H. vorgesetzt wurde. Was würde sich Cäcilie für die anderen Tage ausdenken?

Sie aßen schweigend. Cäcilie hatte sich angewöhnt, beim Essen zu schnaufen, als würde sie eine schwere Arbeit erledigen. Corelli unterdrückte nur mit Mühe die aufsteigende Übelkeit. Sie mußte hier schnell wieder fort.

Nach dem Essen schlug die Tante ihr vor, einen Spaziergang durch den Ort zu unternehmen. Aber das war das letzte, was Corelli wollte. Sie hatte es ja schon auf dem Bahnhof entdeckt: Der Ort war längst aufgelöst in seine Einzelteile und anders wieder zusammengesetzt, Teil der Gebäude in ihrem Kopf. Trotzdem. Das Zimmer roch unerträglich nach den Essensresten, vermischt mit der medizinischen Mixtur der Einreibung. Sie mußte zunächst einmal raus.

Sie verfiel auf die Idee, in die Nachmittagsvorstellung des Kinos zu gehen.

Mit Kino hatte es in der Familie eine besondere Bewandtnis.

Hubert war aus Gründen, die Corelli nicht kannte – ein energischer Gegner dessen, was er verächtlich „Kintopp“ nannte und hatte den beiden Frauen verboten, jemals eine Vorstellung zu besuchen. Franziska und Hermine gingen manchmal heimlich am Nachmittag; während der Zeit vertrauten sie Corelli der Obhut einer Nachbarin an, die sich geduldig die Schwafeleien und überbordenden Geschichten des Mädchens anhörte und deshalb bei ihm beliebt war.

Nachdem das Haus verbrannt war, während der Zeit in H., hatten die Erwachsenen ohnehin weder Muße noch Lust auf Vergnügungen. Corelli durfte ein- oder zweimal in Kindervorstellungen gehen, Märchen. Das eine war „Schneeweißchen und Rosenrot“, erinnerte sie sich.

Die Masse der sich bewegenden Bilder verursachte ihr Atemnot.

Sie verließ den Kinosaal danach wie betäubt, das Tageslicht brannte in ihren Augen und machte ihr peinigende Kopfschmerzen. Zu Haus begann sie grundlos zu weinen.

Hubert sagte: „Das Kind hat zu zarte Nerven und zuviel Fantasie. Man sollte ihr diesen Kintopp wirklich verbieten.“

Das brachte sie völlig außer sich. Sie schrie: „Das ist nicht wahr! Ich will wieder hingehen! Ich will!“

Franziska legte sie zu Bett.

Vor dem Einschlafen hörte sie noch, wie sich Hubert und Franziska stritten, und weinte sich in den Schlaf.

Auf dem Dorf dann kam alle Vierteljahr einmal „Progreß“, die Landbespielung, und baute die Leinwand im Saal der Gaststätte auf. Die Kinder des Orts standen schon stundenlang vorher in der Schlange, ihre zwanzig Pfennig für die Eintrittskarte fest in der Hand, und machten Krawall; die Jungen prügelten sich manchmal, und die anderen standen im Kreis herum und johlten. Corelli ging auch hin; selbst Hubert konnte ihr nicht das dünn gesäte Vergnügen in der allgemeinen Langeweile versagen. Sie kam immer beinah als letzte, weil ihr nichts daran lag, sich in die ersten Reihen zu drängen. Wenn dann unterm Kreischen und Pfeifen des vollen Saals das Licht verlosch und der Vorhang sich öffnete, fühlte sie sich voll zitternder Erwartung.

Aber hinterher ging es ihr genauso wie bei „Schneeweißchen und Rosenrot“: Die Blendung durch das Tageslicht, die Kopfschmerzen, die Tränen, die ihr schon hinter den Augen saßen und nur auf einen Anlaß warteten, um hervorzubrechen. Nur, daß sie jetzt gewitzt genug war, ihren Zustand zu verbergen und lieber in den Kuhstall oder auf den Heuboden zu gehen, um dort zu heulen.

Nun, hier in H., schien ihr das Kino der einzige Ausweg, Cäcilies Zimmer zu entkommen. Sie ließ sich von der Tante Geld geben und kaufte sich an der Kinokasse eine Eintrittskarte – an diesem Tag und an den folgenden. Cäcilie schien es nicht zu kümmern, daß sie sich jedes Mal den gleichen Film ansah.

Es war irgendetwas mit viel Musik, eine Liebesgeschichte, bei der an einer bestimmten Stelle eine schöne junge Frau im Abendkleid unter schneebedeckten Bäumen dahinschritt; die Äste schüttelten Schneeflocken auf sie herab, die wie Kristalle auf ihrem dunklen Haar lagen, bevor sie schmolzen.

Eigentlich wartete Corelli nur auf diesen Moment; das andere ließ sie kalt. Es war albern, weder heroisch noch gefühlvoll, wie sie es sich wünschte, und sie langweilte sich.

Das einzige, was sie am Kinobesuch faszinierte, war das davor: Wenn der Gong ertönte, die Lichter ausgingen und der Vorhang vor der Leinwand sich teilte. Erwartung pur.

Immerhin bewirkte die ständige Wiederholung, daß sich die Symptome, die sie sonst nach dem Kino plagten, nun milderten. Der Kopf war ihr immer noch dumpf benommen, aber wenigstens mußte sie nicht mehr weinen.

Abends brachte Cäcilie sie, nach einem Abendbrot, das immer aus Apfelsaft mit Wasser, Schnitten mit Wurst und Käse und Radieschen bestand, zu ihren Bekannten zur Übernachtung.

Diese Bekannten waren zwei alte Damen; Corelli wußte, nicht ob sie Schwestern, ob überhaupt miteinander verwandt oder nur befreundet waren. Eine war klein, rundlich, und hatte dicke Warzen neben der Nase. Die andere, grobknochig und mit breiten Hüften, trug eine Brille mit starken Gläsern und hatte das graue Haar im Nacken mit vielen Nadeln befestigt. Beide strickten die ganze Zeit in einer unglaublichen Geschwindigkeit. Sie verdienten damit ihren Unterhalt, hatten Aufträge von Leuten, die ihnen das Garn oder die Wolle lieferten. Corelli, die mit Mühe und Not einen schiefen Topflappen zusammenbekam, sah voller Staunen, daß die beiden durchaus eine Strickjacke in drei Tagen fabrizierten.

Man hatte für sie ein Kämmerchen mit Bett, Nachttisch und Waschgelegenheit hergerichtet; ansonsten beschränkten sich die Kontakte auf Begrüßung und Verabschiedung, auf Bitte und Danke. Manchmal, bevor Corelli am Morgen wieder zum Frühstück zu ihrer Tante ging, besah sie sich das altmodische Gärtchen hinter dem Haus, in dem die alten Damen wohnten. Es hatte mit Buchsbaum eingefaßte Rabatten, in denen Blumen blühten, die sie eigentlich nur aus einem Naturkundebuch kannte: Balsaminen und Kaiserkronen, Schlafmützchen und Türkenbund und, was sie tief im Herzen berührte, ihre Lieblingsblume aus dem Kindheitsgarten, die anmutige Akelei. Dazu gab es eine winzige Laube und einen kleinen steinernen Brunnen, gestaltet wie ein Delphinmaul, aus dem ständig ein dünner Wasserstrahl plätscherte – offenbar einer der vielen artesischen Brunnen der Gegend.

Zum Frühstück bei der Tante gab es Brötchen und ein gekochtes Ei, und dann mußte Cäcilie sie frisieren.

Corelli trug zu diesem Zeitpunkt eine hochgekämmte Frisur, von der sie hoffte, daß sie damit älter aussah als mit den Zöpfen. Das Haar wurde oben auf dem Kopf geflochten und dann zu einem Kranz festgesteckt. Sie konnte sich diese komplizierte Haartracht nicht selbst machen.

Cäcilie kämmte und bürstete ihr Haar mit der größten Zaghaftigkeit; einerseits sicher, weil sie ihr nicht wehtun wollte, andererseits aber war es wohl so, daß sie überhaupt vor der Berührung mit jemand anderem Scheu hatte.

(Als Corelli wieder zu Haus war, stellten Franziska und Hermine fest, daß ihr Kopf völlig verfilzt war; sie mußten mit der Schere in den Haarwust gehen, und danach gab es nun erneut nichts als Zöpfe.)

Am Vormittag las Corelli alles, was Cäcilie noch an Büchern hatte; anstelle eines Bücherschranks waren die Bände jetzt übereinander gestapelt und in einem Teil des Büffets aufbewahrt. Hier gab es keine Kontrolle, kein „Das ist nichts für dich, Kind". Cäcilie war froh, daß ihr Besuch sich beschäftigte. Entweder saß sie stumm mit einer Stickerei daneben, oder sie ging Besorgungen machen.

Letzteres war Corelli nur recht. Dann konnte sie, angeregt von bestimmten Szenen in den Büchern, sich ungestört ihrer Lust hingeben und mußte nicht warten, bis sie abends in ihrem Bett bei den alten Damen allein war.

II – 18

An einem dieser „Kinotage“ sah sie Erasmus, den Ältesten der Kuen-Söhne, der damals auf dem Heuboden Hand an sie gelegt hatte.

Irgendwie war es unwirklich; als würde aus der geronnenen Struktur einer Oberfläche sich plötzlich ein Wesen herauslösen und bewegen.

Natürlich erkannte er sie nicht; schließlich, wer erwartete sie schon hier. Er kam mit einem braungebrannten rundlichen Mädchen mit baumelnden Zopfschnecken in den Kinosaal hereingeschlendert, sie gingen Hand in Hand.

Corelli war überrascht, wie gut er aussah, mit seinem blonden Haarschopf, den hellen Brauen über blitzblauen Augen, der geraden Nase, dem feingezeichneten Mund. Jetzt hätte sie ihn doppelt so gern in ihren Spielen als den Prinzen, den Helden besetzt.

Er wirkte so – erwachsen. Ob seine Mutter ihn wohl immer noch prügelte? Die Vorstellung kribbelte, wie wenn man sich an Brause verschluckte.

Während der Vorstellung saß er mit dem Mädchen schräg vor ihr. Sie achtete nicht mehr auf den Film, den sie ja ohnehin schon bis zum Überdruß kannte, sondern hatte nur Augen für die beiden Silhouetten im Halbdunkel. Das Mädchen hatte während des ganzen Films seinen Kopf auf die Schulter des Jungen gelegt und Corelli malte sich aus, wie er ihr die Hand den Schenkel entlang und unter ihr Höschen schob, und saß selbst da, die Finger zwischen den gespreizten Beinen; das Kino war halb leer.

Sie fühlte sich wütend und matt, als sie das „Gambrinus“ verließ; während der paar Schritte hinüber zu Cäcilies enger Behausung begann sie zu weinen, wie früher meist nach den Kinovorstellungen.

Die Tante, die bereits das Abendbrot vorbereitet hatte, war erschrocken. „Was hast du denn, Friedesinchen?“

„Ich hab solches Heimweh!“, erwiderte sie, weil ihr nichts anderes einfiel, und erst dann merkte sie, daß es stimmte. Sie hatte überwältigendes Heimweh. –

Nachdem sie gemeinsam auf dem Bahnhof die Fahrkarte gekauft hatten und Corelli wußte, daß sie drei Tage später abreisen konnte, war mit einem Schlag alles anders. Auf einmal nahm sie den Ort als etwas Lebendiges wahr, etwas, das sich verändert hatte. Sie ging zwar nicht in das alte Wohnviertel, wo offenbar immer noch die Familie Kuen im Hexenhäuschen wohnte – warum sollte sie denn auch fortgezogen sein innerhalb von zwei Jahren? Aber im Zentrum des Ortes fand sie nun anstelle der alten Drogerie am Markt, zu der man ein paar Stufen mit Messinggeländer emporsteigen mußte, ein Geschäft für Gartengeräte. Die einstige Fleischerei hatte sich, oh Wunder, in eine Leihbibliothek verwandelt. Hätte sie das nur eher entdeckt! Mit den Büchern Cäcilies war sie eigentlich „durch“.

Ihre alte Schule war inzwischen ein Naturkundemuseum mit ausgestopften Tieren der Region, das offenbar niemand außer ihr in den letzten Wochen besucht hatte;

der spitznasige Kustos, der bei seiner Kaffeekanne unterm pudelmützenartigen Wärmer an einem der alten Pulte saß, schien echt erschrocken, als sie kam und das Haus besichtigen wollte. Sie erkannte die Räume nicht wieder, nicht einmal ihre Anordnung zum Flur. Neben diesem Neuen wohnte die dunkle alte Schule mit ihren Schrecken unverändert in ihrem Kopf.

II – 19

Dann regnete es, und sie besann sich darauf, daß man, wenn man kein Buch mehr zum lesen hatte, sich etwas malen konnte, in Ermanglung, oder selbst eins schreiben.

Cäcilie hatte weder Tuschfarben noch Buntstifte, aber wenigstens ein paar weiche Bleistifte, einen Radiergummi und rote Tinte, die war wohl vom Korrigieren der Hausaufgaben ihrer Schüler übriggeblieben. Das Papier war vergilbt und trug einen Firmenaufdruck; wer weiß, wo es herstammte.

Auf dem Dorf war der Platz so beengt gewesen, daß Corelli keine Fläche zum Malen und Zeichnen gefunden hatte – vielleicht hatte sie es ja auch gar nicht gewollt. Cäcilie hatte zumindest einen großen Tisch.

Es gefiel Corelli, in zwei Farben zu zeichnen.

Zuerst begann sie mit der Szene, die sie in dem Film so beeindruckt hatte: Die Frau im Abendkleid, auf die Schneeflocken herabrieselten.

Sie war ein bißchen aus der Übung und mit sich unzufrieden; es brauchte Zeit, bis ihre Hand wieder willig dem Diktat ihres Kopfes folgte. Sie entsann sich, daß sie damals, im dritten Stock rechts, die Bilder abgemalt hatte, die an den Wänden hingen. So etwas war bestimmt eine gute Übung.

Das bräunlich vergilbte Foto der jungen Frau im Beiderwandkleid fiel ihr ein. Das ließ sich leicht zeichnen, auch wenn man es nicht vor Augen hatte. Sie begann mit der Gestalt, die gerade dastand und an der die Falten ihres Kleides so streng herunterfielen, als seien sie von sorgfältiger Hand gelegt. Sie malte das Umschlagtuch, das Bündel in den Fingern, die verschwommenen Umrisse der Katen im Hintergrund. Zuletzt nahm sie sich den Kopf auf dem hochgereckten Hals vor, das Häubchen, unterm Kinn gebunden, das Gesicht, das sie sehr deutlich in Erinnerung hatte, hohe Wangenknochen, die Augen ein bißchen schief, die Lippen fest aufeinandergepreßt.

Das alles führte sie zunächst nur mit dem Stift aus, sie mußte viel radieren. Dann begann sie, hier und da rötliche Tintenstriche einzubauen, gab dem Porträt der jungen Frau Tiefe, so, als würde sie sich von den Häusern des Hintergrunds gelöst haben und, obwohl sie sich gerade nicht bewegte, bereit sein, jeden Augenblick auf sie zuzukommen.

Es gefiel ihr.

Cäcilie hantierte neben ihr an ihrem Propangaskocher und bereitete einen Kartoffelbrei zu, vor dem Corelli schon im Voraus schauderte, denn die Tante benutzte dazu keine Kartoffelpresse, die alles restlos zerkleinert hätte, sondern einen Stampfer, und das bedeutete, daß sich Klümpchen im Püree befinden würden, die sie unweigerlich zum Brechen reizen würden. Als Cäcilie sich halb umdrehte, um die heiße Milch von der anderen Flamme zu nehmen und einzugießen, fiel ihr Blick auf Corellis Bild.

Sie setzte den Topf wieder ab. Die Milch kochte über und ergoß sich zischend auf die Feuerstelle, löschte die Flamme. Es stank entsetzlich, und während Cäcilie schnell den Schalter zur Gaszufuhr umlegte, riß Corelli das Fenster auf, und die Tante stellte den schaumweiß bekleckerten Topf auf das Fensterbrett, ohne einen Topflappen zu benutzen. Dann ließ sie sich auf dem Sofa nieder, das ihr zugleich als Bettstatt diente, und sah das Mädchen mit offenem Mund an.

„Gefällt es dir?“ fragte Corelli harmlos. (Sie schien irgendetwas berührt zu haben.) „Das ist ein Beiderwandkleid.“

„Das ist ...“ Cäcilic stand wieder auf, sie schwenkte ihre Hand hin und her, offenbar hatte sie sich verbrannt an dem heißen Milchtopf. „Was weißt du von einem Beiderwandkleid?“ fragte sie.

„Es gibt ein Foto“ erwiderte Corelli behutsam. Sie war voller Spannung. „Ein Foto von einer jungen Frau mit einem Hut oder einer Haube, mit so einer Schleife unterm Kinn.“

„Ein Kapotthut“, sagte Cäcilie knapp. Sie pustete auf ihre Finger.

„Kapotthut“, wiederholte Corelli. Das Wort gefiel ihr. „Franziska sagte, die trägt ein Beiderwandkleid. Und einen Kapotthut. Das wollte ich malen.“

„Und? Was hat dir deine Großmutter sonst noch über die Frau auf dem Foto gesagt?“

Die Bezeichnung Großmutter irritierte Corelli, obwohl sie natürlich wußte, daß Franziska ihre Großmutter war. „Mutti“, antwortete sie betont, „Mutti kannte die Frau nicht. Sie konnte mir nichts sagen über die Frau auf dem Bild. Über das Mädchen.“

„Das glaube ich.“ Cäcilie stand auf und machte sich an dem Milchtopf zu schaffen.

„Woher auch. Das Album sollte eigentlich hier sein." Ohne Corelli anzusehen, sagte sie: „Die Frau auf dem Bild, das ist Mutterchen. Mutterchen, als sie jung war."

Am liebsten hätte Corelli losgelacht. Das konnte nicht sein! Die scheußliche alte Frau mit dem gegerbten Gesicht, den dunkel verfärbten Lippen und den unförmigen Ohren ... Vergebens suchte sie ihrer Erinnerung an das Foto auch nur die geringsten Ähnlichkeiten zwischen jener alten und dieser jungen Frau aufzuspüren. Sie warf einen forschenden Blick auf das, was sie da eben gemalt hatte. Dies Gesicht, das sie genau wiedergegeben hatte: mit dem üppigen Mund, den hohen Wangenknochen, dem fragenden Blick der großen dunklen Augen – das war einfach schön.

Wie konnte ein Mensch sich so verändern, wenn er ... zu lange lebte?

Sie schluckte die Bemerkung herunter, fragte vielmehr: „Und warum hatte sie das Beiderwandkleid an?"

„Für ein Foto machte man sich schön", erwiderte Cäcilie, wieder mit ihrem Kartoffelbrei beschäftigt. „Das war ihr bestes Kleid. Sie war gerade in die Stadt gekommen, um in Dienst zu gehen."

„Wie: In Dienst gehen?"

Cäcilie schlug auf den Kartoffelbrei ein, als müsse sie ihn atomisieren. „Arme Mädchen vom Lande mußten in Dienst gehen."

Corelli wartete. Sie wußte: Wie bei Franziska war die Stunde für die Geschichte gekommen.

Cäcilie setzte ihren Kartoffelbreitopf auf der Sofakante ab, es war klar, daß es ihr gleichgültig war. Und voller Staunen vernahm Corelli: „Die waren viele Kinder, und die Mutter war früh gestorben. Da mußte der Vater schnell wieder heiraten, damit alle versorgt wurden. Der Vater war ...“

Sie zögerte einen Augenblick, und am liebsten hätte Corelli souffliert: „Zöllner“, aber nein, es kam denn doch anders. „Schlachter. Er war Schlachter und immer unterwegs.“

(Corelli begriff nicht, wieso ein Schlachter immer unterwegs sein mußte.) „Und die Stiefmutter ...“

„... war böse“, ergänzte Corelli in Gedanken, und so kam es denn auch: „... haßte die Kinder. Immer, wenn der Vater unterwegs war, hat sie alle gequält. Sie mußten früh aufstehen, um zu beten. Und sie mußten losziehen, um für die Hasen und Ziegen Futter von den Feldern zu holen. Das war verboten, sie durften nur an Feldrainen Kraut zupfen. Wenn man sie erwischte, dann kamen sie ins Spritzenhaus, das war wie Gefängnis. Und der Vater, der half ihnen auch nicht. Denn wenn er nach Haus kam, war er betrunken. Dann mußten sich alle vorsehen, daß er sie nicht zusammenschlug. So hat sie es mir erzählt.“

Cäcilie machte eine Pause. Corelli wartete verwirrt darauf, daß das Mädchen, aus der später „Mutterchen“ wurde, nun für drei Taler an irgend jemanden verkauft werden sollte. Aber diese dramatische Wendung blieb in dieser Variante der Geschichte aus. Stattdessen erzählte Cäcilie in dürren Worten, daß es ihre Mutter nicht mehr ausgehalten hatte, ihr Bündel geschnürt und fortgegangen war. „Und dann“, fuhr sie fort, „kam sie zu unserem Vater. Sie wurde bei ihm Näherin.“

Corellis Verwirrung wuchs. Hatte der Mann, also Huberts und Cäcilies Vater, denn eine Schneiderei betrieben? Aus den Berichten Franziskas kannte sie nur die Version, daß er eine sogenannte Fouragehandlung betrieben habe, also mit Futtermitteln handelte. Und dann hatte er Spielschulden und stürzte vom Futterboden (absichtlich? zufällig?), und Hubert saß da mit den Schulden seines Vaters am Hals.

„Wieso war sie Näherin?“ fragte sie.

Cäcilie setzte nun den Topf mit dem Kartoffelbrei wieder auf die Kochstelle, aber sie stellte die Flamme nicht an.

„Das nannte man damals so“ erwiderte sie.

(Was es mit dieser Näherinnen-Sache auf sich hatte, entdeckte Corelli erst später, als sie zufällig die Geburtsurkunden Huberts und Cäcilies in den Händen hatte. Sie waren beide eingetragen als die unehelichen Kinder der Zippora Zappot, mosaischer Konfession, und des Fouragehändlers Walter L., evangelisch. „Näherin“ mußte so etwas wie eine Umschreibung für Konkubine oder Geliebte sein.

Jedenfalls trugen die beiden Kinder erst ihren jetzigen Namen, als Zippora Zappot, jetzt Sophie Zappot, nun evangelisch, den Fouragehändler Walter L. ehelichte. Da war Hubert bereits zehn und Cäcilie acht Jahre alt.

Kein Wunder, daß sich Cäcilie mit diesem Teil ihres Berichtes etwas zurückhielt.)

Aber das wußte sie damals nicht. Sie fragte einfach nur. Fragte nach diesen Schlachter. Sie erinnerte sich, daß bei dem „Schlachtfest“ auf dem Hof ja auch der Fleischer gekommen war. Der Fleischer, der sonst hinterm Ladentisch stand. „Warum mußte der Vater denn immer über Land gehen und war nie zu Hause? Hatte er kein Geschäft, keine Fleischerei?“

„Er war“, entgegnete Cäcilie, ohne das Mädchen anzusehen, „ein besonderer Schlachter. Für besondere Leute. Die gab es nicht in jeder Gemeinde.“

Gemeinde. Warum sagte sie Gemeinde und nicht Dorf? Corelli begann sich für diesen Mann zu interessieren. Und für diese Leute.

Sie merkte wohl, daß sich Cäcilie unwohl fühlte bei dieser Fragerei, aber es gefiel ihr, sie zu ärgern. So ließ sie nicht locker.

„Was waren das denn für besondere Leute?“

Cäcilie schob mit einer rüden Handbewegung Corellis Bild und die Stifte an die Seite des Tisches, es sah aus, als wollte sie alles zu Boden fegen. Dann stellte sie die Teller auf. Das Besteck klapperte in ihrer Hand. „Es waren“, sagte sie schließlich, „jüdische Leute.“

„War Mutterchens Vater denn ein Jude?“

„Halt jetzt deinen Mund!“, sagte Cäcilie schroff. Corelli sah sie erschrocken an. Sie war es nicht gewohnt, gemaßregelt zu werden, noch dazu hier, wo sie zu Gast war. Die Tränen schossen ihr in die Augen, sie mußte schlucken.

Cäcilie trug das Essen auf. Der Kartoffelbrei war, wie zu erwarten, voller Klümpchen, und die Sauce zu den Klopsen hatte sie nicht noch einmal aufgewärmt, sie war kalt und von einer Haut überzogen. Sie aßen schweigend, das heißt, Corelli aß eigentlich nicht, sondern stocherte nur mit der Gabel auf ihrem Teller herum.

Der Regen hatte aufgehört. Draußen fielen aus der Dachrinne die Tropfen klirrend auf das Metall der äußeren Fensterbretter.

„Du fährst am besten gleich morgen früh“, sagte Cäcilie. Corelli war das mehr als recht. Sie wollte nur noch fort.

Die Tante reinigte die Teller, indem sie das stehengelassene Gericht in einen Eimer mit Deckel warf und setzte das Geschirr in die Emailleschüssel mit den abgestoßenen Stellen, in der sie den Abwasch erledigte. Sie hatte versäumt, Wasser heiß zumachen und spülte alles nur kalt ab. Corelli wußte wohl, daß sie jetzt eigentlich zum Handtuch greifen und abtrocknen sollte, aber sie blieb weiter am Tisch sitzen, verstört und verstockt, und umklammerte die Beine des Stuhls mit ihren Beinen.

Als Cäcilie mit ihrer Arbeit fertig war, zog sie eine Schublade ihres Büffets auf (der Geruch nach irgendwelchen Medikamenten drang wie ein Schwall daraus hervor) und entnahm ihm ein Büchlein von der Größe eines Schulheftes, eingebunden in milchkaffeebraunes Leinen. In gotischer Schrift stand darauf: Ahnenpaß.

„Das kannst du mitnehmen nach Haus“, sagte sie. Dann setzte sie ihren Hut auf, griff die Handtasche und verließ das Zimmer.

Corelli horchte auf ihre Schritte im Flur und auf das Zuschlagen der Tür, dann öffnete sie das Büchlein.

Die Seiten waren nach einem Prinzip, das sie nicht durchschaute, mit numerierten vorgedruckten Kästchen versehen und in Felder mit Aufschriften wie „Familienname, Vornamen, geboren am“ und so weiter unterteilt, drei auf jeder Seite. Im rechten Winkel dazu gab es jeweils eine Rubrik: „Die Richtigkeit des Eintrags wird auf Grund vorgelegter Urkunden beglaubigt.“ Gestempelt jeweils und von einem Kirchenbuchführer beglaubigt. Die erste Seite war sorgfältig herausgetrennt, wahrscheinlich hatte sie wieder irgendetwas mit einem Hakenkreuz enthalten, wie die Abzeichen auf den Fotos, die sie gemeinsam übermalt hatten. Auf der zweiten, unter der Nummer eins, waren Cäcilies Daten eingetragen.

Die Rubriken bis zur Ziffer 55 ausgefüllt und beglaubigt, und die älteste Jahreszahl dort unter „Tauftag“ war 1716.

Manche Einträge waren aus unerfindlichen Gründen am Rand mit Bleistift angekreuzt. In verwirrendem Hin und Her wechselten die Geburtsorte und die beurkundenden Pfarrämter.

Cäcilie hatte Corelli eben ihren persönlichen „Arischen Nachweis“ geschenkt – wohl einen Ableger des geheimnisvollen Familienpapiers, das Hubert erkauft hatte. Irritiert legte das Mädchen das Büchlein aus der Hand. Was sollte sie damit? Sie wußte nichts damit anzufangen und beschloß, es Hubert zu geben, zur Verwahrung.

II – 20

Sie schlief eine letzte Nacht in dem Kämmerchen bei den strickenden alten Damen, erleichtert, abreisen zu können, und verstört von Cäcilies harschem Abschied und träumte einen Traum.

Der Hintergrund, verschwimmend, bestand aus jenen niedrigen Katen, wie sie auf dem Foto mit der jungen Frau zu sehen waren, eng aneinandergedrängt, aber das Bild hatte keine Begrenzung, die Katen endeten nicht am Horizont und sahen aus blinden Fenstern auf einen schlammigen Weg. Kein Baum, kein Strauch. Gab es Farben? Ein Grau, ein Braun, ein mattes Rot.

Und dann war da die junge Frau in jenem Kleid, dem Beiderwandkleid, mit dem Kapotthut und dem Schal um die Schultern, die Augen geradeaus gerichtet, vorbei an dem Fotografen, in irgendeine Ferne. Ernst, ohne ein Lächeln.

Aber es war nicht nur die eine. Es waren zwei, ganz gleich aussehend, ganz gleich gekleidet beide, man konnte den Kopf drehen, wie man wollte, immer war eine von ihnen da. Langsam, als würden sie ihre Füße gar nicht bewegen, glitten sie aufeinander zu, drehten sich umeinander, aber wie es aussah, nahmen sie voneinander keine Notiz, ihre Augen immer nach vorn gerichtet, vorbei an dem Betrachter.

Corelli wachte auf, sie suchte nach dem Schalter der Nachtischlampe, ihre Haut war feucht vor Angstschweiß.

Sie setzte sich im Bett hoch; es kam ihr so vor, als würde etwas durch den Raum flattern, das war wohl das Umschlagtuch der beiden jungen Frauen, das sie einhüllen wollte.

Flügel schwirrten.

Schließlich entdeckte sie einen Nachtfalter, der in hektischem Blindflug hierhin und dorthin schoß. Er erschien ihr riesig. Sie schrie vor Furcht laut auf und sprang aus dem Bett. Das Tier kam direkt auf sie zu, setzte sich schließlich auf ihren Arm. Die großen nichtssehenden Augen glotzten. Sie konnte sich nicht mehr bewegen, stammelte nur: „Weg! Geh weg!“

Dann war da die eine der beiden Frauen, die Kleine mit den Warzen. Sie stand in der Tür, bekleidet mit einem langen Nachthemd mit Blumenstickereien, unter dem sich ihr Altweiberbauch und ihre Hängebrüste, vom Korsett befreit, wie merkwürdige Kuppeln wölbten.

„Um Gotteswillen, Kind, was schreist du denn so herum?“

Corelli wagte es, einen Blick auf ihren besetzten Arm zu werfen. Der Falter schwang sich auf, streifte ihr Haar und taumelte aus dem Zimmer, an der Frau vorbei, die ihn gar nicht zu bemerken schien.

„Ich habe schlecht geträumt!“ murmelte Corelli. Sie schämte sich, zu sagen, daß sie letztlich vor dem Tier solche panische Angst gehabt hatte.

Die Frau schüttelte den Kopf. „Du zitterst ja! Soll ich dir eine heiße Milch mit Muskat machen, zur Beruhigung?“

Um alles in der Welt wollte Corelli nicht auch noch so etwas Ekelhaftes wie heiße Milch, noch dazu mit Muskat. Sie wehrte hastig ab, dankte, entschuldigte sich für die nächtliche Ruhestörung. Als die Frau gegangen war, saß sie noch eine Weile auf dem Bettrand, wagte nicht, sich hinzulegen, lauschte ängstlich, ob nicht noch einmal Flügel schwirren – nein, klappern würden.

Als sie schließlich das Licht löschte und die Augen schloß, kam der Traum wieder. Ganz schnell. Sie hatte sich wohl nicht richtig aus seiner Hülle befreien können. Er kam, aber verwandelte sich. Denn offenbar hatten die beiden Frauen, während sie wach war, weiter agiert in der Landschaft des schlammigen Weges und der Katen mit den blinden Fenstern, und es war ihnen gelungen, sich zu vereinen. Obwohl sie nun eins schienen, wußte Corelli ganz genau, daß sie doppelt waren, die eine von da und die andere von dort, innerhalb der schweren Falten ihres Kleides aus Leinen und Wolle, das nun zu leben begann. Hatte vordem nur das Schimmern des glatten Leinens und der weiche wattige Einschlag der Wolle eine Art von Wellenstruktur gebildet, so begannen sich nun Muster abzuzeichnen, und Farben tauchten auf in diesem Traum. Blau, das tiefe Blau auf den Flügeln eines Falters. Braun, das satte Braun der Erdkrume. Rot wie Blut.

Die beiden Frauen, die eins waren, hatten nun ihr Schrecknis verloren, das ihre starren Augen verbreitet hatten, sie zeigten einmal das eine, dann wieder das andere Gesicht, wobei Corelli in ihrem Traum ganz genau wußte, daß sie ja nur die Züge der einen kannte von dem Foto.

Jetzt waren sie wo anders; sie waren zu dritt, Corelli mit ihnen, zwischen ihnen, bei ihnen. Sie stiegen. Es war leicht, zu steigen, ohne jede Anstrengung. Zunächst erklommen sie die drei Treppen zum Vorderhaus rechts, standen vor der eichenen Tür mit dem Messingschild und der glänzenden Klappe für die Briefe, aber dann gingen sie weiter (sie wußte ja, was sich dahinter befand) und waren auf Dachböden mit geborstenen Stützpfeilern und Balken, so schmal, daß man gerade einen Fuß darauf setzen konnte; zwischen lehmigen Öfen, in denen man einst Brot gebacken hatte, führten sie hin und her; alles blätterte ab, alles drohte zusammenzustürzen.

Längst waren Corelli diese Traumpfade nicht mehr bekannt, sie mußten aus der Zukunft stammen, Gegenden, die sie erst später kennenlernen sollte. Schmale Stiegen zwischen Gärten, immer ging es aufwärts, sie und die Frauen – die Frauen, immer gerade Platz für den Fuß auf einer Stufe.

Dann Trümmer. Corelli kannte genügend Trümmer, sie war zwischen ihnen aufgewachsen. Aber diese hier waren anders. Gigantische abgebrochene Säulen, deren Kapitelle tragische Bilder von Kämpfenden und Liebenden bedeckten, große Tempelbrocken, Bögen in der Luft hängend, fremde Schriftzeichen, schwebend vor dem Grau einer Schlucht.

„Geht nicht dorthin“, sagte sie zu ihren Begleiterinnen, „es ist bröcklig, seht doch, wir könnten abstürzen.“

Aber da war niemand mehr als sie selbst, und sie klammerte sich an einem der Säulenschäfte fest, weil ein Wind aufkam, den sie vor allem in ihren Haaren spürte.

Sie wachte zum zweiten Mal auf, aber ohne Furcht, nur mit dem Willen, weiter zu träumen, und tat zum ersten Mal das, was ihr später fast immer gelang, nämlich ihren Träumen das Thema vorzugeben; in welche Richtung sie dann davonzogen, war ihr nicht vergönnt, zu steuern, da konnte sie nur aufspringen aufs Gefährt.

Sie drehte sich von rechts nach links, von links nach rechts; ganz schnell war sie wieder an dem Ort, wo sie sich selbst unterbrochen hatte. Schlucht und Säulen, Schrift in der Luft, Gärten und Tempeltrümmer. Und sie war allein.

An sich heruntersehend, bemerkte sie, daß sie nun das Beiderwandkleid trug – es erstaunte sie nicht. Es gehörte ihr von Anfang an, diese Mischung des Weichen, Wolligen mit dem Glatten, Geraden, außen und innen so verschränkt, daß es nicht unterscheidbar war, Geheimes und Offenbares, einst und dereinst.

Sie hatte es zu tragen.

Sie ging ganz nah an den Rand der Schlucht und sah hinunter. Aber das war gar kein steiler Absturz. Keinen Meter unterm Rand verlief eine Straße, zerfahrene bräunliche Erde, zerwühlt von den Spuren großer Räder, als sei ein Kolonne Baufahrzeuge vorbeigekommen.

Der Wind wehte weiter und sie befand sich nun auf dieser Straße. Das schwarze Auto kam lautlos auf sie zu und hielt an, irgendein Schemen öffnete die Tür. Neben Cäcilie saß Mutterchen auf dem Rücksitz, in ihrem Schultertuch, das dünne Haar zum Knoten geschlungen, das indianisch breite Gesicht mit den dunkelnden Lippen ihr zugekehrt.

Corelli begriff, daß sie einsteigen sollte, aber es war kein Platz da drinnen. So streckte sie ihre Hand aus, um nach der Hand der alten Frau zu fassen – ohne Widerwillen hier in diesem Traum, seit sie nun wußte, wer einst das Kleid getragen hatte, das nun ihr gehörte –, aber sie erreichte sie nicht, der Wagen bewegte sich weiter.

Die Kapriole des Traums führte sie zurück an den Anfang, zu der Kulisse der endlos sich erstreckenden Katen mit den blinden Fenstern. Aber jetzt war ein Leuchten im Bild. Es kam von ihrem Kleid.

Dann war sie wo anders, andere Bilder kamen und gingen dic Nacht hindurch, keine, die ihr um Gedächtnis blieben.

II – 21

Am anderen Vormittag begleitete Cäcilie sie zum Bahnhof, sie trug wieder den Hut mit dem Gummiband unterm Kinn und hielt ihre Handtasche fest unter den Arm geklemmt. Sie löste eine Bahnsteigkarte, um mit Corelli zusammen auf den Zug zu warten. Noch immer empfand das Mädchen das Einfahren der Dampflok mit den riesigen Rädern, den Kolben und Hebeln als bedrohlich, es hatte tatsächlich was von einem Drachen, der Rauch aus den Nüstern ausstieß.

Während der Schaffner schon die Tür aufriß, zog die Tante aus ihrer Tasche einen braunen Umschlag hervor und rückte ihn Corelli in die Hand. „Hier, das ist für dich. Und grüß alle schön."

Dann folgte die übliche matte, halbherzige Umarmung.

Corelli war allein im Abteil und unendlich erleichtert, daß dieser Besuch zu Ende gegangen war. Erst wollte sie den Umschlag ungeöffnet zu dem „Ahnenpaß" in ihrer Tasche tun, aber dann überkam sie die Neugier. Schließlich hatte Cäcilie gesagt. „Das ist für dich."

Sie riß die Lasche auf.

Drin befand sich Cäcilies Sparbuch, ausgestellt auf eine Summe von vierhundert Mark.

Was sollte das? Was sollte sie mit soviel Geld?

Verwirrt steckte sie das Buch weg. Sie würde es ebenso Hubert übergeben wie den „Arischen Nachweis".

Sie lehnte den Kopf gegen die Fensterscheibe; draußen Felder, der Holunder am Bahngleis setzte schon seine Dolden an und die Ebereschen begannen sich rot zu färben.

Sie sollte Cäcilie nie wiedersehen.

Eine Woche später erreichte die Familie die Nachricht, daß Huberts Schwester gestorben sei. Es hieß, der Schlauch ihrer Propangasflasche, die sie unerlaubterweise in ihrem Wohn- und Schlafraum aufgestellt hatte, sei wahrscheinlich undicht gewesen. Das Gas sei geruch- und geschmacklos, es könne, in hoher Konzentration eingeatmet, narkotisierend und erstickend wirken ...

Nur Hubert fuhr zur Beerdigung und zur Haushaltsauflösung.

Wer hatte damals den Nachtfalter geschickt? DU? Wer hatte den Traum gesteuert?

DU auch? Was wolltest DU sagen, was mitteilen?

ICH KÜMMERE MICH NICHT UM TRÄUME.

Aber da wußtest DU doch schon, was geschehen würde, nicht wahr? DU standest schon lauernd, wie sie DICH auf den alten Bildern darstellen, die Sense erhoben, um zuzuschlagen!

ICH LAUERE NICHT. ICH BIN DA, WENN ICH DA BIN. –

Es war der letzte Sommer, den sie auf dem Dorf verbrachten.

Hubert hatte zum Frühjahr mit Hilfe seines Geschäftspartners Wohnraum in der Nähe seiner Werkstatt ausfindig gemacht und sie beim Wohnungsamt zugeteilt bekommen, und er erkämpfte den Zuzug für die Familie bei der Polizei.

(Daß der „Wohnraum“ in der Stadt keine abgeschlossenes Quartier sein würde, sondern nur eine Teilwohnung, die sie sich als Untermieter mit anderen würden teilen müssen, war kein Stein des Anstoßes. Das war in den wenigen noch intakten Häusern der von Flüchtlingen und Ausgebombten überfüllten Städten gang und gäbe.)

Obwohl es noch so lange hin war mit dem Umzug, wirkte die Nachricht, daß sie in die Stadt zurück konnten, wie ein sprudelnder Jungbrunnen, vor allem auf Franziska. Sie begann, sich abends die Haare wieder mit Zuckerwasser einzuflechten, um sie morgens zu einer welligen Frisur aufbauschen zu können – aber wenn Corelli es sich recht überlegte, hatte sie damit schon angefangen, als sie von Cäcilies Tod erfuhr. Sie mußte sich als Siegerin gefühlt haben nun in dem ewigen Krieg der Schwägerinnen. Sie, die Zarte, die immer Kränkelnde, von der Schwester des Bruders wie Dreck behandelt, als es ihnen allen am schlechtesten ging. Und Cäcilie, robust bis auf ein bißchen Zipperlein in den Gliedern ... Nun hatte sie sie also überlebt! Grund genug, sich wieder Wellen ins Haar zu machen.

Franziska wusch die weißen Kragen, die sie gern trug, und die „Bäffchen“, die sie sich wie ein Pastor vorn an den Talar an ihre dunklen Blusen heftete, sie vertauschte die Kamelhaarsocken, mit denen sie sonst durch die Räume geschlurft war, mit Absatzschuhen, sie roch nach Birkenhaarwasser aus dem Dorfkonsum und zeigte sich hin und wieder zu einem Spaziergang, an Huberts Arm, wenn er da war, aber auch allein, die Bügelhandtasche am angewinkelten Arm, den Strohhut schräg auf der Frisur.

Auch Corelli beschwingte der Gedanke an den Umzug.

Wie auch immer es in der Stadt sein würde – es würde eine Leihbücherei geben, ein Kino oder zwei, vielleicht sogar ein Theater? Es würde in der Wohnung eine Toilette geben, zu der man nicht über den Hof rennen mußte, eine mit Wasserspülung, und vielleicht ja sogar eine Badewanne. Und vielleicht Kinder in der neuen Schule, die nicht ganz so stumpfsinnig waren wie die auf dem Dorf. Zumindest würde niemand verächtlich den Kopf schütteln, weil sie keine Rolle rückwärts konnte ...

In diesem Sommer kam der Fremde ins Dorf.

II – 22

Jemand klopfte ans Fenster. Das hatte es bisher nur während der Zeiten des Schmuggels gegeben, wenn eine Hausfrau am Abend entdeckte, daß sie ihre Familie mit einem Bückling aus Westberlin verwöhnen wollte.

Franziska, verwundert, öffnete den Fensterflügel, sie sah hinaus und Corelli blickte neugierig über ihre Schulter.

Draußen stand ein Mann und hob das Gesicht zu ihnen auf. Er trug einen verbeulten Anzug, die Krawatte hing lose. In der Hand hielt er eine abgeschabte Aktentasche, sie stand offen. Alles an ihm wirkte ein bißchen verwahrlost. Aber sein Gesicht war glatt rasiert, die Haut bräunlich wie die von Hubert und Hermine in ihren guten Tagen, wenn sie in der Sonne gelegen hatte. Sein Haar war ungewöhnlich lang für einen Mann; eine lose Strähne hing ihm seitlich neben dem Auge herab. Sein Blick war sanft und nachtschwarz. Corelli erschauerte.

„Liebe Frau, ich bitte um Verzeihung“, sagte der Mann. „Ich bin bestohlen worden, mein Portemonnaie ist fort und meine Fahrkarte und meine Lebensmittelkarte. Ich weiß nicht, wovon ich mir etwas zu essen oder zu trinken kaufen kann. Sehen Sie, das hier habe ich aufgelesen. Das soll mein Essen sein.“

Er zog seine Aktentasche auf. Sie war leer bis auf ein paar grüne Äpfel.

Er schwieg, und Franziska schwieg auch.

Der Mann sah zwar Franziska an und tat so, als würde er Corelli gar nicht bemerken, aber ihr war so, als hätte er in Wahrheit seine Worte an sie gerichtet – Worte, die etwas ganz anderes bedeuteten als das, was er aussprach.

Schließlich sagte Franziska: „Geld kann ich Ihnen nicht geben, ich habe selbst keins. Aber ich kann Ihnen ein Brot mit Margarine zurechtmachen. Was das Trinken angeht: Auf dem einstigen Gutshof gibt es einen Brunnen mit sehr gutem Wasser."

Der Mann nickte, wie es Corelli schien, voller Ergebenheit, und Franziska schloß das Fenster und ging zum Spind, um Brot und Margarine herauszuholen.

„Mutti, was ist das für ein Mann?" fragte Corelli.

„Ein Bettler", erwiderte Franziska kurz angebunden. „Wieso der sich aufs Dorf verirrt hat, weiß keiner. Hier sind die Leute doch viel geiziger als in der Stadt."

Corelli kannte den Bettler nur aus dem Lied, das ihr, seit ihre Ohren hören und ihr Geist aufnehmen konnte, bekannt war. Hündchenhat „denmanngebissen hat desbettlersrock" zerrissen. So also sollten Bettler aussehen? Das schien ihr unmöglich.

„Hast du schon viele Bettler gesehen?"

Franziska klappte die dünn mit Margarine bestrichenen Schnitten zusammen und wickelte sie ebensolches Stullenpapier wie die Brote, die sie Hubert mitgab, wenn er zur Arbeit fuhr.

„Das kannst du glauben!" sagte sie. „Als wir noch die andere Wohnung hatten, die über unserem Geschäft in der Hauptstraße. Da waren wir wer. Da ist man natürlich auch eine gute Adresse für Bettler. Ich habe immer etwas gegeben, aber nie Geld. Geld, dafür hätten die Kerle sich nur Bier und Schnaps gekauft. Ich hab ihnen meistens ein belegtes Brot gemacht. Aber damit waren die oft gar nicht zufrieden. Einmal, da hatte ich so einem Mann ein Schmalzbrot geschmiert. Weißt du, was er damit gemacht hat? Er hat es mir außen an die Wohnungstür geklebt."

Corelli hätte sich sicher über diese Geschichte amüsiert, wenn sie nicht auf etwas ganz anderes aus gewesen wäre, nämlich auf das Aussehen von Bettlern.

„Trugen die auch alle Anzüge?" fragte sie.

Franziska sah sie erstaunt an. „Anzüge? Wo denkst du hin, Kind! Bettler, die hatten meistens alte abgeschabte Lodenjacken an und darunter kragenlose karierte Hemden – aber ehrlich gesagt, meistens habe ich sie mir nicht so genau angesehen."

Offenbar hatte Franziska gar nicht gemerkt, daß der Mann da draußen einen Anzug trug, sie hatte ihn nicht genau angesehen ...

Franziska ging wieder zum Fenster, wollte das Stullenpaket wohl hinausreichen. Corelli spürte einen Druck über dem Magen. Der Fremde würde fortgehen mit seinen grünen Äpfeln in der Aktentasche, Wasser zu trinken am Brunnen auf dem Gutshof und dann irgendwohin.

„Darf ich ihm das Brot bringen, Mutti?" fragte sie.

Franziska lächelte. „Milde Gaben verteilen? Wenn du möchtest ..."

Corelli riß ihr die Schnitte aus der Hand und lief nach draußen (bestimmt hatte Franziska gedacht, sie wolle ebenfalls nur zum Fenster damit).

Der Fremde lehnte an der Hauswand neben dem Fenster. Seine Tasche hatte er zwischen die Füße geklemmt. Das Oberleder seiner Schuhe war geflickt und eine Naht aufgeplatzt.

Corelli blieb stehen. Sie hielt das Päckchen mit beiden Händen. Im „Fidelio", so wie ihn Hermine ihr in der Zeit der Stromsperre vorgesungen und erzählt hatte, sagt Leonore zu Florestan: „Da nimm, da nimm das Brot, du armer, du armer Mann."

Einen Moment kam sie sich vor wie jene Leonore – aber war das wirklich ein armer Mann?

Er drehte sich zu ihr, seine sanften Mandelaugen sehr ernst, obwohl sein Mund lächelte. „Danke, Mädchen“, sagte er leise. „Ich wußte, du würdest kommen. Wie heißt du?“

Corelli sah zu dem Mann auf. Dann erwiderte sie ernst: „Friederike Rosine.“

(Es war das erste Mal, daß sie sich mit Stolz zu diesem exzentrischen Namen bekannte.)

Er nickte ohne Verwunderung, als habe er das schon vorher gewußt, nahm ihr das Brot ab und steckte es in seine Aktentasche.

„Bleiben Sie noch im Dorf?“ fragte Corelli, sie wußte nicht, wie sie dazu kam. Aber ihm schien es selbstverständlich, denn er nickte.

„Übernachten Sie nicht in unserer Scheune, der Bauer ist unfreundlich“, sagte sie. „Gehen Sie lieber zu den alten Leuten am Dorfende, da, wo die Frau wohnt, die immer mit dem Kopf wackelt. Die nimmt Sie bestimmt auf.“

„Ich finde schon etwas. Ich finde immer etwas.“ Wieder lächelte er.

„Ich will Sie wiedersehen“, sagte sie. Sie spürte, daß ihr Mund trocken war und schluckte hastig, aber sie konnte, was sie gesagt hatte, nicht wieder herunterschlucken.

„Ich will dich auch wiedersehen, Friederike Rosine“, erwiderte er.

In ihrem Bauch ging jene Sonne auf, die sie sonst auf dem Weg zur Lust begleitete.

II – 23

Alles war in rötliches Licht gehüllt; die Kiefernstämme, einer wie der andere, in Bronzeflor gekleidet. Der Boden knisterte unter der Wärme. Heidelbeerkraut war stachlig, aber hinter dem Holzstapel die abgeschälte Baumrinde schien rau und weich zugleich zu sein und duftete so sehr, daß Corelli meinte, der Geruch würde bis hinter ihre Augen steigen.

Der Mann saß darauf und lehnte mit dem Rücken gegen das frisch geschlagene Holz. Corelli lag in seinem Schoß, der weich und unbeweglich war. Sie konnte sich nicht erinnern, wie sie hierher gekommen war, oder daß sie sich gar mit ihm verabredet hätte.

Es war so. Es konnte nicht anders sein.

Sie redeten nichts. Zunächst.

Dann fragte er: „Willst du mich küssen?“

Daraufhin schüttelte sie den Kopf. Mit Küssen hatte das hier gar nichts zu tun.

Er riß einen langen breiten Halm aus, der zwischen den Borken hervorkroch. Damit fuhr er nun an ihrem nackten Bein hin und her, erst am Schienbein und an der Wade, dann ließ er den Halm um ihr Knie kreisen und ging vorsichtig höher.

Corelli hielt den Atem an, vor Glück und Hingabe war

ihr schwindlig, als das federleichte Gras ihr Höschen zwischen den Beinen berührte und über den Punkt strich, in dem die Lust wohnte.

„Friederike Rosine – laß mich sehen!“ Seine Stimme war nicht männlich, nicht weiblich. Sie war ein Raunen.

Willig hob sie den Hintern, raffte das Kleid und zog sich das Höschen herunter bis zu den Knien. Er griff sie an den Hüften und drehte sie so, daß ihr Kopf nun auf den Borken hinterm Holzstoß lag, ihr Unterkörper auf seinem Schoß. Mit einer Hand zog er ihren Slip vollends aus, spreizte dann sanft ihre Beine. Die hauchzarte Berührung mit dem Grashalm ging weiter. Corelli biß sich in die Hände, um nicht zu laut zu stöhnen vor Wonne.

Dann hielt er inne und sagte, ein Lachen in der unirdischen Stimme: „Deine kleine Schildkröte da hat großen Hunger. Wollen wir sie füttern, bis sie satt ist und spuckt?“

„Ja! Ja!“ Sie konnte kaum sprechen. Nur jetzt nicht aufhören!

Dann spürte sie es. Ein glattes, warmes, geschmeidiges Stück Fleisch, da sich an ihrer Knospe zu schaffen machte, sie umkreiste, erweckte, „fütterte“. Was war das? Sie richtete sich auf den Ellenbogen hoch, um zu sehen, was geschah. Über ihrem Bauch das dunkle, strähnige Haar, viel zu lang für einen Mann.

Er beleckte sie.

Sie ließ sich zurückfallen.

Lippen und Zunge und das Knabbern der Zähne, wie wenn ein junger Hund spielerisch an deinen Fingern nagt, nur viel zarter.

Es war keine Sonne diesmal. Es war ein Vulkan, dessen nicht endenwollende Eruption sie zu zerreißen schien. Sie trommelte mit Händen und Füßen auf den Waldboden, warf den Kopf, stöhnte, brüllte. Dann war es vorbei, und die Zunge fuhr in breiten Bahnen über die ganze Muschel hin und leckte sie vorerst zur Ruhe.

Sie spürte den Herzschlag im Hals, im Kopf, ja, in den Fingerspitzen, und ein ungehemmtes Schluchzen brach aus ihr hervor.

Es war Überwältigung, das Wundervollste, was sie je erlebt hatte.

Er hatte sie wieder so in den Arm genommen wie zuvor, ihr Kopf auf seinem weichen Schoß, wiegte sie, summte.

Schließlich sagte sie: „Wer sind Sie?“ Denn ihr waren die Geschichten eingefallen, die sie gelesen hatte, von Göttern, die herabsteigen, um die Töchter der Menschen zu beglücken.

„Jemand, dem es Freude macht, wenn Mädchen Freude haben“, sagte er mit seiner unwirklichen Stimme.

„Sind Sie – ein Mann?“

„Was sonst?“

„Ich weiß nicht. Männer sind nicht so – weich. Sie machen Dinge, bei denen Frauen schreien müssen.“

„Woher weißt du das, Friederike Rosine?“

„Ich habe zugesehen. Heimlich.“

„Aber du hast doch auch geschrieen. Meinst du, es kann schöner werden?“

„Ich weiß nicht."

„Abwarten. Aber was das betrifft, was du meinst: Mir genügt es, zu berühren und zu sehen."

Seine Hand schob sich zwischen ihre Beine, sein Daumennagel drückte fest und sicher auf ihren empfindlichen Glückspunkt. Sie begann zu zittern, das erweckte Fleisch verlangte nach mehr.

„Ich sehe schon, wir müssen die kleine Schildkröte noch einmal zum Spucken bringen", sagte er sanft.

II – 24

Sie ging nach Haus im Watschelgang, zwischen ihren Beinen juckte und pochte es.

Es kam ihr so vor, als sei der „Kopf der Schuldkröte“ an diesem Spätnachmittag um einiges gewachsen.

Franziska hatte einen Handspiegel, den lieh sie sich aus.

„Wozu brauchst du den, Kind?“

„Für ein Experiment. Wir sollen Sonnenstrahlen fokussieren und damit Papier anbrennen.“

„Auf was sie heutzutage in der Schule kommen! Papier anbrennen? Aber sei vorsichtig!“

Corelli lief mit dem kleinen Spiegel die Stiege hoch, wo sich unterm Dach der winzige Verschlag befand. Sie schloß die Tür, hockte sich hin, zog ihren Slip herunter und tat, was sie vorher noch nie gemacht hatte: Sie besah sich im Spiegel.

Der pralle Knopf war geschwollen, rot wie Purpur, schmerzhaft bei Berührung. Die Ränder der Muschel dahinter gezackt und zart wie eine merkwürdige Blume. Was mochte jemanden daran reizen, dergleichen zu sehen? Nur zu sehen und zu berühren und nicht, wie Erasmus oder der Knecht, mit seinem Ding daran herumzuhantieren?

Das Innere der Muschel war unerschlossen, und auch Corelli selbst hatte keine Lust auf dies Geheimnis. Ihre

Finger zuckten zurück vor der Öffnung. Ihr genügte das Außen.

„Schildkröte. Fotze“, sagte sie leise, um die Worte auszuprobieren.

Dann zog sie sich wieder an und brachte den Spiegel zurück.

Tagelang war ihr Zentrum so wild durchblutet und empfindlich, daß sie, wenn es keiner bemerkte, das Höschen auszog, damit es nicht scheuerte.

Niemand aus der Familie merkte etwas.

Den Fremden sah sie nicht wieder. Dafür hörte sie von ihm.

„Du solltest in der nächsten Zeit nicht in den Wald laufen“, sagte Franziska. „Ein böser Mann geht um in der Gegend.“

„... geht um“, das erinnerte sie an das Kreisspiel „Dreht euch nicht um / der Plumpsack geht um“, wobei sie sich unter Plumpsack gar nichts vorstellen konnte.

„Was macht er denn, der böse Mann?“ fragte sie neugierig. (Dunkel fielen ihr irgendwelche Geschichten aus H. ein, wo sich niemand in den Wald traute, weil es da auch einen bösen Mann geben sollte.)

Franziska hantierte mit ihren Töpfen. „Was eben solche Männer so machen“, sagte sie ausweichend. „Also laß dich nicht ansprechen.“

„Aber ich muß doch höflich sein!“ widersprach Corelli. „Wenn mich jemand anspricht, muß ich antworten, auch wenn er fremd ist. Das habt ihr mir so beigebracht.“

Franziska seufzte genervt. „Er vergeht sich an Kindern. An solchen kleinen Mädchen, wie du eins bist", sagte sie fast böse.

„Was meinst du mit ‚vergehen'? Bringt er sie um?"

„Ach Kind, da gibt es andere Dinge", erwiderte Franziska rätselhaft. Sie senkte die Stimme zu einem Flüstern. „Renn einfach weg, wenn du ihn siehst. Und dann geh zur Polizei und sag denen Bescheid, damit sie ihn festnehmen."

„Aber wie soll ich ihn denn erkennen?"

Franziska sah sie starr an „Du kennst ihn!" stieß sie hervor. „Er rennt herum und tut so, als wenn er ein Bettler ist, und schleicht sich so ein in den Dörfern, der Unhold, und dann ..."

Sie machte eine wegwischende Handbewegung.

„Meinst du den, dem ich das Brot gegeben habe?"

Die alte Frau nickt eifrig. „Bloß gut, daß weiter nichts geschehen ist!"

Corelli ging über den Hof, durch die Scheune, in den Obstgarten. Sie setzte sich zwischen das Fallobst und sog den Geruch der faulenden Äpfel ein.

Alles war verkehrt.

Der „böse Mann", der „Unhold", war sanft und zärtlich. Er tat keinem etwas an, jedenfalls ihr nicht. Seine dringliche, warme glatte Zunge, seine gelenkigen Finger spendeten soviel Überwältigung, daß sie ihn zwischen Traum und Wachen für etwas anderes als einen Menschen, für einen Überirdischen gehalten hatte. Sein Lieben war selbstlos. Er spendete Glück. Berühren und Sehen war alles, was er wollte.

Wie konnte das jemand anders empfinden?

Angst saß wie ein Klumpen Unverdautes in ihrem Bauch. Abends nahmen die Krämpfe so zu, daß ihr Franziska eine Wärmflasche machte und sie ins Bett steckte.

Sie lag mit geballten Fäusten.

Warum ging er zu anderen, die zu stumpfsinnig und zu borniert waren, ihn als Liebesboten zu erkennen? Warum kam er nicht wieder zum Holzstoß mit der duftenden Rinde, den Grashalm in der Hand? Warum nicht zu ihr?

Im Halbschlaf hörte sie Hubert und Franziska reden.

„Das Kind ist zu empfindsam. Was ich ihr über diesen Lustmolch erzählt habe, das hat sie völlig aus den Fugen gebracht."

„Ja, aber du mußtest sie doch warnen!"

Sie saugte am Kissenzipfel, wie zu der Zeit, als sie noch ein Kleinkind gewesen war. Spät schlief sie ein. –

Der „Lustmolch" war das Thema im Dorfkonsum, wohin Franziska sie einkaufen schickte am nächsten Tag. Was es für einer war, darüber bestand kein Zweifel. Ein Zigeuner, ein Landstreicher, ein „Entsprungener", ein „Fremdstämmiger". Was wirklich geschehen war, darüber wurde man sich allerdings nicht einig. Angeblich hatte er ein Mädchen mit in den Wald genommen, aber die war weggelaufen, rechtzeitig entkommen. Ein anderes, in einem anderen Dorf, wurde von ihm „angesprochen" und „mit Ausdrücken belegt", was auch immer das war. Der Tochter des Bürgermeisters von W. war er „nachgestiegen". Wirklich getan hatte er wohl keiner etwas. Es war nicht dazu gekommen.

Um so drastischer waren die Forderungen nach Bestrafung. „Kopf ab!“, „Schwanz ab!“, „Vergessen zu vergasen!“, „Aufhängen!“

Der Konsum brodelte wie ein Hexenkessel, den Frauen schäumte der Mund.

Corelli lief nach Haus, sie hatte die Hälfte von dem, was sie kaufen sollte, vergessen, das geschah ihr sonst nie.

Zwei Tage später kam Hubert mit der Kreiszeitung in der Hand von der Arbeit nach Haus. Triumphierend schlug er mit der flachen Hand auf das Papier. „Gott sei Dank, sie haben ihn! Nun kannst du unser Mädchen wieder beruhigt nach draußen lassen, Fränzchen!“

Wie dem Blatt zu entnehmen war, hatten sie ihn erwischt, als er im leeren Wartesaal eines kleinen Bahnhofs ein zehnjähriges Kind auf seinen Schoß gezogen und es „unsittlich berührt“ hatte.

„Was werden sie mit ihm machen?“ fragte Corelli. Ihre Stimme zitterte.

Hubert zuckte die Achseln. „Was schon. Solche wie der sind einfach nicht richtig im Kopf. Den werden sie wegsperren, hoffentlich lebenslänglich. Der kommt in die Heila.“

Heila war die landesübliche Abkürzung für Heilanstalt, womit die geschlossene psychiatrische Einrichtung in U. gemeint war.

Corelli war ganz Eis, ganz Starre.

In ihrem Kopf ging alles durcheinander. Da war der Plan.

Hilde, die Magd, und ihre Mutter hatten sie in ein paar abergläubische Praktiken eingeweiht, so, wie man Warzen wegzaubert, indem man etwas vergräbt und dazu bestimmte Segenssprüche murmelt. Das Vergraben war nicht wichtig. Aber die Sprüche. Und Vollmond mußte sein und Mitternacht.

Vollmond war.

In einem der alten Schullesebücher, von Cäcilie geerbt, hatte sie Beispiele althochdeutscher Dichtung gefunden; angezogen vom weltfernen und doch vertrauten Klang der verschollenen Sprache, las sie die Merseburger Zaubersprüche ein paar Mal und behielt sie sogleich, wie alles, was sie beeindruckte.

Es war schwer, bis Mitternacht wach zu bleiben. Sie zwang sich, die Bettdecke nicht zu benutzen. Zitternd vor Kälte lag sie neben der fest schlafenden Hermine, der, im Gegensatz zu ihr, der Nachtluft behaglichen Schlaf zu bescheren schien; ihre weißen festen Schenkel ragten unter der Decke hervor und schienen im fahlen Mondlicht zu phosphoreszieren.

Kurz bevor die Kirchturmglocke Mitternacht schlug, war sie trotzdem eingenickt; das Geläute weckte sie auf. Ihre Zähne schnatterten vor Furcht und Kälte. Sie stand auf und schlich sich auf den Hof.

Der Hund, der tagsüber an der Kette lag und als gefährlich angesehen wurde, lief nachts frei. Er näherte sich Corelli langsam, stolzierte mit gesträubtem Nackenfell herbei. Seine schrägen Augen blinzelten nicht.

Corellis Furcht war anderer Art. Der Hund und seine Bedrohung blieben ihr gleichgültig, und da er merkte, daß sie sich nicht ängstigte, blieb er neben ihr, setzte sich auf die Hinterbeine und starrte sie an.

Sie heftete ihre Augen fest auf den Mond. Irgendetwas mußte helfen.

Mit Schrecken stellte sie fest, daß sie von dem Zauberspruch nur noch den Beginn wußte: „Eris sazun idisi“. Einmal saßen weise Frauen.

Aber vielleicht war das gar nicht wichtig. Denn was diese weisen Frauen taten, das konnte heutzutage ohnehin kein Mensch mehr. Man nannte das wohl Nestelknüpfen.

Das Wichtige waren die beiden letzten Zeilen.

Sie ballte die Fäuste. Den Kopf im Nacken, flüsterte sie zum Mond hoch: „Insprinc haptbandun, invar vigandum!“

„Entspringe den Fesseln, entschlüpfe den Wachen!“

Als sie den Spruch zum dritten Mal sprach, wurde der Mond größer und kam auf sie zu, ein riesiges wimpernloses Auge. Sie konnte nicht wegsehen. Ein Schmerz im Nacken packte sie.

Schmerz wie von einer zupackenden Faust.

Eine Träne löste sich vom Mondrand, floß erdwärts, ein Gebilde aus Schleim und Eis, gelb und undurchsichtig wie Dotter. Dann wurde es dunkel.

II – 25

Der Winter ging dahin, als sei Corelli versteckt unter einer dicken Decke.

Man hatte sie an dem Abend gefunden, weil der Hofhund, entgegen seiner Gewohnheit, ohne Unterlaß geheult und gebellt hatte. Der wutentbrannte Bauer, der schließlich in Nachthemd und Holzpantinen herauskam, um das Vieh mit der Peitsche zu züchtigen, entdeckte das Mädchen, wie es mitten auf dem Hof lag, Arme und Beine von sich gestreckt, besinnungslos. Über ihr stand der Hund und heulte den Mond an.

Als sie aufwachte, lag sie in einem weißen Bett in einem weißen Zimmer und war allein.

Es war Nacht und rundum schrieen Kinder, auf die niemand hörte. Einige weinten und wimmerten nur, mache riefen nach ihrer Mutter.

Sie wollte aufstehen und fortlaufen, aber es ging nicht.

Ihr Kopf war nicht mehr auf ihrem Hals, sondern schwebte abgesondert im Zimmer, flammenzuckend vor Schmerz. Ihr Genick war aus Eisen.

Menschen in weißen Kitteln, vor denen sie sich seit ihrer frühesten Kindheit fürchtete, kamen und taten ihr Entsetzliches an. Sie bogen sie zu einem Ring zusammen, als wollten sie eine Schnecke aus ihr machen, und stachen in ihren Rücken. Sie brüllte vor Pein, alles in ihr bäumte sich auf. Aber sie hielten sie wie mit Klammern.

Sie wurde gestochen und gestochen und gestochen. Tagelang, wie ihr schien. Ewigkeiten lang, damit sie schlief.

Sie schlief ohne Träume. Nichts, was sie tröstete.

Immer, wenn sie aus der Dunkelheit aufwachte – umgeben von diabolisch blitzenden Geräten –, flüsterte sie die Zaubersprüche.

„Insprinc haptbandun, invar vigandum."

Sie sprach und flehte für ihn und für sich. Aber es half nichts.

Was die restliche Zeit im Krankenhaus anging, so hatte sie jede Erinnerung daran verloren.

Eines Tages wachte sie auf, eine Uhr schlug irgendwo, aber es war nicht Mitternacht. Draußen dämmerte es. Sie hatte Hunger und fühlte sich zum Fliegen leicht, wie damals, als sie aus dem Bett aufstand, um an der Kommode zu zeigen, wie groß sie schon war.

Draußen waren Stimmen; sie schloß schnell die Augen und machte sich steif, damit sie niemand finden konnte. Hielt den Atem an. Sie war nicht da.

Die Stimmen und das Lachen kamen näher, gingen vorbei.

Sie schlug die Bettdecke zurück, ging zum Spind und streifte sich das weiße zerknitterte Nachthemd vom Leib – es war närrischerweise hinten offen und nur mit einem Bändchen am Hals geschlossen.

Aus dem Spind zog sie ihre Kleidung. Sommersachen. Eine Strickjacke. Sie ging zum Fenster und sah hinaus. Auch draußen war alles weiß. Drinnen weiß, draußen weiß.

„Insprinc haptbandun."

Vom Fenster hätte man wohl springen können, es lag im ersten Stock. Aber man konnte es nicht öffnen, es hatte keinen Knebel.

So ging sie zur Tür, öffnete. Der Korridor lag in gleißendem Licht, der grünliche Fußboden stank nach Reinigungsmitteln.

Unbehelligt gelangte sie zum Ausgang. Erst auf der Straße fingen sie sie ein.

Sie wehrte sich nicht, ließ sich zurückbringen und spritzen, um wieder im Dunkel zu versinken.

Als sie erneut erwachte, saß Hubert an ihrem Bett. Seine warme Hand hielt ihre fest.

Sie begann zu weinen.

„Warum habt ihr mich hierhergebracht? Und warum habt ihr mich alleingelassen?"

Sie erfuhr, daß sich jeden zweiten Tag jemand von der Familie auf den Weg in die Kreisstadt gemacht hatte, hin zu diesem Krankenhaus, um sie zu besuchen, aber das Dunkel, in das man sie verwiesen hatte, war so tief, daß nichts zu ihr drang.

Hubert nannte ihre Krankheit Meningitis und behauptete, daß sie daran vielleicht gestorben wäre, wenn man sie nicht an diesen Höllenort gebracht hätte. Sie aber glaubte, daß sie schon tot gewesen sei. So fühlte sie sich.

Ist es so, bei DIR zu wohnen? So im Nichts, in einer endlosen Nacht?

BEI MIR WOHNT NIEMAND.

Aber DU hattest schon die Hände um meinen Hals, nicht wahr? DU Sauhund hast mir nicht gegönnt, daß ich so sehr lebendig war, so sehr fühlte.

DU VERKENNST MICH. WAS HABE ICH MIT GEFÜHLEN ZU SCHAFFEN?

Das wagst DU zu fragen? DU, der DU Orkane von Angst und Verzweiflung, von Heulen und Zähneklappern auslösest? Der DU daherkommst auf den Wellen des Schmerzes und der Grausamkeit?

DU VERSTEHST NICHTS.

Ich war in DEINER Umklammerung, und ich verstehe nichts?

ICH BIN NUR DAS PORTAL.

Geh weg. Verlaß mich.

Aber wieso sollte er Befehle annehmen von mir?

Manchmal vergesse ich seine Anwesenheit. Aber des Nachts, wenn ich unvermutet wach werde, ist er da, und ich höre dies Geräusch wie das Schwirren eines metallischen Fächers: Ist es ein Flügelschlagen?

Wieder zu Hause, packte sie die Erinnerung mit mörderischen Klauen.

Die dunklen Augen, das bräunliche Gesicht. Das lange Haar. Die eindringliche, die selbstlose Zärtlichkeit.

Was tut man dir an? Wo bist du?

Sie weinte nachts, sehnte sich nach der Berührung.

Aber irgendwann begriff sie, daß die Einmaligkeit das Ereignis aus allem heraushob, daß es keine Wiederholung gegeben hätte, selbst wenn es möglich gewesen wäre.

Er hatte sich einfangen lassen. Keine Beschwörung hatte ihn retten können. Solche wie er sollten Flügel haben.

Irgendwann verblaßte das Bild, oder sie ließ es verblassen, weil sie dies Gefühl nicht mehr haben wollte.

Dann zogen sie um.

Dritter Teil

III

III – 1

Die Heimkehr.

Während ihrer Krankheit war sie gewachsen. Noch vor dem Umzug mußten sich Franziska und Hermine zusammensetzen und nach der Prinzip „Auszweimacheins“ Sommerkleider schneidern; Franziska nähte mit großer Akkuratesse, Hermine hingegen improvisierte ohne Schnittmuster und entwarf gewagte Zusammenstellungen, machte aus einem Rock von flauschigem Wollstoff und einem Oberteil aus grobem Leinen eine Einheit, indem sie die Ärmel mit dem Wollstoff abpaspelte und dem Rock einen Vorstoß aus Leinen anhexte.

So lief Corelli im kommenden Jahr in ihrer eigenen Art von Beiderwandkleidern herum, zunächst belächelt und bespöttelt von den Mädchen ihrer neuen Umgebung. Aber sie war in der Schule viel zu gut, als daß sich ihre Mitschülerinnen auf die Dauer leisten konnten, sie zu ärgern. Denn schließlich schrieb sie ihnen ihre Aufsätze oder machte die Mathehausaufgaben für die halbe Klasse.

Doch das kam später.

An den Umzug hatte Corelli keinerlei Erinnerung. Wo war sie gewesen? Hatte sie, während die anderen im Schweiße ihres Angesichts packten, einfach Waldspaziergänge unternommen oder sich mit einem Buch auf den Heuboden zurückgezogen?

Sie wußte nicht einmal mehr, ob sie mit dem Zug oder mit einem Auto in die große Stadt zurückgekehrt war.

Ihr Neues Domizil stand vor ihr, als sei es aus der Erde hervorgewachsen, ein Mehrfamilienhaus, das, wie Vieles in diesem Stadtviertel, den Bomben entgangen war. Die Gegend war schon fast Vorort, keine zehn Minuten entfernt begannen ausgedehnte Gartenkolonien.

Die Kriegsschäden beschränkten sich auf die eine oder die andere Ruine, die damals so normal im Straßenbild ihren Platz hatte wie später vielleicht eine Leuchtreklame, auf ein paar bereits planierte Flächen und auf die bekannten „Rattenbisse" im Putz der Gebäude, verursacht von Querschlägern und Granaten.

Auf der anderen Straßenseite begann ein Quartier, das im ganzen heil geblieben war: Große Mietshäuser sowohl als auch niedrige Siedlungsbauten waren insgesamt von einer zwei Meter hohen Mauer umschlossen. Hinter der Mauer saßen die Russen. Kasernen, Offiziershäuser, ein Sport- und Exerzierplatz.

Das war das Gegenüber der neuen Wohnung, die sich im ersten Stock befand. Man sah genau auf die mit Milchglas versiegelten Fenster des grauen Kasernengebäudes – sie kamen Corelli vor wie tote Augen. Höchst selten einmal im Hochsommer wurde gelüftet. Dann saßen auf den Fensterbrettern gleich mehrere junge Soldaten in schäbigen Feldblusen, den Kopf stoppelkurz geschoren, und sobald sich auf der anderen Seite ein weibliches Wesen sehen ließen, stießen sie sehnsuchtsvolle Lockrufe aus: „Frau! Komm, Frau!" Es klang wie das Miauen großer Kater.

Wenn man sich vom Balkon – es gab einen Balkon! – weit hinauslehnte, konnte man auf den Exerzierplatz gucken, auf dem jeden Morgen ein Fahnenappell stattfand. Schräg hinter der Mauer lag ein Stück Erde frei, man hatte das Haus dort schon abgerissen. Das mußte Hubert jeden Morgen überqueren. Auf der Querstraße dann, direkt neben dem Kino, befand sich seine Rundfunkwerkstatt, die er mit einem anderen „Meister“ zu teilen hatte; noch immer war ihm nicht erlaubt, eigenständig ein Geschäft zu führen.

Die Wohnung selbst war, wie fast alle Räumlichkeiten in jener Zeit der Wohnungsnot, aufgeteilt unter drei Parteien.

Ursprünglich hatte sie ganz und gar einem Fräulein Harland gehört, einer weißhaarigen Dame, die ihren korpulenten Leib nur in einem Korsett präsentierte, das sie dazu zwang, sich vornübergebeugt und starr zu bewegen, als habe ein böser Zauberer ihren Körper versteinert wie in den Märchen von Tausendundeinernacht.

Fräulein Harland bewohnte das sonnige Gartenzimmer der Wohnung und teilte sich die Küche mit den zweiten Mitbewohnern, Großmutter, Mutter und Kind, die entweder Menschen von ungewöhnlicher Boshaftigkeit gewesen sein mußten oder aus wer weiß welchen Gründen, etwas gegen Corellis Familie „hatten“ – vielleicht ging es einfach darum, daß sie „nach hintenraus“ wohnten, während die Neuen in die Vorderzimmer zogen. Jedenfalls waren bereits nach den ersten vierzehn Tagen beide Parteien einander spinnefeind. (Zur Familie gehörte ein Mädchen in Corellis Alter, mit der sie bezeichnenderweise niemals ein Wort wechselte.)

Bald gab der gemeinsame Stromzähler Anlaß zu wilden Attacken. Der angezeigte Verbrauch sollte bei der Abrechung einfach durch drei geteilt werden – drei Parteien, drei Rechnungen. Irgendwann bemerkte Hermine, daß sich der Zähler wie rasend bewegte, ungemein hohen Verbrauch anzeigend. Der Grund war bald gefunden: Die andere Mietpartei stellte den großen Topf mit Wäsche auf eine elektrische Kochplatte. Als Hermine darum bat, damit auf den Gasherd zu wechseln, wurde ihr die Tür vor der Nase zugeschlagen.

Aber die Tochter des Elektromeisters wußte Abhilfe zu schaffen. Mit einem Draht überbrückte sie den Stromkreis und stellte einen Kurzschluß her, woraufhin die Sicherungen heraussprangen.

Dann konnte man einige Minuten später das Tacktack harter Absätze auf dem langen Flur hören. Die andere Mieterin kam und drehte die Sicherung wieder ein ...

Dieser Vorgang wiederholte sich dann mehrmals hintereinander, mit der zähen Energie, mit der ein Kleinkind sein Spielzeug immer wieder aus dem Wagen wirft, so oft man es auch aufhebt.

Die Räume, die ihnen zur Verfügung standen, waren zwei große, schön stuckverzierte Zimmer, verbunden durch eine Flügeltür in weißem Schleiflack. Es gab den winzigen Balkon mit Blick auf die Russen. Es gab ein von allen Parteien benutztes Badezimmer mit einem Kohleofen. Außerdem standen der Familie zwei Kammern zur Verfügung – eine als Schlafkammer für Hermine und Corelli, die zweite wurde zur Küche umfunktioniert, denn die andere Küche war ja von Fräulein Harland und der zweiten Familie genutzt und stand nicht zur Verfügung.

Das Kämmerchen hatte weder Wasser- noch Gasanschluß. Zwei Kochplatten wurden installiert und auf einer Bank standen zwei Eimer, einer für frisches Wasser, einer für gebrauchtes. Beide wurden gefüllt und geleert im Bad, zu dem man über den endlos langen Flur gelangte, der von Fräulein Harland auf Hochglanz gebohnert wurde; mindestens zweimal stürzte Corelli mit einem vollen Wassereimer und mußte unter den mißbilligenden Blicken der Mitbewohner wischen und wischen und wischen.

Diese Umstände brachten es mit sich, daß sich die Familie aufs Neue in der Improvisation einrichtete, wie so lange schon. Nichts war perfekt: Ja, es gab ein Bad, aber man konnte es nur nach Absprache benutzten. Gewaschen wurde sich weiterhin in der Porzellanschüssel auf dem Waschtisch; wegen des umständlichen Wegs zum Bad, wo man frisches holen mußte, benutzten alle das früh gebrauchte Wasser auch noch mehrfach zum Händewaschen; meist schwamm eine graue Schicht auf der Oberfläche.

Ja, es gab einen Balkon, und wenn man einen Vorhang spannte, konnte man sich sogar zum Sonnen auf einen Liegestuhl setzen, ohne daß einen die Russen beobachteten. Da aber der Kochraum so winzig war, engte man den Platz dort draußen mit einen Eisschrank ein – frisches Eis wurde einmal die Woche ausgefahren. (Ein Mann mit Lederschurz über der Schulter und großem Handschuh brachte den zurechtgehauenen Block, nachdem man das alte Kühlwasser fortgekippt hatte.)

Die Möbel, die auf dem Dorf so gedrängt gestanden hatten wie zur Aufbewahrung in einer Rumpelkammer, füllten nun die beiden großen Zimmer nicht einmal vollends aus.

Warum man sich keinen Papierkorb oder wenigstens einen alten Karton besorgte, verstand Corelli später nie so ganz; jedenfalls war es Brauch, den Abfall einfach in die Nische hinterm Ofen zu werfen und sie von Zeit zu

Zeit auszufegen und sie dann, meistens mit der Asche der Feuerung zusammen, in den Müll zu tragen.

Das Fräulein Harland, das einmal Zeuge wurde, wie Corelli ein paar Kirschkerne hinter den Ofen warf, bemerkte entsetzt: „Kind, wir sind hier doch nicht bei den Hottentotten!“ (Woraufhin die Nische nur noch die Hottentottenecke genannt wurde.)

Und ja, sie waren inzwischen Hottentotten. Sie hatten sich daran gewöhnt, sich zurückzuziehen und ihren Dreck für sich zu behalten.

Franziska ging weiter auf den Topf, weil sie den langen Weg zur Toilette im hinteren Teil der Wohnung scheute – vor allem, um nicht „dieser entsetzlichen Frau“ zu begegnen oder gar vor verschlossener Klotür warten zu müssen. Da ihr Herz sie zwang, lange im Bett zu liegen, brachte man ihr Kartoffeln, Schälmesser und Wasserschüssel ans Bett, damit sie sich „nützlich machte“, wie sie unbedingt wollte.

Es konnte vorkommen, daß die Milchkanne vom Frühstück neben der Wasserkaraffe auf dem Waschtisch landete, und Hubert, wenn er vom Geschäft nach Haus kam, sich gedankenverloren die Hände in Milch wusch – er bemerkte es erst beim Abtrocknen.

Die „Hottentottenmentalität“ , die der Familie geholfen hatte, zu überleben, blieb weiter erhalten. Man war eingeschworen aufs Mangelhafte, wählte Lösungen, bei denen der Einfall mehr zählte als das Perfekte. Denn Geld war nicht da.

In einer Zeit, in der die Leute ringsum schon anfingen, ihr Bares in Couchgarnituren anzulegen, bauten sich Corelli und Hermine in ihrer besseren Besenkammer eine „Liege“

aus einer Kastenmatratze mit einer im An- und Verkauf erworbenen Sofadecke. Um dem Sitzmöbel die nötige Höhe zu geben, holten sie sich Ziegelsteine aus einem der Trümmerhäuser, die dann, jeweils zu zweit in Zeitungspapier verpackt, die „Beine“ ihres Gegenstands abgaben. Mit diesem Ding bestand die Familie mehrere Umzüge; erst in der dritten Stadt, in die man später kam, trennte man sich von den Ziegelsteinen – und ersetzte sie durch Fußbänke!

Freilich gab es zwei wundervolle Neuerwerbungen.

Die eine war ein Plattenspieler, also, zumindest ein Teil desselben. Dies bedarf der Erklärung.

Da Hubert als Radiomechaniker Zugang zum Großhandel hatte, konnte er ein Chassis zum Grossistenpreis erwerben. Er war der Ansicht, daß das Gehäuse drumherum nicht notwendig und nur Schnickschnack war, zumal das Teil ja auf diese Weise viel preiswerter wurde! Leider stellte sich heraus, daß man diesen Plattenteller, um ihn in die richtige Balance zu bringen, mittels einer Federung an einem Gehäuse ausbalancieren mußte, sonst „eierte“ jede Schallplatte. Aber mit dergleichen wurden die erfindungsreichen „Hottentotten“ fertig. Ein ausrangierter Teetopf, mit einem Bindfaden an die eine Seite des Geräts gebunden, sorgte für das nötige Gleichgewicht, und Corelli konnte, verzückt auf dem hohen Wohnzimmerbüffet neben dem Plattenspieler hockend, nun die wenigen Scheiben anhören, die sie sich in einem Antiquariat gekauft hatten: Opernarien von wie aus weiter Ferne singenden Tenören, „Concerti grossi“ von Händel, eine knisternde Monteverdi-Aufnahme.

Das zweite war wirklich und wahrhaftig ein Klavier.

Allerdings kein gekauftes, sondern ein gegen Monatsmieten ausgeliehenes Instrument.

Am ersten Abend, an dem Hermine eine ihrer geliebten Beethoven-Sonaten spielte – auswendig und im Dunkeln hatten sich Franziska und Hubert in ihr Zimmer, das Schlafzimmer, zurückgezogen. Corelli hatte sich unter den großen Schreibtisch verkrochen, der wie aus dem Nichts aufgetaucht war und an dem sie künftig ihre Schularbeiten machen sollte. Sie saß unter der Tischplatte wie in einer Höhle, den Kopf gegen das Holz gelehnt, und lauschte. Die Jahre schlossen sich zu einem Ring, sie war in der Wohnung, die es nicht mehr gab, und erst jetzt hatte sie das Gefühl, daß diese Stadt vielleicht wirklich die gleiche war, die sie damals im Feuersturm verlassen hatten. Daß sie irgendwo angekommen war ...

Nach dem „Adagio cantabile" jedoch brach Hermine ab. Schlug den Deckel zu.

„Warum spielst du nicht weiter, Mami?“, fragte Corelli aus ihrer Höhle heraus.

„Weil ich es nicht mehr kann“, erwiderte sie. Ihre Stimme klang wie hinter Watte.

„Aber das ist doch nicht wahr!“

„Das verstehst du nicht“, sagte Hermine. „Ich konnte jahrelang nicht üben. Und ich habe auch jetzt keine Zeit dazu. Ich habe gerade noch so einen langsamen Satz in den Fingern. Mehr nicht. Dies Klavier – es ist nur da, um mich traurig zu machen. Aber du – für dich werden wir einen guten Lehrer besorgen, Friedesinchen. Sobald wir es bezahlen können.“

III – 2

Mit dem Bezahlen hatte es wohl noch gute Weile. Die Familie war kirchenmausmäßig arm.

Rundfunkgeräte zu reparieren oder aus mehreren alten ein neues zusammenzubasteln, das hätte, so müßte man annehmen, in dieser Zeit des Mangels ein gutes Geschäft sein müssen.

Daß es das nicht war, zumindest nicht für Hubert, konnte an verschiedenen Dingen liegen. Zum einen an der Teilhaberschaft des „zweiten Mannes“, der als Geschäftsinhaber fungierte und, so wie es aussah, nur in die kleine „Bastelbude“ kam, um die Hälfte des Gewinns abzukassieren, den Hubert erwirtschaftete.

Zum zweiten: Hubert war krank. Er war kränker, als er es der Familie eingestehen wollte. Wenn er sich morgens auf den Weg machte zu der winzigen Werkstatt – nicht mehr als eine Art Büro-Raum, angemietet bei einem Fuhrunternehmer –, war es so Brauch in der Familie, daß man winkte. Fortgehenden Familienmitgliedern wurde nachgewinkt. Dann, kurz hinter der Mauer des Russenquartiers, glaubte Hubert sich außer Sichtweite, und schon blieb er stehen, um das erste Mal die Flasche mit dem mörderischen Nitrangin aus der Tasche zu ziehen und sich ein paar Tropfen auf die Zunge zu träufeln.

Seine Hände versteiften mehr und mehr, er brauchte unverhältnismäßig lange für alle Reparaturen, die Fingerspitzengefühl und Feinmotorik erforderten. Die Rechnungen, auf denen er den Kunden dann die – realen – Stunden auflistete, waren infolgedessen hoch. Es gab Beschwerden bei der Handwerkskammer, die zu schlichten Hermine vorgeschickt wurde, damit Huberts Krankheit sich durch die Aufregung nicht verschlimmerte.

Und oft war in dieser Werkstatt einfach nichts zu tun. Hubert hockte da und wartete auf Kundschaft.

Es gibt aus dieser Zeit ein Foto von Hubert. Er sitzt in seiner öden Bastelbude am Schreibtisch. Auf der Fensterbank hinter ihm stehen Büroordner. Die Jalousien sind heruntergelassen, wahrscheinlich, weil es draußen kalt ist und der kleine eiserne Ofen schlecht zieht.

Hubert trägt Hemd und Schlips unter einem Bürokittel. Auf dem Kopf sitzt sein Hut. Er lächelt. Sein Gesicht ist so erbärmlich abgezehrt, als wäre er vor Kurzem aus einem Lager gekommen, und seine Augen wirken wie erloschen vor Traurigkeit. Es ist das Bild eines Mannes, der seinen Kampf mit dem Leben verloren hat und es nicht zugeben will.

Denn: Nach wie vor wollte er der Ernährer, der Beschützer, das Oberhaupt seiner Familie sein und reagierte höchst empfindlich, wenn ihm klar wurde, er konnte diese Rolle nicht mehr ausfüllen.

Wer Geld ins Haus brachte, das war Hermine. Vor langer Zeit schon hatte sie ihren Traum vom Singen und Musikmachen aufgeben müssen, hatte ihre Rechenkünste und ihre akkurate, wie gedruckt wirkende Handschrift beruflich genutzt. Hermine war jetzt nur noch Buchhalterin, nichts anderes.

Die Stelle, die sie nach der Rückkehr in die Stadt gesucht und dann angenommen hatte, weil sie am besten bezahlt wurde von allen Angeboten, war an Schaurigkeit kaum zu überbieten. Hermine arbeitete als Buchhalterin auf dem städtischen Schlachthof.

Jeden Morgen trieb man die schreienden, gepeinigten Schweine oder Rinder unter den Fenstern des Büros vorbei, wo die Frauen sich teilweise Watte in die Ohren steckten und die Fenster erst gegen Mittag öffneten, wenn das große Morden vorbei war und nur noch der Blutgeruch in der Luft hing.

An heißen Tagen vergiftete der Gestank nach Abfallfleisch das ganze Stadtviertel.

Warum war ausgerechnet Hermine dazu verurteilt, gleichsam stellvertretend für das, was der Familie erspart geblieben war, das Martyrium der Menschen, nun an der Kreatur mitzuerleben? Warum mußte sie Tag für Tag dabeisein, wenn die Todeskandidaten durch das Tor der Nimmerwiederkehr gejagt wurden? Weil sie die Sensibelste war? Wurde ihr deshalb diese Buße auferlegt?

Sie sprach nur einmal darüber, ganz zu Anfang, als sie drauf und dran war, diese Arbeit wieder aufzugeben, weil sie es nicht ertragen konnte. Franziska beschwor sie unter Tränen, dabeizubleiben. Das gute Geld, und dann noch das Fleisch ...

Mit dem Geld war es trotz allem nicht so weit her; sie hatte ja auch noch Huberts Defizite zu vertuschen, dessen Bücher sie auch führte, beziehungsweise frisierte.

Und das Fleisch?

Jeder Mitarbeiter des Schlachthofs, ob Verwaltungsmitglied oder Arbeiter, bekam zum Wochenende ein kostenloses Deputat von sogenanntem Freibankfleisch, also Fleisch, das zwar nicht gesundheitsschädlich, aber für den Verkauf nur „bedingt tauglich“ war. Es war meistens Fleisch aus Notschlachtungen oder Unfällen, aber auch von Schweinen, bei denen die Fütterung mit Fischmehl nicht rechtzeitig abgesetzt worden war und das infolgedessen unangenehm roch und schmeckte.

Vom Fleisch, das Hermine anbrachte – meist ein riesiger Brocken, hauptsächlich Fett und Schwarte aß die Familie nichts. So sehr vor allem Corelli nach Fleischgerichten gierte, dieses Mitbringsel erregte nur Ekel und Abscheu.

Aber es war verkäuflich. Zwei kinderreiche Familien aus dem Haus und ebenso einige Kunden von Hubert meldeten sich regelrecht vorher an, um in den fragwürdigen Genuß des billigen, ohne Lebensmittelkarten erhältlichen Essens zu kommen.

Die Haushaltsauflösung Cäcilies in H. hatte noch einiges an Leinenzeug gebracht – Tischtücher und Bettwäsche, alles reich bestickt und verziert, wie es sich für eine Frau gehörte, die Handarbeiten gelehrt hatte. (Wo die Schätze des Dachbodens geblieben waren, fragte Corelli nicht nach, das gehörte zu einer anderen, vergangenen Welt.) Diese Dinge in ein Kommissionsgeschäft zu tragen und auf einen Verkauf zu warten, war nun meistens Franziskas Aufgabe, vorausgesetzt, ihr Herz spielte mit und sie konnte bis in die andere, entfernte Vorstadt gehen. (Straßenbahn fuhr man grundsätzlich nicht, um zu sparen.) Corelli begleitete sie zu der stets grau gewandeten Händlerin, die so verstaubt wirkte wie die meisten Dinge, die in ihrem Trödelladen feilgeboten wurden. Die Frau barmte über die schlechten Zeiten, in denen die Leute gezwungen seien, sich nun von ihren alten wertvollen Stücken zu trennen. Corelli verstand sie nicht; soweit sie sich erinnern konnte, hatte ihre Familie sozusagen in einem ständigen Ausverkauf sich von all und jedem getrennt, um zu überleben, seien es nun Hermines Schmuck und Kleider gewesen oder die Radioersatzteile Huberts. (Was dieser „Arische Nachweis“ gekostet hatte, der wahrscheinlich ungefähr gleichzeitig mit ihr selbst das Licht der Welt erblickt hatte, vermochte sie sich nicht vorzustellen.)

Was die Wäsche schließlich einbrachte, wenn es die Alte denn überhaupt schaffte, sie an den Kunden zu bringen, wußte sie nicht, aber es war bestimmt nicht die Welt. Und es war anzunehmen, daß auch solche „Nebenverdienste“ irgendwo in Huberts Geschäft versickerten. Da mußte Material gekauft werden, da gab es die Stromrechnung und die Miete für das „Bastelbüro“ ...

Corelli erhielt zu dieser Zeit von Hermine alle vierzehn Tage zwei Mark Taschengeld. Häufig kam es vor, daß sie, wenn sie bei Hubert hereinschaute, von ihm gefragt wurde: „Kleine, hast du ’n bißchen Geld in der Tasche? Kannste mal rüberlaufen und mir ’ne Schachtel Zigaretten holen? Kriegst es nachher wieder.“

Sie bekam es nie wieder.

Aber es war ein unausgesprochenes Gesetz, daß Hubert nicht um Geld angegangen wurde ...

Für den Haushalt kam Hermine auf.

III – 3

Hatte Corelli sich verändert durch die Krankheit?

Das wußte sie nicht zu sagen. Ihr war, als sei sie durch einen dunklen Keller gegangen. Das Nichtwissenkönnen, die Bewußtlosigkeit und das Nichtmehrwissenwollen, das Zurückschieben der Erinnerung gingen in eins über.

Haut und Haar waren wie vordem, nur ihre Gliedmaßen länger. Daß ihr Brüste wuchsen und das Haar auf ihrem Schamhügel sproß, nahm sie eher beiläufig wahr.

Denn trotz aller Halbheiten und Einschränkungen, die das Leben an dem neuen alten Ort mit sich brachte, trotz der häuslichen Armut: Corelli genoß es, in der Stadt zu sein.

In langen einsamen Spaziergängen erkundete sie jene Ecken, die von den Bomben verschont geblieben waren. Es war dies vor allem das grandiose Ensemble im Stadtzentrum, die Einheit von Strom und unbeschädigtem gotischem Dom, einem Bauwerk, in dem sie alle ihre angelesenen Mittelalterträume mit sich selbst als einziger Protagonistin durchspielen konnte. Der Remter mit dem Kreuzgang und der Rasenfläche in der Mitte, der Weg hinterm efeubewachsenen Pfarrhaus zu der Bastion, von der aus man auf den Strom und seine Brücken hinuntersah, und zur Linken die Lukasklause, alter Wehrturm aus grauem Stein und der achteckige Anbau – das alles war im großen Stil gehalten, hatte Hoheit und Würde, nicht die Kleinheit und Kleinlichkeit des Dorfes.

Sie erzählte Franziska von ihren Stadtentdeckungen.

„Die Lukasklause steht noch?" Die Großmutter bekam vor Rührung eine rote Nase. „Sobald es mir besser geht, müssen wir einen Spaziergang dorthin machen! Unbedingt!"

Corelli erfuhr nun, was es mit dieser Klause auf sich hatte.

In jener Zeit vor der Zeit, als die Familie noch wohlhabend und hochgemut gewesen war, gab es den Künstlerverein Sankt Lukas, eine Melange aus Fördermitgliedern und Malern, und deren Sitz war ebendiese Lukasklause. Die Familie gehörte zu den Fördermitgliedern, man ließ sich malen, kaufte Stilleben und Landschaften, was so alles an den Wänden der verbrannten Wohnung hing.

Und man feierte Feste. Kostümfeste vor allem.

Aus jener Gedankenlosigkeit heraus, mit der Kinder bestimmte Dinge einfach als gegeben ansehen, hatte sich Corelli vorher nie gefragt, was es mit den Fotos im violetten Album auf sich hatte, auf denen die Familienmitglieder und eine ganze Reihe ihr unbekannter Leute in anachronistischer Gewandung abgebildet waren: Hermine als Burgfräulein mit langen Zöpfen, Hubert und Franziska als mittelalterliches Bürgerpaar oder a la Rokoko verkleidet, Elfenreigen und ungarische Bauernhochzeiten, Feten am Hofe Friedrichs des Großen mit Hermine als Tänzerin Barberina, oder, weniger verkleidet als protzig, die ganze Familie in Pelzmänteln, Lederkappen und großen Brillen vor einem offenen Sechssitzer, den Franziska beiläufig „unseren Dion Bouton" nannte – eine französische Marke.

Die Kostüme, so versicherte Franziska übrigens, waren keinesfalls von irgendwo ausgeliehen, sondern von der Schneiderin zum aktuellen Anlaß maßgearbeitet.

Auf einmal wurde diese ganze Kulissen- und Spielwelt der Fotos Realität. Wie der Kram im großen Schrankkoffer auf dem Dachboden in H. offenbarte das Album, nun in Verbindung mit dieser wirklich existenten Lukasklause, das Leben der Familie vor dem großen Einschnitt.

Trotz aller Widrigkeiten, Krankheit und Geldnot und Querelen mit den Mitbewohnern – die Stadt tat ihnen gut.

An den Wochenenden, wenn es Franziskas Herz erlaubte, unternahm man feierliche Spaziergänge am Ufer des Stroms entlang oder leistete sich eine Straßenbahnfahrt zu einem Park weiter draußen, der früheren Rennbahn.

Corelli liebte diese Ausflüge. Sie konnte allein vorweglaufen oder hinterhertrödeln und ihre stillen Spiele spielen. Die Landschaft war immer urban, nie so vereinnahmend wie die großen Wälder um H. oder um das Dorf, sie hatte zwar Eleganz, jedoch keinen Zauber, aber reichte Corelli aus, sich in fremde Welten wegzuträumen.

Dann, zu Beginn des ersten Herbstes, fing die Theatersaison an.

Das alte Stadttheater war genauso in Schutt und Asche verwandelt worden wie der Großteil der Stadt. Aber Wunsch und Wille nach Kunst waren in diesen Zeiten, in denen die Menschen nach Trost und Zerstreuung lechzten, übermächtig.

So hatte sich das Ensemble auf vier Spielstätten in Vororten verteilt, alles Kinos oder Vereinssäle. Dort spielte man Oper und da Operette, hier gab es Schauspiel und wieder woanders Kindertheater.

Bei aller Geldknappheit wäre es der Familie niemals in den Sinn gekommen, Corelli einen Theaterbesuch zu verweigern, zumal die Karten auf den billigen Plätzen auch nicht viel teurer waren als ein Kinobesuch.

Ihr Universum des Alleinseins war bisher nur zweimal durchbrochen worden, einmal durch die unwillkommene Einmischung des Erasmus Kuen, das zweite Mal durch die sehr willkommene Hand des Fremden.

.
.
.
.
.
.

Hier endet vorläufig die Geschichte von Corelli.

Wann und wie sie weitererzählt wird, ist noch ungewiß.

Es gilt Verletzungen zu vermeiden. Aber sie wird geschrieben werden.

Falls ER nicht zuvor eingreift.

25 - 55 - 66 - 77 - (3)88

Nachwort von Rosa von Zehnle

Anno 2015 ist das Jahr, an dem der 175er Verlag[1] sein 25-jähriges Jubiläum begeht.

Zu meinem 55. Geburtstag (2015) wünschte ich mir, daß ich das 66. Buch von Waldtraut Lewin verlegen dürfe und zu ihrem 77. Geburtstag (2014) schenkte ich ihr diesen Gedanken erneut (mit dem die Autorin aber schon zuvor mehr als neun!zehn! Jahre schwanger ging, jedoch ohne – trotz ihrer Popularität – einen Geburtshelfer finden zu können). Wir wurden uns sehr schnell einig: Eine bezaubernde Freundschaft und eine kreative und einmütige Zusammenarbeit begann und noch im Jubiläumsjahr 2015 werden wir ein weiteres Buch aus dieser Symbiose der werten Leserschaft präsentieren.

In der Regel schreibe ich zu allen Publikationen, die ich als Verleger in meinem kleinen vielseitigen und manchem bizarr anmutendem themensparti-schen Verlag einer breiteren Öffentlichkeit zugänglich mache, entweder vorweg ein Grußwort, meist aber einleitende Worte, die von der Entstehung des Buches, vom Kontakt mit dem jeweils Schreibenden

---

[1] Im Juni 1990 als „Gay News Verlag" in Leipzig gegründet. 1995 zog ich in meine Heimat den Schwarzwald (die mir die Kommunisten 28 Jahre verweigerten), publizierte dort Heimatbücher. Dort die Umbenennung in „Schutter Verlag". Seit anno 2011 trägt er den Namen „175er Verlag".

berichten und/oder über andere kleine Histörchen plaudernd erzählen.

Bei diesem nun vorliegenden exzellenten – zu kleinen Teilen autobiographischen – Roman von Waldtraut Lewin möchte ich erstmals eine ihr ehrerbietende und ihr gegenüber verbeugende Exzeption machen und „Das Beiderwandkleid“ mit einem ihr gegenüber beachtlichen informativen Nachwort (lat. Epilog) enden lassen, um diesen epochalen Roman so nicht nur zusätzlich meine Hochachtung zu erweisen, sondern auch und besonders einer alten und leider vergessenen ostdeutschen Buchtradition folgen, die in den meisten der damals erschienenen Werken (zumindest bei jenen, die als Lizenzen aus dem kapitalistischen Ausland unter den Ladentischen des Zonenbuchhandels verkauft wurden) mit einem sehr informativen Nachwort endeten, welches oftmals interessanter war, als das vorangestellte Werk, da man über diese Autoren (also deren Leben und Schaffen), sonst kaum etwas erfuhr.

Eifrig und emsig, vielfältig und umfangreich, ausdauernd und themenreich, glorifiziert und glasnostisiert sind Beifügungen (lat. Attribute), die sich die Autorin zu eigen machte und was sich an ihrem gesamten umfangreichen Schaffen bis heute zeigt. Unterdessen überschreitet ihr veröffentlichtes Gesamtschaffen längst die Zahl sechsundsechzig und schon heute arbeitet sie unaufhörlich an weiteren Manuskripten, die in naher Zukunft und im noch ferneren Futurum erscheinen werden.

Waldtraut Lewins beharrliches Schreiben seit Jahrzehnten bedruckt nicht nur eine Menge Papier, sondern beeindruckt die Anhänger, denn ihre Produktivität und ihre produzierten Geschichten, die nicht nur das wahre Leben schrieb und schreibt, die dazu noch das zwischenmenschliche Miteinander plastisch werden läßt und die sehr oft glücklicherweise auch nicht den jeweilig herrschenden Zeitgeist (neudeutsch: Mainstream)[2] bedienen, sind beständig, bekämpften die eingeschleift langweiligen Normen, brechen brachial und „brutal" Tabus, widersprechen, widersetzen und widerstehen Widerstände, räumen auf mit gängigen und monotonen Denk- und Verhaltensmustern und sie sind aufgebaut nach eigenen Grundsätzen, deren Kanon die Autorin selbst bestimmt. Die von der Berliner Halbjüdin geschaffenen künstlerischen Werke und literarischen Figuren sind in den meisten Darstellungen reell, real, realistisch und handeln vielfach von jüdischen Mitmenschen. War sie einst als Heranwachsende sehr oft sehr kränklich, so ist sie heute mit ihren glänzenden achtundsiebzig Jahren das blühende Leben und munter wie ein Regenbogenfisch, der durch die mannigfaltigen Themen und Motive des menschlichen Daseins schwimmt und so weltbewegende Zeitzeugnisse schafft, die inhaltlich wertvoll, menschlich ehrlich und letztlich in der Dichtkunst heute tonangebend sind und wohl künftig bleiben werden, da sie nicht

[2] Da ich die Deutsche Schrift und Sprache viel zu sehr liebe, benutze ich weder denglische Begriffe noch verhunze ich meine Texte mit neumodischen Begriffen und einer Kombination dieser mit dem Deutsch. Außer dem möge dem geneigten Leser aufgefallen sein, daß ich mir zu eigen gemachte Schreib- und Ausdrucksformen bewahre, die aus einer anderen Zeit zu stammen scheinen, die vergangen ist. Sie darf nicht sterben!

im unüberschaubaren Büchermeer achtlos versinken werden.

Waldtraut Lewin hat sich schon immer - und das ebenso und besonders zu Ostzeiten unter den Steinzeitkommunisten - mit Minderheiten und mit sexuellen Inhalten befaßt, die sonst von der Gesellschaft entweder unbeachtet im argen gelassen, unter vorgehaltener Hand abwertend und mißtrauisch beflüstert wurden oder eben nicht thematisiert und literarisch verarbeitet an die Öffentlichkeit gelangten. Es gab zu Mauerzeiten kaum mehr als ein Dutzend Literaturschreibende, die sich beispielsweise mit dem sexuellen Anderssein poetisiert beschäftigten und diese Vielfalt auch dichtend verarbeitete. Unter ihnen gab es kaum Frauen, darunter zum Glück aber neben Waldtraut Lewin noch eine weitere exzellente Dame, namens Jutta Hecker - beide Schriftstellerinnen sind seit Mitte der achtziger Jahre des vorigen Jahrhundert für mich kämpferische Vorbilder literarisch verarbeiteter Toleranz, Akzeptanz und des Respekts - und beide haben dem Literaturfreund wahrhaftige und Phantasiegeschöpfe, sowie unzählige individuelle Charaktere geschenkt, die eben nicht den gängigen „Normen“ entsprechen.

Die Weimarerin Jutta Hecker[3] (1904-2002) war beispielweise die erste Schriftstellerin, welche ihrem Protagonisten Johann Joachim Winckelmann (1717-1768) im Roman „Traum der ewigen Schönheit – Der Lebensroman“ keine Ehefrau zuschob, sondern ihn in ihrer historischen Aufarbeitung so darstellte, wie

[3] Tochter des Goethe-Philologen Max Hecker (1870-1948).

er wirklich sexuell orientiert war, nämlich zu einhundert Prozent männerliebend.

In den um die vierunddreißig Abhandlungen, darunter siebzehn Romanen, wurde der deutsche Altertumsforscher, Archäologe, Kunstschriftsteller, Kunstgeschichtler, Bibliothekar und Antiquar Winckelmann immer nur heterosexuell dargestellt und ihm wurden fortwährend (Ehe)Frauen angedichtet. Ebenso wurde unter der schreibenden Zunft kollegial verschwiegen, daß er nur den schönen Formen männlicher Gestalten die Ehre erwies, Winckelmann diese mannhafte Ästhetik sein Leben lang huldigte und sich nicht die Bohne für weibliche Kurven interessierte.

Jutta Hecker brach bereits 1965[4] das Schweigen und sie machte sich somit zu einer aufrechten, ehrlichen, respektvollen und wirklich ernstzunehmenden deutschen Literatin und Romancierin. Ihre Buchhelden waren unter anderem Eckermann, Goethe, Liszt, Schiller, Steiner, Wieland, Winckelmann und viele Andere und sie wurde selbstverständlich für ihr beachtliches und überragendes Gesamtwerk mit höchsten Preisen geehrt.[5]

Die Leserschaft bedankte sich für Jutta Heckers Offenherzigkeit, Leidenschaft und Verpflichtung, große und namhafte Persönlichkeiten ehrenvoll darzustellen, durch den Kauf ihrer Bücher. Der „Traum

---

[4] Die erste Teilreformierung des § 175 „Wenn ein Mann mit einem Mann..." fand im Osten 1968 sowie im Westen Deutschlands 1969 und 1973 statt. Die komplette §-Abschaffung erfolgte dann erst 1994 unter Helmut Kohl.

[5] 1988 die Winckelmann-Medaille, 1990 den Weimar-Preis, 1994 erhielt sie die Ehrenbürgerwürde und 1995 bekam sie die höchste Auszeichnung der Goethe-Gesellschaft Weimar: die Goldene Goethe-Medaille.

der ewigen Schönheit“ beispielsweise erschien bis 1989 in fünf Auflagen[6].

„Winkelmann ... hatte keine ausdauernde feste Männerliebe außer der Liebe zur Schönheit des nackten männlichen Körpers. Dieser Liebe blieb er treu und sie ihm. Jutta Heckers Motivation dieses Buch zu schreiben lag sicher darin, diese Liebe unvergessen zu machen. Das ist ihr mit diesem Werk unbestreitbar gelungen.“[7]

Doch zurück zu Waldtraut Lewin. Auch sie phantasiert nicht unnütz, hält sich überwiegend an wahre Gegebenheiten, nennt noch immer - literarisch verarbeitet - Dinge beim richtigen Namen und verwandelt das Desinteresse, das Nichtbeachten und die Verlogenheit der Gesellschaft anderen Minoritäten gegenüber in produktive, vorurteilsfreie und ästhetisch wertvolle Textentwürfe, die letztlich in Büchern gedruckt wurden und weiter werden.

Nur acht Jahre nach Jutta Heckers „Traum der ewigen Schönheit“ erschien Waldtraut Lewins erster Roman (das Urskript[8] war noch komplett mit der Hand geschrieben) und schon dieser zeugt von tolerantem, akzeptantem und respektantem Umgang gegenüber Andersartigen, denn „Herr Lucius

---

[6] Die 1. Auflage erschien im Jahr 1965 im Ost-Berliner Verlag der Nation. Im gleichen Verlag: 2. 1965, (21. - 70. Tsd. 1968), 3. 1979, 4.1982, 5. 1989.

[7] Zitat aus der ausführlichen Rezension von Rosa von Zehnle (damals noch unter Jürgen Zehnle) aus „Gay News“ Nr. 4, Leipzig 1991, Seite 12.

[8] Dieser erste handgeschriebene Roman ist im Nachlaßbestand der Autorin des Rosa Archiv & Bibliothek.

und sein schwarzer Schwan"[9] ist eine Geschichte, in der zwei Männer zu sich finden, die von unterschiedlicher Herkunft nicht sein konnten. Der Eine, namens Auletes, ist Sklave, der Andere Lucius kommt aus vornehmen Hause und diese Verbindung, die auch die sexuelle Beziehung der beiden zentralen Gestalten mit all seinen durch die gesellschaftlichen Standesunterschiede auftretenden Problemen aufzeigt, ist zum Scheitern verurteilt, da die Zwänge der Gesellschaft beiden keine Luft zum Atmen lassen und diese Liebe letztlich erstickt. Dieser erste Band gehört zu den als Römer-Tetralogie[10] angelegten, aufgebauten, sensiblen und durchaus sich zugetragen habenden zwischenmenschlichen Begegnungen verschiedenster Charaktere, die in den vier Bänden eine mitreißende literarische Ausführlichkeit erleben.

Hauptthema und der tiefere Sinn der Literatur ist es, das Leiden von Individuen darzustellen und das gelingt der Autorin exzellent, denn der sensible und intellektuell empfindliche Lesende leidet förmlich mit. Trivial sind die Hauptwerke von Waldtraut Lewins auf keinem Fall, denn wären sie es, würde es keine Leiden geben, was wiederum das Hauptmerkmal der trivialen Dichtung ausmacht.

---

[9] Die 1. Auflage erschien im Verlag Neues Leben 1973 und die 2. Auflage bei dtv 1996.

[10] Römer-Tetralogie besteht aus: 1. Band „Herr Lucius und sein Schwarzer Schwan". 2. Band „Die Ärztin von Lakros", 3. Band „Die stillen Römer" und 4. Band „Die Frauen von Kolchis".

„Die stillen Römer“[11] ist eine Geschichte, in der Individuen beschrieben werden, die ebenfalls von der „Norm“ abweichen, als asozial gelten oder eben nicht den gängigen Mustern des sozialen Miteinanders entsprechen, wie beispielweise das junge Mädchen Tabea, welches von drei älteren Frauen die Kunst der Hurerei ausführlich beigebracht bekommt oder der in seine Herrin vernarrte Sklave Pamphilus, der sich von ihr – aus Liebe zu ihr – prügeln läßt, dann aber doch die Flucht ergreift, um nicht gänzlich an dieser schmachtenden Hingebung zu zerbrechen.

Das unaufhörliche Schreiben, die rastlose Getriebenheit, die gesellschaftskritische und thematische Mannigfaltigkeit kennt bei Waldtraut Lewin keinerlei Grenzen, denn es gibt bei ihr keine Motive und Daseinsformen, die nicht zur Buchreife gelangen würden, wenn es auch renommierte Verlage gibt, die sich wie mit dem vorliegenden Roman mehr als schwer taten und es nicht verlegten.

In „Kuckucksrufe und Ohrfeigen“ (1983) sind elf Erzählungen vereint und eine spricht von der Liebe einer Opernsängerin zu ihrer angebeteten Librettistin, was der Autorin damals viel Lob, Dank und Anerkennung von lesbischen Leserinnen, die ihr schrieben, einbrachte.

Aber auch in „Federico“ (das Buch erlebte bisher vierzehn Auflagen)[12] wurden die vielfältigen amou-

[11] Die 1. Auflage erschien 1979 im Ost-Berliner Verlag Neues Leben und es folgten Nachauflagen: 2. 1981, 3. 1984, 4. 1987 und bei dtv erschien 1996 eine weitere ungekürzte Fassung.

[12] Die 1. Auflage publizierte 1984 der Ost-Berliner Verlag Neues Leben. Im selben Verlag folgten: 2. 1985, 3. 1986, 4. 1987, 5.1988. Zu Mauerzeiten erschien je eine Auflage 1985 beim Ost-Berliner Buchclub 65 und ebenfalls

rösen Abenteuer des großen Herrschers (uns heute und historisch gesehen eher bekannt als Friedrich II. von Hohenstaufen, ein Enkel von Barbarossa) ereignisreich erzählt, die er nicht nur mit und neben seinen vier Ehefrauen mit weiteren Weiblichkeiten hatte, sondern wir erfahren auch von den zahlreichen Geliebten mit dem sich Federico vergnügte (seine allergrößte leidenschaftliche Gunst galt dem Emir Al Fadjir, den er mehr als alles andere liebte – seine Ehefrauen einbezogen), die die Geschichtsbücher aber – wie so oft (eigentlich immer) – verschweigen. Hier vereinen sich historische Realitäten, politische Konflikte und das zwischenmenschliche auch teils tragische sexuelle Miteinander (Vergewaltigungen) zu einem erzählenden Werk, das außergewöhnlich spannend, zugleich historisch verläßlich und – wie sollte es bei der Autorin auch anders sein – äußerst unterhaltend ist.

Ein etwas zeitlich aktuellerer Roman ist „Valadas versinkende Gärten", welcher anno 2012 bei dtv erschien und wo bereits der Klappentext knisternde Neugier und erotische Abenteuer andeutet:

„Sie ist schön, sie ist begabt und sie ist reich. Im Cordoba des 11. Jahrhunderts, einer Epoche großer politischer und religiöser Spannungen, aber auch voller Freiheit, Toleranz und Lebensfreude, versammelt Prinzessin Valada die talentiertesten Künstlerinnen und Künstler ihrer Zeit. Menschliche und dichterische Dissonanzen bleiben nicht aus, zudem ist der Musenhof heftigen Anfeindungen von außen ausgesetzt. Valada

---

1985 im West-Berliner Verlag Freese. Nach dem Mauerfall publizierte dtv sechs Auflagen: 1. 1994, 2.1995, 3. 2000, 4. 2003, 5. 2006, 6. 2012. Und 2001 verlegte der Augsburger Verlag Bechtermünz das Buch zusätzlich.

läßt sich auf ein gefährliches Spiel ein ... Ein kraftvoll erzählender Roman, der die prächtige Welt des maurischen Andalusien sinnlich herausbeschwört.“

Natürlich versammeln sich – wie in anderen der Autorin zahlreichen Werken – auch in „Valadas versinkende Gärten“ zahlreiche liebevolle, lustvolle und lüsterne Gestalten beiderlei Geschlechts, die alle nur erdenklichen ungezwungenen und freien sexuellen Annehmlichkeiten, die außerhalb der sogenannten Norm stehen, auskosten, aber auch politisch motiviert der eigenen Nützlichkeit dienen. Valada, die, um an der Macht zu bleiben, zwar generell mit Frauen schläft, weiß aber auch, wie man den Großwesir bei Laune hält und nicht gegen sich aufbringt.

Waldtraut Lewins Sprache und manche Ausdrucksweisen mögen zwar gewöhnlich und derb erscheinen, doch sie sind ja nur das Abbild der realen Welt, die nichts mit Diplomatie und „Anstand“ zu tun hat, sondern eben sehr oft sehr derb und sexualisiert ist. Andererseits ist es eine Wonne, zu lesen, wie ausdruckstark, anzüglich und visualisiert zugleich die Autorin hier alltägliche Straßenszene spritzig, frech und gleichzeitig adäquat formuliert, wie beispielweise dieser folgende kleine Textauszug zeigt:

„Mein Vater wußte das fürs Geschäft zu nutzen. Vor Jahren, als die Strenggläubigen, diese Berber, noch nicht die ganze Stadt so sehr tyrannisierten wie jetzt, als noch ein bißchen Luft blieb für Freude und Heiterkeit, platzierte er mich an seinem Stand zwischen den reifen Früchten, und ich lockte die Kunden an. Zwar trug ich den Litham, den Gesichtsschleier, aber meine

üppigen Brüste hüpften fast aus dem knappen Jäckchen, und ich bog die Schultern nach hinten und drehte mich hin und her, während ich das ohnehin anstößig geformte Obst anpries; die Schale, spielend zwischen grün weißlich und tief violett, ist so weich wie die Haut eines Kindes, und ich hielt in jeder Hand eine halbierte Frucht, deren Inneres blutrot schimmerte – wie sich die Männer in ihren Träumen wohl den frisch geöffneten Schoß eines Mädchens vorstellen."

Waldtraut Lewin wurde 1937 als Halbjüdin in Wernigerode geboren, lebt aber seit Jahrzehnten in Berlin und sie ist mehr als nur eine ernstzunehmende Schriftstellerin und präsentiert ihre Kreativität sowie ihren thematischen Farbenreichtum in einer Fülle, was sich an ihren zahlreichen Tätigkeiten unschwer erkennen läßt, denn sie ist obendrein Jugendbuchautorin, Hörspielproduzentin, Opern- und Theaterregisseurin, Theaterwissenschaftlerin, Dramaturgin, Übersetzerin, Diplomphilosophin, Germanistin, selbstverständlich Nationalpreisträgerin ... und nicht zu vergessen, eine dionysische Hundemutti, schreibt aber auch liebend gern mit ihrer Tochter Miriam Margraf gemeinsame Bücher[13] (beispielsweise spitzfindige und falllösende Kriminalgeschichten) und sie kann zudem noch eine reiche Beute an begehrenswerten Auszeichnungen ihr Eigen nennen, die ich in der folgende Fußnote[14] nur auszugsweise aufzählen möchte.

---

[13] Miriam Margraf, die Tochter Waldtraut Lewins ist genauso vielseitig: Autorin, Übersetzerin, Schauspielerin, Musikkritikerin, schreibt Hörspiele und Drehbucher und für Presse und Rundung ... und kann mit ihren 51 Jahren bereits 26 Buchtitel vorweisen (Stand: 2013), davon 11 mit Muttern.

[14] 1978 Lion-Feuchtwanger-Preis der Akademie der Künste Berlin (DDR), 1981 Kinderhörspielpreis (Hörerpreis, 3. Platz), 1981 Kinderhörspielpreis

Ihre Romane sind sprachlich unantastbar und von einer mitreisenden psychologischen Tiefe, daß man beim Lesen sein gegenwärtiges Umfeld völlig vergißt und glaubt, mittendrin im Geschehen zu sein. Ich habe mich in so mancher Szene dabei ertappt, persönliche Eigenschaften meiner Person in handelnden Figuren zu erkennen und mich so während des Lesens in die jeweilige Gestalt reinversetzt fühlte. Ich war zudem ergriffen und von Inhalt so mitgerissen, daß vor mir förmlich ein Film ablief, so daß ich gar nicht merke, in Wirklichkeit in meinem bequemen Sessel zu sitzen und nicht, wie mir mein „Traumzustand" vorgaukelt, auf bewegten Bildern zu flimmern.

„Das Beiderwandkleid" greift in seiner Geschichte erstmalig ein für den heutigen „Gutmenschen" brisantes Thema auf, das, seitdem die ehemals aufrührerische 68er-Bewegung des vorigen Jahrhunderts die Macht in diesem Land ausüben, völlig tabuisiert und strafrechtlich kriminalisiert wurde und es ist kaum zu glauben, darauf sind die Wölfe im Schafspelz heute auch noch stolz. Damals als junge 68er sind sie gegen die Spießigkeit der Eltern und Großeltern angetreten, um seit geraumer Zeit deren alten und nun wieder neu angesammelten verruchten Mief und Muff unter deutsche Bettdecken ungelüftet zu lassen. Das vorliegende literarische Werk kann

---

(Kritikerpreis), 1984 DDR-Kinderhörspielpreis (Hörerpreis, 2. Platz), 1988 DDR-Kinderhörspielpreis (Hörerpreis, 2. Platz), 1988 Nationalpreis der DDR für Literatur, 2. Klasse, 1989 Kinderhörspielpreis (Kritikerpreis), 2000 Bad Harzburger Jugendliteraturpreis, 2008 rheinland-pfälzischer Jugendbuchpreis.

heute unter den gerade erst im Januar diesen Jahres nochmals verschärften Sexualstrafrecht als Pornographie und „Verherrlichung“ von Kindersex gewertet werden, was mich als Verleger allerdings nicht davon abhält, diese verschrobene, menschenfeindlichen und vor allem kunstangreifenden Vorschriften – deren Verursacher nur die weitere Einschränkung und Bevormundung der Kunst, Kultur und Literatur auf das Schärfte zu verurteilen – permanent abzulehnen und mit literarischen und anderen künstlerischen und ästhetischen Mitteln zu antworten und der Öffentlichkeit zugänglich zu machen.

Bevor ich als Verleger Bücher publiziere und auf den Ladentisch bringe, lasse ich mir gute Manuskripte gern von Freunden beurteilen und „Das Beiderwandkleid“ bekam einhellige und bemerkenswerte Kritiken meiner mehr weniger als mehr freien Mitarbeiter.

In einer ersten Reaktion schrieb mir ein Berufskollege und guter Freund, namens Reinhard Knoppka, Inhaber des Kölner Trotz Verlag, welcher inhaltlich ähnliche Geschichten verfaßt (in denen es um die unvermeidbaren Tatsachen des Heranwachsens geht, die aber gern in der Gesellschaft und der Literatur entweder asexualisiert werden oder keinerlei Erwähnung finden, nämlich die des sexuellen Erwachen des Körpers, was Kinder und Jugendlichen bewußt erleben, auch teils genießen, in jedem Fall aber nicht unbeachtet lassen und dieser Aspekt aber von den Erwachsenen massiv verschwiegen, ja unterdrückt wird) und im Selbst(trotz)verlag herausgibt. Er schrieb mir rührend und begeistert:

„*Wie bereits telefonisch, möchte ich nun kurz auch schriftlich meine Begeisterung über Frau Lewins Manuskript zum Ausdruck bringen, das ich erst halb gelesen habe. Aber schon jetzt kann ich sagen, daß es sich um große, einfühlsame, sensible Literatur handelt, aus der Sicht eines kleinen Mädchens, was besonders heikel und schwierig ist, da schnell der altkluge Erwachsenen-Blick durchschlagen kann und das Ganze pseudo macht ... Hier nicht, hier wird es konsequent, sukzessive durchgehalten, mit dem Größerwerden des Mädchens, ganz aus seiner Sicht ... Der Roman beginnt mit einem grandiosen Monolog an den Tod, der sich durch das ganze Skript zieht, für den literarisch Unbedarften vielleicht ein wenig schwierig, für den, der sich darin auskennt, aber ein faszinierender Einstieg, zumal in diese grausige Kriegs-, Kälte- und Hungerzeit, wo alles wie im Inferno steht, Feuer vom Himmel regnet, etc. ... Ich kann überhaupt nicht verstehen, daß die Verlage dieses Manuskript der Autorin nicht aus den Händen gerissen haben ... Gerade das ‚Heikle' darin, das Masturbieren des kleinen Mädchens, das sich schöne Gefühle macht in einer häßlichen Welt, ist doch so umwerfend gut und authentisch, so ehrlich und offen, eben nicht verlogen, wie sonst Literatur über Kinder, die ich deshalb gar nicht lesen kann, weil mich das verlogen Asexuelle so unendlich ankotzt. Aber hier fließt es wie selbstverständlich hinzu, ganz organisch, so dazugehörig wie Essen und Stuhlgang. Begeistert bin ich von der intensiven Zeichnung der Großeltern, der Mutter, der Jungen, mit denen das Mädchen spielt, den Figuren am Rand, gerührt auch von der ersten Verliebtheit in den sogenannten Mozart des Mädchens, später in den zackigen Ami-Offizier, der den Großeltern so schadet, was der Verknalltheit des Mädchens keinen Abbruch tut – so herrlich political INcorrect! Ich bin sehr gespannt, wie es weitergeht, habe leider wenig Zeit, so daß ich nur stückweise lesen kann ... Noch eins: die Anmerkungen[15] in und an dem Text haben mich sowas von geärgert! Die sagen nichts über den Text aus, aber alles über die literarische Unbedarftheit des ‚Kommentators'. Um es im Klartext zu sagen: diese Anmerkungen sind SCHEISSE und gehören in die Tonne gekloppt ... Frau Lewin soll sich bitte nicht davon beirren lassen und erst recht nicht irgendwelche ‚guten Ratschläge' davon annehmen: das wäre ärgste Verschlimmbesserung. Sie, die Autorin, hat den richtigen Instinkt für die richtigen Begriffe, Worte und Formulierungen. Nichts davon gehört gestrichen, es ist so wie es ist: gut ... Du, mein lieber Rosa, hast Dir da ein hübsches Stück Literatur an Land gezogen. :-)"*

Ein weiterer mir und meinen vielseitigen Aktivitäten immer gutgesonnener Freund, namens Werner Wildgartner, war ebenfalls vom Manuskript angetan und fast schwärmerisch schrieb er einen Beitrag, den ich hier ebenfalls auszugsweise zitiere, da auch er den Inhalt des vorliegenden Buches wohlwollend beschreibt:

Oh doch, diese Zeit ist aktuell. Nach dem Krieg ist vor dem Krieg. Vielleicht erleben wir doch wieder Krieg im eigenen Land – Bürgerkrieg, Weltkrieg. Hun-

---

[15] Gemeint war hier das von einer Lektorin (nicht aus meinem Verlag) „überarbeitete" Skript, welches ich natürlich nicht übernahm, sondern das perfektere vorliegende Original ohne „Verschlimmbesserungen".

ger und Kälte. Und getötet werden – willkürlich oder zufällig wie damals, aus der Luft ... Waldtraut Lewins Buch ist ein Buch aus der Zukunft, auch wenn sie aus ihrer Kindheit und Jugend im und nach dem Zweiten Weltkrieg erzählt. Vergangenheit wie Zukunft werden gegenwärtig ... Gelassen erzählt die Autorin von ihrer erwachenden Mädchensexualität, dankbar für den Trost, den ihr die Selbstbefriedigung spendete, dankbar für die Phantasienahrung aus Romanheften, dankbar für verstohlen erlebte Lust als Zeugin von Knabenzüchtigungen ... Ein zärtlicher Bettler – anders als andere Männer – schenkt dem Mädchen mit seiner Zunge einen Höhepunkt wie nie zuvor. Als sie aus der Zeitung erfährt, daß er gefaßt und als ‚Unhold' in eine ‚Heila' gesperrt wurde, versucht sie, ihn mitternachts bei Vollmond mit einem frühmittelalterlichen Zauberspruch wieder in Freiheit zu zaubern: ‚Insprinc haptbandun, invar vigandum!' – sie selbst aber erkrankt an Meningitis und entgeht dabei knapp dem Tod ... Schrittweise, zunehmend interessiert, erkundet das Mädchen, in Gesprächen nachbohrend, die Geschichte ihrer Familie. Herzanrührend, wie tapfer diese Familie schlimme Schicksalsschläge, aber auch jahrelange Last von Armut, Krankheit und Not erträgt und bewältigt ... Der Leser fühlt den Impuls, seine eigenen Vorfahren ähnlich respektvoll zu würdigen wie die Autorin in ihrem Kindheitsroman ... Die Erzählung endet in der Nachkriegszeit, der Zeit des Hamsterns und Schwarzhandelns; der Leser hofft auf die von der Autorin in Aussicht gestellte Fortsetzung.“

Reinhard Knoppka schrieb mir dann später noch einmal ergreifende Worte, die ich nicht ungedruckt lassen möchte, denn sie waren ausschlaggebend, „Das Biederwandkleid“ zu verlegen:

„Ich habe das Buch bereits als Rohmanuskript vor längerer Zeit gelesen und kann es deswegen beurteilen. Damals schrieb auch ich spontan einige Zeilen dazu an den Verleger, den ich für diesen Fund beglückwünschte, auch, daß er einem so wertvollen Buch zum Licht der Welt verhilft. Erstaunlich, wie viele Perlen noch im Verborgenen liegen – derweil unwahrscheinlich viel wertloser Plunder veröffentlicht wird und die Medien mit Unsäglichem zumüllt ... Meine Begeisterung für den Roman bezog sich sowohl auf die Sprache, die poetisch, direkt, anschaulich und distanziert ist, als auch besonders auf den Inhalt, dessen Ungewöhnlichkeit, vor allem die unerschrockene und unverheuchelte Sicht darauf mich faszinierte und es mir als Glücksfall erscheinen ließ.“

Die heutige von der öffentlichen Hand gesteuerte und finanzierte verlogene Mißbrauchsindustrie (es begann Mitte der 90er Jahre des vorigen Jahrhunderts) kennt nur den Mißbrauch und wird nicht müde, immer wieder darauf hinzuweisen, das Kinder und junge Jugendliche keine unkeuschen Erlebnisse bis zum Erreichen des „gesetzlichen Schutzalters“ haben und es erst recht keine einvernehmlichen Handlungen sexueller Art zwischen Heranwachsen und Älteren gibt. Bücher wie das Vorliegende sind für sie „gefährlich“, doch die Wahrheit kommt irgendwann immer ans Tageslicht und wird die Lüge(n) strafen. Wie sagte doch Bertold Brecht so treffend: *„Wer die Wahrheit nicht weiß, der ist bloß ein Dummkopf. Aber wer sie weiß und sie eine Lüge nennt, der ist ein Verbrecher.“*

Und mit Verbrechen konnten schon immer große politische Karrieren und Geschäfte gemacht werden.

Dieser Tage sah ich im Weltnetz einen Filmbeitrag über Max Frisch und er meinte einmal, als er gefragt wurde, warum er schreibe, daß er (selbst dabei schmunzelnd) *„banal gesagt"* nur dichte, *„weil man ja von etwas leben muß"*[16], ergänzte dann aber ernst und pathetisch: *„Weil es schwer ist, daß Leben auszuhalten, ohne sich auszudrücken!"*

Waldtraut Lewin äußerte sich mir gegenüber auf die gleiche Frage sehr ähnlich: *„Ich schreibe aus Lust am Erzählen. Das kann ich mir nicht abgewöhnen. Ich glaube, es ist Suchtverhalten. Im übrigen: Ich wünsche sehnlich, daß nichts verloren geht. Das Gedächtnis der Menschheit ist löcherig. Literatur kann solche Löcher stopfen, damit wir nicht zu Wesen ohne Vergangenheit werden."*

Meine empfehlenden Gefährten und ich als Verleger sind und waren der sehnlichsten Meinung, daß wir diese Sucht unbedingt unterstützen mußten und das dieser erzählerische und brilliante Entwurf nicht mehr nur im Dunkeln einer Kommode verweilen darf (und das bereits seit über zwanzig Jahre, da sich Verlage von der Politik und den Medien bevormunden lassen und kein eigenes Rückgrad haben) und nun der – noch in diesem Themenbereich löchrigen – Literatur als gedrucktes Buch zur Verfügung gestellt und somit ein neuer Anfang gemacht wurde, ein Thema

[16] Natürlich war Max Frisch gelernter Architekt und er hätte ganz sicher sehr gutes Geld mit seiner Berufung verdient.

trotz obrigkeitsdoktrinierender Einschränkungen literarisch zu verarbeiten, um somit den guten Ruf der Europäer gerecht zu werden, der davon zeugt, das er qualifiziert, emanzipiert und vor allem zivilisiert sei.

Derzeit merkt man davon allerdings recht wenig, denn solange es Verlage[17] gibt, die solche schöngeistigen Werke mit der sinngemäßen Aussage „Frau Lewin, so etwas wollen sie doch nicht ernsthaft verlegen wollen“ ablehnen, solange kann man nicht wirklich von einer distinguierten Gesellschaft Europas sprechen.

Ihr Rosa von Zehnle
Hartha-Stadt, 12. März 2015

[17] In der Danksagung auf der fünften Seite vorn hätte es eigentlich heißen sollen: „Der 175er Verlag hat sich dieses Manuskripts angenommen, welches renommierte mittlere und größere Verlage mit spitzen Fingern von sich wiesen. *(Ich habe bis heute nicht verstanden, wieso.)*“

Weder die Autorin noch der Verleger fürchten – wenn sie dann kommen sollte – die Konfrontation (denn beide sind keine sich ständig wandeln den Zeitgeister), doch ein Freund empfahl ihr diese Streichung vorn, die ich als Verleger aber nun hinten anstellte.

Literaturauswahl von 66 Titel Waldtraut Lewins

zusammengestellt: Rosa von Zehnle

1973	Herr Lucius und sein schwarzer Schwan
1977	Die Ärztin von Lakros
1977	Katakomben und Erdbeeren
1979	Die stillen Römer
1980	Gaius Julius Caesar
1981	Viktoria von jenseits des Zauns. Drei Märchen um die Liebe (2011 auch als eBuch)
1981	Der Sohn des Adlers, des Müllmanns und der häßlichsten Frau der Welt (2011 auch als eBuch)
1982	Garten fremder Herren
1983	Vom Eulchen und der Dunkelheit
1983	Kuckucksrufe und Ohrfeigen
1984	Federico
1984	Georg Friedrich Händel (mit Miriam Margraf)
1985	Waterloo liegt in Belgien
1986	Villa im Regen
1986	Addio, Bradamante
1985	Märchen von den Hügeln
1987	Poros und Mahamaya

1988 Die Zaubermenagerie

1989 Liebeswettstreit

1989 Ein Kerl, Lompin genannt

1989 Reisen in Italien

1994 Dicke Frau auf Balkon

1995 Alter Hund auf drei Beinen

1996 Alles für Caesar

1996 Jochanaan in der Zisterne

1996 Hunde in der Stadt

1996 Die Frauen von Kolchis

1997 Jenseits des Meeres: die Freiheit

1997 Frau Quade sprengt die Bank

1997 Kleiner Fisch frißt großen Fisch

1998 Insel der Hoffnung

1998 Frau Quades Welt bricht zusammen

1999 Luise, Hinterhof Nord (Ein Haus in Berlin 1890)

1999 Paulas Katze (Ein Haus in Berlin 1935)

1999 Mauersegler (Ein Haus in Berlin 1989)

2000 Tochter der Lüfte

2000 Der Fluch

2002 Die aus der Steppe kommen

2003 Mond über Marrakesch

2004 Weiberwirtschaft

2004 Goethe (auch als eBuch)

2004 Marek und Maria

2005 Wenn die Nacht am tiefsten

2005 Männersache

2005 Samoa

2005 Die Maske des Wolfes

2005 Die letzte Rose des Sommers

2006 Columbus (auch als eBuch)

2006 Wiedersehen in Berlin

2007 Artussagen

2007 Drei Zeichen sind ein Wort, Bd. 1, 2008 Bd. 2

2007 Die Löwinnen von San Marco

2007 Nordische Göttersagen

2008 Drei Zeichen sind die Wahrheit (auch als eBuch)

2008 Griechische Sagen

2009 Mauersegler

2010 Die Jüdin von Konstantinopel

2010 Leonie Lasker, Jüdin – Welt in Flammen

2012 Valadas versinkende Gärten

2012 Der Wind trägt die Worte – Geschichte und Geschichten der Juden von der Neuzeit bis in die Gegenwart, Bd. 1 und Bd. 2

2012 Leo Baeck – Geschichte eines deutschen Juden: Eine Romanbiographie

2014 Nenn mich nicht bei meinem Namen

2014 Feuer. Der Luther-Roman

2015 Wenn du jetzt bei mir wärst

2015 Das Beiderwandkleid

Rosa von Zehnle / Kurt Schmidt

Wilfried und Kurt

Eine leidenschaftliche Liebe zwischen Ost-Stasi und West-Schlager

175er Verlag

Schlagermusik verbindet und das so stark, daß die beiden Liebenden ernsthaft daran dachten, gemeinsam in den Tod zu gehen, da die Mauer beide über vier Jahre trennte und es kaum Aussicht auf eine Übersiedlung von Wilfried in den Westen zu Kurt gab.

„Wilfried und Kurt" ist eine bewegende und zugleich ans Herz gehende reich bebilderte Dokumentation, die durch annähernd zweitausend gegenseitig geschriebene Liebesbriefe berührt und zugleich fassungslos macht, da sie die damalige kommunistische Diktatur zeigt, wie diese mit Menschen umging, die sich heiß und innig liebten. Diese menschenverachtende und diskriminierende Haltung der ostdeutschen Behörden und der damals allgegenwärtigen STASI wird allein schon aus der Aktenbezeichnung sichtbar, die als OPK „Homo" angelegt wurde und den Geliebten von Kurt polizei- und geheimdienstlich erfaßte und verfolgte ...

Ein berührendes, sensibles und zugleich menschlich sehr wertvolles Buch, das aller Welt zeigt, daß auch die Liebe unter Männern eine Liebe ist, die Bestand und Ausdauer hat und obendrein einen Gewinn für die Allgemeinheit bringt.

360 Seiten mit rund
900 Abbildungen
21 x 12 cm

www.175er-verlag.de/wuk

ISBN 978-3-932429-67-5

Preis:
29,99

Walter Foelske bei

Trotz

Tabu

Der Roman beschreibt minutiös, wie Freundschaften, Liebschaften, Kollegenschaften bröckeln und sich auflösen, so daß Lorenz am Ende dasteht als ein von den meisten bisherigen Freunden Verlassener, Mißverstandener und Verachteter. Die jahrelang ihm aufgezwungene Maske wird löchrig, sein wahres Gesicht kommt endlich zutage. Tabu ist ein wichtiges, aufwühlendes Buch mit einem Schlußbild, das Hoffnung dennoch zuläßt. Es nennt Dinge beim Namen, die totgeschwiegen werden.

1. Auflage: 2008
189 Seiten – 19 x 12 cm
ISBN 9783000250385

Blutjung

Es handelt sich um die Geschichte eines Zwölfjährigen, der sich in einen Mann verliebt, diese Liebe aber nicht leben darf und darum kämpft. Der Mann liebt den Jungen auch, ist aber zu feige, sich gegen die Vorurteile der Gesellschaft ... zu behaupten. So muß Torsten, der frühreife, intelligente und selbstbewußte Junge, allein um seine Sehnsüchte und Bedürfnisse kämpfen. Es ist die Emanzipation eines sogenannten Minderjährigen gegen die arroganten Verbote der Erwachsenenwelt.

2. Auflage 2012
234 Seite – 21 x 14 cm
ISBN 9781500730386

Im Wiesenfleck

Karl Karasch, der Protagonist, wurde schon als Kind zuschanden manipuliert von seinem tobsüchtigen Vater und sehr früh von einer unmenschlichen Sexualität verstört. Die autobiografisch geprägte Lebensgeschichte ist nun wahrlich keine leicht verdauliche Kost. Schachtelsätze, Abschnitte so lang wie ein Kapitel, das ganze Buch fast ein einziger Monolog. Wer sich hier durchwühlt braucht einiges an Durchhaltevermögen und wird zum Schluß belohnt, einen überwältigenden Roman gelesen zu haben.

2. Auflage 2014
514 Seiten – 21 x 14 cm
ISBN 9781503023819

Reinhard Knoppka bei

Trotz

Wucherungen I
Heimjunge und Gottesmann

Wucherungen II
Das Chamäleon

Der Roman hat vier Teile.

Im ersten ist der Protagonist 14; er lebt in einem katholischen Kinderheim, ist heimlich in einen zehnjährigen aus seiner Gruppe verliebt und hat deswegen Schuldgefühle; er kämpft gegen seine Gefühle an, versucht durch Selbstquälerei und körperlichen Drill seinen Trieb zu unterdrücken, kommt auch mit einem anderen Jungen in Kontakt, den er nicht idealisiert, aber äußere Umstände hindern sie an sexuellen Handlungen.

Der zweite Teil schildert die Kindheit des Protagonisten, in der er ganz die katholischen Wertvorstellungen, die ihm mitgegeben werden, verinnerlicht, die aber seiner eigenen Wirklichkeit nicht entsprechen und ihn deshalb in Konflikte stürzen. Schon in der Vorpubertät ist er unglücklich in einen etwas älteren Jungen verliebt.

Im dritten Teil tritt der Gottesmann auf, den der Junge bewundert und verehrt, der ihn aber verstört mit seinem Aufklärungsunterricht, der seine Sinnlichkeit weckt.

Im vierten Teil lädt der Priester den Jungen zu sich nach Hause ein, und es passiert. Dies ist keine einfache Lebensbeschreibung, sondern ein Roman mit literarischem Anspruch.

1. Band: 2013
256 Seiten – 21 x 15 cm
ISBN 978-1291063837

2. Band: 2014
288 Seiten – 21 x 15 cm
ISBN 9781501065484

Dokumentierte NEU-Edition mit aktueller wissenschaftlicher Unterstützung!

Die 24 Jahrgänge der Periodika
„Jahrbuch für sexuelle Zwischenstufen unter besonderer Berücksichtigung der Homosexualität“,
die von 1899-1923 durch Magnus Hirschfeld herausgegeben wurden, sind sowohl in qualitativer als auch in quantitativer Hinsicht eine einmalige und bis heute die umfangreichste Sammlung akademischer Kenntnisse – und das Erstaunliche ist – in populärwissenschaftlicher Form und somit auch für jeden Nichtmediziner, aber Themeninteressierten, ein wahres Lesevergnügen. Die inhaltliche Vielfalt ist dabei genauso beachtenswert wie der detaillierte Umfang der Berichte und Aufsätze sowie die größtenteils sehr spannend und akribisch aufgearbeitete historische Hintergründe.

Das **Rosa Archiv & Bibliothek** und der **175er Verlag** haben es sich zur Aufgabe gemacht, diese über 11.000 Seiten nicht nur zu digitalisieren und damit bereits 2010 begonnen, sondern sie mit Unterstützung prominenter Wissenschaftler dokumentiert herauszugeben.
Der 1. Band und das Projekt selbst konnte bereits zur Leipziger Frühjahrsbuchmesse 2011 präsentiert werden.

Weitere Infos unter:
www.JfsZ.de

175er Verlag